2018年度入試用

首都圏

公立中高一貫校ガイド

目次

首都圏公立中高一貫校 21校プロフィール

首都圏公立中高一貫校

2017年度の結果から 2018年度入試を予想する

安田 理（安田教育研究所代表）

安田教育研究所代表。東京都生まれ。早稲田大学卒業後、（株）学習研究社入社。雑誌の編集長を務めた後、受験情報誌・教育書籍の企画・編集にあたる。2002年安田教育研究所を設立。講演・執筆・情報発信、セミナーの開催、コンサルティングなど幅広く活躍中。

現在首都圏には21校もの公立中高一貫校があります。中学受験において大きなシェアを占め、なかには難関私立中学や有名私立大学の付属校に合格しても公立中高一貫校を選ぶご家庭もあります。公立中高一貫校の「いま」をのぞいてみましょう。

7校が受験者増 13校が減

年々増えて、現在21ある首都圏の公立中高一貫校の内訳は、東京が11校、神奈川が5校、千葉が3校、埼玉が2校です。また、公立中高一貫校には中等教育学校（高校募集がなく6年間同じメンバーで学びます）と高校募集がある併設型と呼ばれる学校があります（〇〇中学校とか〇〇高等学校附属中学校という校名になっています）。

公立中高一貫校の入試は、開校初年度は、小学校の学習範囲からしか出題されない「適性検査」（教科別

【表1】首都圏公立中高一貫校　受検者数推移

学校名	募集人数	受検者数			
		2017年	2016年	2015年	2014年
■東京					
桜修館中等教育	男80女80	943	1006	1081	1404
大泉高校附属	男60女60	783	839	862	934
小石川中等教育	男80女80 男女計約5	920	**929**	826	**934**
立川国際中等教育	男65女65 男女計30	**708**	701	805	836
白鷗高校附属	男80女80 男女計約16	914	948	997	1154
富士高校附属	男60女60	**640**	569	612	657
三鷹中等教育	男80女80	953	1039	1110	1135
南多摩中等教育	男80女80	772	**876**	874	994
武蔵高校附属	男60女60	498	**564**	**557**	538
両国高校附属	男60女60	782	971	998	**1047**
千代田区立九段中等教育	A男40 A女40 B男40 B女40	**802**	762	910	**1011**
■神奈川					
相模原中等教育	男80女80	**1185**	1009	1102	1224
平塚中等教育	男80女80	**794**	746	749	856
横浜市立南高校附属	男80女80	986	1219	1250	1265
横浜市立横浜サイエンスフロンティア	男40女40	659	—	—	—
川崎市立川崎高校附属	男女計120	510	542	580	853
■千葉					
県立千葉	男40女40	762	785	909	1007
県立東葛飾	男40女40	946	1147	—	—
千葉市立稲毛高校附属	男40女40	**638**	630	**734**	717
■埼玉					
県立伊奈学園	男女計80	400	425	534	591
さいたま市立浦和	男40女40	**484**	447	486	518

*太字は前年より受検者増をしめす。
*小石川、立川、白鷗の男女計は特別枠の人数。
*小石川、白鷗の受検者数は一般枠の数字。
*県立千葉、県立東葛飾、県立伊奈学園、市立浦和は1次の受検者数。

【表2】３大模試における公立中高一貫校の位置づけ(男子)

偏差値	四谷大塚	日能研	首都圏模試
73			△県立千葉
72			
71			▼県立東葛飾
70			市立南、市立横浜サイエンスフロンティア
69			△都立小石川
68			
67			
66			△県立相模原
65	県立千葉	△都立小石川、△県立千葉	△都立桜修館、都立両国
64	都立小石川		△都立武蔵、△区立九段、△市立稲毛、△市立浦和
63	△県立東葛飾		△都立大泉、△都立立川国際、都立白鷗、△都立富士、都立南多摩
62	市立横浜サイエンスフロンティア	△都立両国	△都立三鷹、△県立平塚
61	▼都立桜修館、▼都立武蔵、市立南	△都立武蔵	
60	△都立大泉、▼都立両国、県立相模原	△県立東葛飾	△市立川崎、県立伊奈学園
59			
58	都立三鷹、都立南多摩、▼区立九段	△県立相模原、市立横浜サイエンスフロンティア	
57	都立立川国際、▼都立白鷗、▼都立富士、△県立平塚	▼都立桜修館、△市立南	
56	市立浦和		
55		都立三鷹	
54	▼市立稲毛、△県立伊奈学園	△都立立川国際、△都立白鷗、市立浦和	
53		都立大泉、▼区立九段	
52		△県立平塚	
51			
50		▼市立稲毛	
49		県立伊奈学園	
48		市立川崎	

【表3】３大模試における公立中高一貫校の位置づけ(女子)

偏差値	四谷大塚	日能研	首都圏模試
73			県立千葉
72			▼県立東葛飾
71			
70			横浜市立南、市立横浜サイエンスフロンティア
69			△都立小石川
68			
67			
66	▼県立千葉		都立両国、△県立相模原
65		△都立小石川、△県立千葉	都立桜修館、△区立九段、
64	都立小石川、△都立武蔵、		△都立武蔵、△市立稲毛、△市立浦和
63	県立東葛飾		△都立大泉、△都立立川国際、都立白鷗、△都立富士、都立三鷹、都立南多摩
62	△都立桜修館、△都立両国、△横浜市立南	△都立両国	△県立平塚
61	市立横浜サイエンスフロンティア	△都立武蔵	
60	△都立大泉、△都立南多摩、区立九段、県立相模原	△県立東葛飾	△市立川崎、県立伊奈学園
59	△都立立川国際、△都立白鷗	△都立桜修館	
58	都立富士、都立三鷹	△県立相模原、市立横浜サイエンスフロンティア	
57	△県立平塚、市立浦和	△市立南、△市立浦和	
56			
55	▼市立稲毛、	都立三鷹、△区立九段	
54	県立伊奈学園	△都立立川国際、△都立白鷗	
53		都立大泉	
52		△県立平塚	
51			
50		▼市立稲毛	
49		県立伊奈学園	
48		市立川崎	

△（前年比偏差値上昇）、▼（前年比偏差値下降）

の問題ではなく融合問題）ということで、ダメ元で大勢が受けるため、（地元の小学校では全員が受けたなどというケースも）大変な倍率になることがよくあります。それがきちんと準備しなければ受からないということがわかり、年々倍率が低下するのが普通です。

２０１７年度（平成29年度）入試では、最も応募倍率が高かったのは昨年開校した**千葉県立東葛飾**の12・0倍で、最も低かったのは**川崎市立川崎高附属**の4・4倍でした。ちなみに難関とされる**東京都立小石川中等教育**は6・4倍、**千葉県立千葉**は9・6倍でした。

前年より倍率が上昇したのは、東京の**都立立川国際中等教育、都立富士高附属、千代田区立九段中等教育、**神奈川の**県立相模原中等教育、県立**

平塚中等教育、千葉の**千葉市立稲毛高附属**、埼玉の**県立伊奈学園**、**さいたま市立浦和**の8校で、ほかの12校は下がっています。このほか今年新設された**横浜市立横浜サイエンスフロンティア高附属**が8・6倍となっています（**表1**）。

私立の難関中学は2～3倍のところが多いですから、倍率が年々低下しているとはいえ、どこも大変な狭き門です。

受検者数は、長い文章の読解、長文記述があるので、女子の方が多いことがふつうですが、都立小石川、**都立武蔵高附属**、県立相模原、県立千葉、県立東葛飾といったむずかしいとされるところは男子の方が多くなっています。とくに市立横浜サイエンスフロンティアは学校の性格から男子が女子の2倍弱と差が大きくなっています。

模擬試験における公立中高一貫校の位置づけ

ではつぎに各校のレベルについて探ってみましょう。中学入試における3大模試の2017年度結果偏差値を手掛かりにします（**3ページ、表2・3**）。△は前年より偏差値が上昇していること、▼は下降していることを表しています。また、すべて一般枠についてのものです（九段は区外枠）。

模試により位置づけは大きくちがう

各模試が21校すべての結果偏差値をだしているわけではありません。偏差値を引くだけの母数がないということです。

男子を例にとってお話しします。位置づけでは、県立千葉、都立小石川が3模試とも高いことは共通していますが、あとは模試によりバラついています。高いところでも、県立東葛飾、市立横浜サイエンスフロンティア、**横浜市立南高附属**、**都立両国高附属**の位置づけはかなり差があります。低いところでは、市立川崎、県立伊奈学園が各模試で共通しています。

首都圏模試では軒並み上昇

模試により、また男女により偏差値の上昇・下降の傾向も異なります。四谷大塚は男子は下降している学校の方が多いのに対し、女子は上昇している学校の方が多くなっています。日能研、首都圏模試では男女とも上昇している学校の方が圧倒的に多くなっています。

とくに首都圏模試では男女とも下降は県立東葛飾だけで、大多数が上昇しています。日能研も女子では下降は市立稲毛だけです。

前述したように受検者数は減っていますが、難度が下がっているということではなく、逆に上昇していますので、より入念な対策が必要になってきます。

また、公立中高一貫校は教科別の試験ではない適性検査問題ですから、私立の入試問題を意識して作問されている模擬試験とは直接的に比例しないと考えた方がいいでしょう。偏差値はあくまで参考程度に考えておくのがよさそうです。

偏差値以上に、適性検査問題は各校で個性があるので、東京のように学校が多数ある場合は、自分がどの学校の適性検査問題と相性がいいのかといったことの方が、学校選択の目安になるでしょう。

東京の適性検査問題の「共同作成」はどうなったか

大きな変化として、都立の中高一貫校10校では、一昨年から、適性検査の「共同作成」が始まりました。これについてクローズアップしましょう。

それまでは各校が独自に作成していた適性検査でしたが、都立高校の入試問題のグループ作成の動向と同様、2015年度（平成27年度）から、共同作成による共通問題が導入されました。その一方で、各校それぞれに求める生徒像というものがあるため、完全な「共通問題」ではなく、一部に各校独自の問題もだすことができるというかたちになりました。今年度はどう行われたのでしょうか。

共同作成の仕組み

まず、共同作成の仕組みについて説明しておきましょう。

一昨年から、都立10校のすべてにおいて、与えられた文章をもとに的確でまとまりのある文章を書く力をみる「適性検査Ⅰ」（問題1からなる）と、与えられた資料をもとに課題を発見し解決する力をみる「適性検査Ⅱ」（問題1・2・3からなる）の2種類を実施しています。

また、各校独自作成の「適性検査Ⅲ」を行うことも認められています。適性検査ⅠおよびⅡは10校によ

【表4】2017年度入試　都立中高一貫校独自問題出題状況

学校名	出題状況
桜修館中等教育	適性検査Ⅰ：独自問題、適性検査Ⅱ：[1]のみ独自問題、[2][3]は共通問題
大泉高校附属	適性検査Ⅰ：共通問題、適性検査Ⅱ：3題とも共通問題、適性検査Ⅲを実施
小石川中等教育	適性検査Ⅰ：共通問題、適性検査Ⅱ：[2]のみ独自問題、適性検査Ⅲを実施
立川国際中等教育	適性検査Ⅰ：独自問題、適性検査Ⅱ：3題とも共通問題
白鷗高校附属	適性検査Ⅰ：独自問題、適性検査Ⅱ：3題とも共通問題
富士高校附属	適性検査Ⅰ：共通問題、適性検査Ⅱ：3題とも共通問題、適性検査Ⅲを実施
三鷹中等教育	適性検査Ⅰ：独自問題、適性検査Ⅱ：[1]のみ独自問題、[2][3]は共通問題
南多摩中等教育	適性検査Ⅰ：独自問題、適性検査Ⅱ：3題とも共通問題
武蔵高校附属	適性検査Ⅰ：共通問題、適性検査Ⅱ：[2]のみ独自問題、適性検査Ⅲを実施
両国高校附属	適性検査Ⅰ：独自問題、適性検査Ⅱ：3題とも共通問題、適性検査Ⅲを実施

る共同作成ですが、全4問のうち2問までは、各校で作成した独自問題に差し替えることができ、適性検査Ⅲを実施する場合にはⅠまたはⅡの差し替えは1問以内と定められています。

独自問題の実施状況

今年度も、都立10校のなかで、共通問題だけで適性検査を実施した学校は1校もありませんでした。すべての学校が、なんらかのかたちで独自問題を入れています。

独自問題の出題状況をまとめると、**表4**のようになります。

10校のなかでは、これまで唯一「作文」を実施してきた**都立桜修館中等教育**ですが、適性検査Ⅰを独自出題として、これまでと同じく作文にしています。

都立大泉高附属と都立富士は適性検査Ⅰ・Ⅱともすべて共通問題を使用したのですが、両校とも適性検査Ⅲを実施することで独自色をだしました。

こうしてみると、適性検査Ⅰで独自問題を実施した学校が6校と多く、適性検査Ⅲを実施した学校が5校となっています（都立両国だけ両方を実施）。適性検査Ⅱでは、共通問題の3問中2問を差し替えた学校はなく、1問のみ差し替えた学校も4校だけでした。

２０１８年度（平成30年度）は都立白鷗が適性検査Ⅲを実施することが公表されました。他校は変更ありません。都立白鷗はこのほか、創立以来行っていた特別枠区分A（国語・算数・英語のいずれかの分野で卓越した能力を持つ者）の募集を行わないことになりました。区分B（囲碁・将棋、邦楽、邦舞・演劇のいずれかの分野に卓越した能力がある者）は継続します。適性検査Ⅲの詳細については9月1日に同校HPに発表することにしていますので、同校志望者はかならずアクセスしてください。

私立中学と併願する受験生の多い学校、少ない学校

公立中高一貫校のスタート時は、落ちたら地元の公立中学に進学する人が多かったのですが、2年、3年と塾に通って準備をして受けると、それをムダにしたくないということで私立中学も併願する人が増えてきています。

また、私立中学を本命として勉強してきたが公立中高一貫校も受ける

人もあり、おおよそ公立中高一貫校受検者の25%程度が私立中学も受けているとみられます。

東京都教育委員会は、都立10校について、試験当日の欠席者数、合格発表後の辞退者数を公表していますので、それを見てみると、10校平均の欠席率は4・1%。学校別では都立小石川が7・8%、都立武蔵が6・7%と高くなっています。10校全体の辞退者数は合計87人（男子33人、女子54人）で、都立10校がそろった10年度以降では2番目に少ない年でした。このうち男子の3分の1（11人）、女子の半数近く（26人）が都立小石川の辞退者。同校は男女計37人と、過去最多の辞退者をだしました。ついで都立桜修館が12人、都立両国が11人となっています。

逆に、都立富士は辞退者が男女ともにゼロでした。**都立三鷹中等教育**も2人、**都立南多摩中等教育**も3人と少なく、こうしたところからも併願している私立中学のレベルのちがいを見て取れます。

私立の「適性検査型入試」はどのくらい集まっているのか？

公立中高一貫校を受ける人にとって受験しやすいのが私立の「適性検査型入試」（公立中高一貫校対応入試、PISA型入試など名称はさまざま）です。

そこで、実際に、各学校にどのくらいの受験生がいたのかを調べてみました**（表5）**。

表には20名以上の受験者がいる学校だけをあげましたが、このほかにも多数の学校が適性検査型入試を実施しています。これだけ増えると、「適性検査型入試」でも受験者が減少した学校もあり、「適性検査型入試」にも二極化の傾向が見えてきました。

日程については、お試しということで、2月1日の午前・午後が多くなっていますが、合格発表後の2月10日に行うところもあります。

すでに多数の学校が実施していますが、2018年度入試ではさらに

●中村
・2月1日午前に新設
●日本大学豊山女子
・2月1日午前に新設
●帝京
・2月2日午前に新設
●文教大学付属
・2月1日午前に新設
●昭和学院
・1月21日午前に新設
●西武学園文理
・1月20日午前に新設

などが新たに実施するほか、**星美学園**、**駒込**、**安田学園**、**浦和実業学園**など、すでに行っているところが回数を増やすので、お子さんの受検予定の公立中高一貫校に即したスタイルで行っている学校を選べばいいでしょう。

このほか、**東京家政学院**が適性検査型入試を汎用的なものから区立九段中等教育を対象にしたものにすること、**和洋九段女子**が2月1日午前と2月10日午前に試験科目名を「思考力」という名称にして「適性検査型」を行うことなど、各校でマイナーチェンジが行われますので、注意してください。

志望者が減っても難度が上昇しているのはなぜ？

公立中高一貫校を選ぶ最大のメリットは言うまでもなく学費が安いこと。難関校、有名大学附属校を蹴って進学する人が毎年かなりの数存在するのもこれがいちばん大きいでしょう。

それに加えて各校それぞれに工夫を凝らしたレベルの高い教育を行っていることがあげられます。国がグローバル人材養成のために始めたSGH（スーパーグローバルハイスクール）にも、市立横浜サイエンスフロンティア、市立南が選ばれています。

また、あまり知られていませんが、じつは大学合格実績がスゴイのです。2017年の数字を見ると、中高一貫の卒業生がでている17校中13校で東京大合格者がでています。

さらに、東京大の推薦入試、東京工大の推薦入試、京都大の特色入試においても、県立相模原が東京大と東京工大に、都立小石川が京都大に、都立桜修館と市立横浜サイエンスフロンティア（中高一貫の卒業生ではありませんが）が東京工大に合格者をだしています。

こうした卒業生の進学実績も公立中高一貫校を選ぶ大きな理由となっています。

以上いろいろな側面から公立中高一貫校を見てきました。受検者は減ってきていますが、年々むずかしくなってきているので、より力を入れてチャレンジしてください。

【表5】「適性検査型入試」2017年度受験者数状況

学校名	名称	日程	男子	女子	合計
宝仙学園 共学部理数インター	★2/1公立一貫対応	2/1	213	245	949
	2/2公立一貫対応	2/2	117	141	
	2/4公立一貫対応特待選抜	2/4	102	131	
安田学園	先進特待1回	2/1	185	199	384
聖徳学園	適性検査型	2/1	191	123	314
郁文館	適性検査型特奨生1回	2/1	161		252
	適性検査型特奨生2回	2/1PM	48		
	適性検査型特奨生3回	2/2	43		
横浜隼人	適性検査型	2/1PM	115	67	182
浦和実業学園	適性検査型	1/15	80	98	178
聖望学園	適性検査型	1/13	75	102	177
開智日本橋学園	1回適性検査	2/1	66	89	155
佼成学園女子	2/1A・PISA	2/1	—	116	143
	2/1B・PISA	2/1PM	—	27	
トキワ松学園	適性検査型	2/1	—	138	138
千葉明徳	適性検査型	1/21	62	71	133
多摩大学聖ケ丘	適性検査型	2/2	46	60	106
佼成学園	適性検査型特別奨学生1回	2/1	50	—	91
	適性検査型特別奨学生2回	2/2	41	—	
上野学園	S公立対応型	2/1	32	58	90
聖徳大学附属女子	適性検査型S特待	1/20PM	—	63	63
鶴見大学付属	★適性検査型	2/2AM	37	24	61
横須賀学院	適性検査型	2/1	34	26	60
東京純心女子	★1次適性検査型・特待選抜	2/1AM	—	43	55
	★2次適性検査型・特待選抜	2/2AM	—	12	
東海大学菅生	1回B	2/1PM	45	9	54
相模女子大学	第3回	2/2	—	48	48
神田女学園	適性検査型1回	2/1	—	31	47
	適性検査型2回	2/1PM	—	16	
共立女子第二	適性検査型	2/1PM	—	44	44
足立学園	★適性検査型	2/1AM	42	—	42
文化学園大学杉並	A型適性試験1回	2/1	—	33	37
	A型適性試験2回	2/4	—	4	
立正大学付属立正	2回適性検査	2/2	19	13	32
横浜翠陵	★適性検査型	2/1PM	22	9	31
昌平	適性検査型	1/11PM	16	10	26
横浜	適性検査型	2/1 PM	20	—	20

※受験者20名以上校・人数順
※★は2017年度新設

公立中高一貫校と併願して

お得な私立中学校

森上 展安
（森上教育研究所所長）
森上教育研究所所長。1953年、岡山県生まれ。早稲田大学卒業。進学塾経営などを経て、1987年に「森上教育研究所」を設立。「受験」をキーワードに幅広く教養問題をあつかう。近著に『入りやすくてお得な学校』『中学受験図鑑』などがある。

公立中高一貫校が実施している適性検査に似た入試を、公立入試直前に行い「予行演習や腕試し」を兼ねてもらおう、というタイプの私立中入試が増えています。この欄では『公立中高一貫校と併願してお得な私立中学校』と題して、そんな私立の適性検査型入試を受験する意義を森上展安氏にお話ししてもらいます。

来年度もさらに増える私立の適性検査型入試

私立の適性検査型入試が年々拡大しつづけています。適性検査というのは公立の中高一貫校入試で採用されている検査で、学力検査と同じタイプの問題です。

公立の場合、法の縛りがあって、「選抜試験」はできないことになっているため、あくまで「適性」をみる検査で、その適性検査という名の学力テストに面接・作文・内申など総合評価で合否が決まることになっています。

「適性検査」の特徴は、基本的性格として科目別ではなく総合形式であり、解答は記述式です。私立の適性検査型入試もこの形式を踏襲しており、1回しか受けられない公立適性検査の併願需要を想定して実施されています。

なぜなら公立の適性検査の倍率は9倍前後の高人気がつづいており、不合格率がとても高いからです。せっかく、公立の適性検査をめざして受験勉強をしても、わずか1回の検査で不合格になる（公立の入試日は統一されている）のは引き合わないと思う受検生、保護者が少なくないのでしょう。

この私立適性検査型の入試校数も、受検生数も伸び方が大きく、たとえば２０１３年度（平成25年度）には私立適性検査型入試全体の総受検者数は７２７名でしたが、２０１７年度（平成29年度）では６１９７名と10倍に迫ろうという伸び方になっています。

入試校数でいうと２０１３年度には16校17入試が、２０１５年度（平成27年度）には26校38入試、２０１７年度には76校１１１入試と急増しているのです（首都圏の1都4県）。

そもそも公立中高一貫校の1都４県の受検者総数が２０１７年度でのべ1万７４２９名のところ、私立の適性検査型は６１９７名というのですから公立の3割程度の規模になっているのです。

さらに言えば公立中高一貫校の２０１７年度の合格者数４１００名に対し、私立の適性検査型の合格者数は４５８６名ですから、私立の場合は定着率が大幅に少ないにせよ、それなりの多さになっています。

また、公立中高一貫校は共学校ですが、私立の適性検査型は、男子校、女子校も実施しています。具体的に私立適性検査型の場合、共学校は45校67入試４８４２名。男子校５校６入試２５３名。女子校26校38入試１１０２名、となっていて、併願ニーズからのものですから、さすがに共学校が圧倒的多さになっていますが、男子校・女子校もあって、そこは私立らしいところです。

私立のどんな学校が適性検査型で人気か

では私立適性検査型入試を実施している学校にはどんなところがあるでしょうか。

私立適性検査型最大の受験者数となっているのは宝仙学園理数インターです。２０１７年度入試からは２

月1日にも「公立一貫校対応入試」を新設し、こちらを458名が受験しています。受験者数で2番目になっているのが、382名の安田学園先進特待1回。3番手が聖徳学園の318名となります。

　つまり公立一貫校の多い下町、三多摩そして中心部に各々1校ずつ有力併願先として選ばれている私立がある、といえます。

　もっとも下町には、開智日本橋学園が158名、共栄学園が101名、淑徳巣鴨98名、三多摩には東京純心女子44名、あるいは多摩大学附属聖ヶ丘が106名、八王子学園八王子が201名、23区内にはさらに駒込、日本学園などが相当数の受験生を集めています。

　埼玉にも、浦和実業学園が229名、聖望学園178名などがあり、来年には西武学園文理も適性検査型入試を実施する、としています。

　神奈川でも、横浜隼人が184名、ついで相模女子大学80名、鶴見大学附属31名など、たくさんの受験生となっています。

　千葉では、県立東葛飾が中学を開設した2016年度（平成28年度）を境にやはり適性検査型が増え、多いところでは、聖徳大学附属女子の71名、千葉明徳の134名などがあげられます。

　茨城では常総学院が149名でした。

　私立の適性検査型入試を都県別にみてきましたが、男女別学校という観点からも見ると、女子校ではトキワ松学園が138名、東京家政大学附属女子が128名、佼成学園女子が107名、和洋国府台女子が90名など。男子校では、佼成学園が50名、京華が22名などがあります。

高倍率の学校もあり要注意「お得」で目につく学校も

　さて、私立適性検査型入試は、倍率が1倍台で入りやすさが大きな魅力といえますが、なかには高倍率の適性検査型入試もあります。

　以下、今春の入試から高い倍率順に並べておきますから、注意してください。

　まず、10倍、8倍、6倍という高倍率が並ぶのは郁文館特別奨学生入試。奨学生に選抜される入試ですから高倍率ということでしょう。つぎが4倍の安田学園の先進特待。これも特待生入試なので高倍率です。

　私立適性検査型で、このようにめずらしく高倍率のところはいずれも奨学生か特待生選抜の入試になっています。

　しかし、明星や東京純心女子は特待入試ですが1倍台です。同じ例は佼成学園（特別奨学生）も1倍台です。もう少し探すと宝仙学園理数インター2月4日公立一貫校対応入試もあり、この4校が大変お得な入試だろう、と思います。

なぜ私立を併願しておくかそのメリットはふたつある

　私立併願のニーズは2点あります。1点は文字どおり予行演習ですね。進学する意向はないけれども、同じ適性検査のやり方に慣れておく、ということでしょう。

　もう1点は、冒頭記したような真性の併願で進学を考える受験です。

　しかし、そのためには公立と同じように「費用がかからない」ということが前提になるでしょう。

　高倍率でも、奨学金がでるところを選択する受験生・保護者の行動は公立校との併願ということからはそうしたニーズがうかがえます。

　奨学金はだすけれども倍率が低い、という東京純心女子、明星、佼成学園、そして宝仙学園理数インターの適性検査入試はそのようなニーズに向いています。

　もうひとつ、じつは実績面からみた併願ということもあるでしょう。

　たとえば浦和ルーテル学院は、きわめて少人数な学校ですが、この春は東京大合格者もでて、元来、出口実績がすぐれている学校です。

　公立校併願の場合、その公立校の実績が、東京大4～5名、難関国立大が卒業生の少なくとも1割以上という学校が多いので、こうした実績をだしている学校との併願なら、仮に本命の公立校がダメでも進学したいところですね。

　その意味で、受験生を多く集めている私立併願校は、進学実績面でも公立校そのままではなくとも見劣りしない実績をあげているところ、という選択のされ方がうかがえます。

　一方、公立中高一貫校の例では高倍率もさることながら、やはりだされる問題が、受検生にとってかなり対策がむずかしい、もっというと得点しずらい、という実情もあります。

　もちろん、神奈川県立、横浜市立のように基礎基本の問題が多いエリアもありますし、都立、埼玉、千葉の一次のように私立の一般入試に近い問題をだす学校もあります。

　しかし、都立中高一貫校の多くで

は、なかなか解くのがむずかしい、いわゆる難問もだされています。もっとも、その難問をクリアできる受検生は多くはないでしょうから、正答率は案外高くない、と思われます。

これに対して、私立の適性検査型は、形式こそ似せていますが、問題そのものは公立ほど高いレベルを要求していません。

基礎基本を問うている問題が大半ですから、受験生にとって努力しやすいのです。

就学支援金の充実と大学入試改革も追い風に

さて、私立適性検査型併願にとって新しい状況が今春から生まれました。それは私立高校に通う家庭への就学支援の充実です。

具体的には年収の制限がありますが、都内では６８０万、埼玉では６１０万までの世帯に対して、授業料相当のお金が支給されます。

都民に関しては埼玉、千葉、神奈川など他県の私立に進学しても同様に支給されます。

この制度によって、高校からの負担は大幅に減りました。したがって私立中学に進学している間は相当の負担ですが、高校からの負担が大きく減少したので、本来、公立中高一貫校を考えていて不合格となった受験生でも、私立も選択の対象にする余地が金銭的に広がりました。

もともと高校からは私立も併願し、公立高校不合格の場合は私立高校へと考える家庭は少なくありませんから、その高校の費用を私立中学に振り向けて考えられる余地が生まれていることになります。

しかし、さらにこうした適性検査型入試に追い風が吹いているのは、２０２０年度からとされている大学入試の改革の方向です。

いまの小学生の受験生世代は、この大学入試改革後の入試を受験しますから、仮に適性検査型の対策が、こうした改革と同じ方向なら中学受験だけではなく、やがて大学受験にも役立つのであれば挑戦しがいがあるということになります。

たとえば佼成学園女子はＰＩＳＡ型入試、あるいは土浦日本大学はＳＡＴなどの名前をつけていますが、まさにこの新しい傾向を意識したネーミングになっています。

この適性検査型タイプには入れていませんが、品川女子学院、共立女子、光塩女子学院などの総合型、あるいは品川女子学院の算数１科、明星の算数特化型といった入試も含めて、同じ方向性を持つものと考えてよいでしょう。

そしてこれらの出題の内容、方向性の方が本来、受験に与えるインパクトとして大きいと考えられます。

というのもこれまでの私立の一般入試は、少しむずかしい言いかたになりますが内容知をチェックするやりかたです。具体的に言うなら2次関数のグラフを読みとらせる、というようなことになります。

これに対して新しい入試は、ひと言で言えば応用知を問うものです。たとえば「この町では交通事故の状況はA、B、Cのようなグラフで表されています。では、そのグラフをみてどのようにすればこの町から交通事故をなくせるでしょう」といった問題です。

それは2次関数を理解しているか、だけよりも2次関数を使って問題解決をするにはどのようにグラフを読み解き現実問題におろしていくか、と聞かれているのです。

このような問題の立て方としては、算数の問題もやや長く説明的になりますから読解力も問われてくるのです。

まさに適性検査の出題の仕方とこうした考え方とは合致しています。

こうした問題を解くためには、確かに2次関数の知識（内容知）をしっかりさせる必要はありますが、詳細な2次関数についての知識を持っている必要はなく、むしろ2次関数の本質を理解しておくことの方が重要になります。

そうした意味では私立の適性検査型入試は、私立中学にとっても、一般入試との攻守交代の時期が、やがてくるかもしれません。

ただし、従来型の問題の方がつくりやすく、採点、評価もしやすい、という選抜試験に向いた特質を持っていますから、攻守交代といっても、（適性検査型の問題は作成しにくいので）一般入試の数問がこうしたタイプに代わる、という変化くらいになるという予想もできます。

幸い、私立は一般入試も残し、適性検査型の入試もする、という情勢が中位校中心に広がってきていますし、一方で難関中堅上位校でも一般入試問題のなかに適性検査タイプの問題を入れ始めています。

そうなると受験対策のなかでこうした問題に接する機会が増えてきますから、いっそう対策も立てやすくなることでしょう。

駒込《こまごめ》中学校

2018年度入試より、新コース体制始動！

来年度より「国際先進コース」と「本科（AGS）コース」の新2コース制で始動。中高一貫校の利点を最大限に生かし、時代を先取りしたグローバル教育とICT教育を進め、主体的な学びを展開しています。

これから求められる能力を見る駒込の適性検査型入試

「これまでの学校教育の学びは『いかに多くの知識を覚え、いかに速く正確に解答できるか』の競争がテストで測定されてきました。これは人工知能が最も得意とするものです。定式化・公式化した知識のテストです。しかしこれからは、人工知能が解答できない『意味論』の試験に切り替わります。『思考力、判断力、表現力、批判力、主体性』が評価される学校教育（アクティブラーニング）に転換されます。人はロボットと競争するのではなく、『智のあり方』それ自身を追求できる能力を育むべきです。一言でいえば『智の編集能力』を身に着けるべき時代に突入したということです。

小学生の皆さんは21世紀の後半を、人工知能を片手に持って、それを使いこなして生きる人々です。学びの本質を正確に捉えて、ロボットに使われる人間ではなく、使いこなせる人間になれるような教育を行っています」（河合孝允校長）

駒込中学校（以下、駒込）は、1682年（天和2年）に了翁禅師によって創立された「勧学講院」に端を発する伝統校です。仏教の教えのもと、自由で伸びやかな校風の学園として政財界、スポーツ界、芸能界など多彩な分野にさまざまな卒業生を送りだしてきました。

そうした伝統校でありながら、時代を先取る教育を実施していくことにもためらいはありません。その一環として、来年度（2018年度）から、高校の文・理スペシャルコースである「国際教養コース」と「理系先進コース」につなぐ『国際先進コース』、また併設型中高一貫校の強みを生かし、多彩で幅広い進学をサポートする『本科（AGS）コース』の2コース体制で始動します。

そんな駒込は、2013年度（平成25年度）入試から適性検査型入試を導入しています。これからの時代に必須となる、自ら課題を見つけ、考え、答えを探して解決できる能力を持った生徒に向けたこの入試は、公立中高一貫校を第1志望と考えている受験生にとっても、併願校として最適だといえるでしょう。

また、駒込の適性検査型入試の特徴は、思考表現、数的処理という2つの独自問題を出題している部分にあります。

適性検査型入試を経て入学してくる生徒も多く、受験生や保護者にとって、たんなる併願校で終わらない魅力的な教育内容が評価されている駒込中学校です。

森上's eye

多種多様な生徒が集い高めあえる環境が魅力

多種多様な生徒が伸びのびと学生生活を謳歌《おうか》しているところに大きな魅力があります。進学先についても、東京大をはじめとする最難関大学合格者がいる一方で、東京芸大に進む生徒もいるなど、生徒それぞれが自分の将来をしっかりと考え、お互いに刺激を受けながら希望の進路に向けてまい進できる環境が整っています。

School Data　駒込中学校

所在地　東京都文京区千駄木5-6-25
TEL　03-3828-4141
URL　http://www.komagome.ed.jp/
アクセス　地下鉄南北線「本駒込」徒歩5分、地下鉄千代田線「千駄木」・都営三田線「白山」徒歩7分

学校説明会（要予約）	
8月27日（日）	10:00～12:30
9月16日（土）	10:00～12:00
10月28日（土）	10:00～12:30
11月18日（土）	10:00～12:00
12月17日（日）	10:00～ 14:00～
1月14日（日）	10:00～12:00

個別相談会（☆のみ要予約）	
11月4日（土）	9:00～11:00 ☆
11月11日（土）	9:00～15:00
11月23日（木祝）	9:00～15:00
11月25日（土）	9:00～15:00
12月2日（土）	9:00～11:00 ☆
12月9日（土）	9:00～15:00

文化祭入試個別相談会	
9月30日（土）	10:30～15:00
10月1日（日）	9:00～15:00

郁文館《いくぶんかん》中学校

受験生に寄り添った入試を実施

生徒一人ひとりの夢の実現を手厚くサポートしている郁文館中学校は、適性検査型入試を導入しています。この入試は、公立中高一貫校を志望する受験生に寄り添った形式をとっています。

夢を語れる郁文館生

創立から128年を数え「しっかりとした個性を持ち、何事も自分の頭で考え、行動できる人間を育てる」という建学の理念を持つ郁文館中学校（以下、郁文館）。

郁文館独自のキャリア教育「夢教育」を行うことで、生徒それぞれに具体的な夢、目標を持たせ、そのためにどのような進路を選ぶべきか、どのような学びが必要なのかを考えさせていきます。

「夢教育」には、夢について考えるきっかけづくりの機会を与える「きっかけプログラム」、その夢の実現に向けて行動する「行動プログラム」など、さまざまなプログラムが用意されています。

中高生にとっては、そもそも「まだ夢なんて持っていない」という人や、あったとしても「夢を人の前で語るなんて」という感覚があるのは当然かもしれませんが、郁文館生たちは、「夢教育」をとおして、夢について考え、語ることが当たり前になっていきます。それが推進力となり、学力の伸長や、海外の大学への積極的な進学へとつながっています。

グローバルリーダー特進クラスを設置

そんな郁文館は、2015年度（平成27年度）から従来の特進クラス、進学クラスに加えてグローバルリーダー特進クラスを設置しました。このクラスは、2020年度（平成32年度）の大学入試改革も見据えたアウトプット型の学習スタイル（ディスカッション、論文執筆など）を取り入れ、さらに郁文館グローバル高校との連携、ネイティブスピーカーの副担任配置、中3次の海外短期留学など、充実のグローバル教育も行われています。

郁文館中学校・高校・グローバル高校の土屋俊之教頭先生は、「大学入試制度改革が2020年度に迫るなかで、ほんとうに必要な思考力というものを醸成していくにはどうしたらいいかということから、グローバルリーダー特進クラスはスタートしました」と説明されます。

グローバルリーダー特進クラスが設置されたのは2015年度（平成27年度）からですが、さまざまな知識の応用や柔軟で論理的な思考力を磨く必要性を感じていた郁文館にとっては、公立中高一貫校が実施している適性検査型入試は「時宜《じぎ》を得ている」（土屋教頭先生）と感じられるものでした。このような経緯から2年前に導入されたのが郁文館の適性検査型入試です。

郁文館の適性検査型入試はここがちがう

既存の入試と併用するかたちで行われる適性検査型入試は、地域性を考え、近隣の公立中高一貫校と問題傾向や試験実施時間などを同一にすることで、公立中高一貫校を第1志望にしている受験生にとって受けやすい環境を整えています。出願はインターネットでも可能です。

さらに特筆すべきは、当日の試験の「答案フィードバック」を行っていることです。

「本校の適性検査型入試は、受験生のみなさんのお役に立つためにはどうしたらいいかという視点で始めているため、フィードバックがなければ、結局受けっぱなしになってしまうということでこのかたちを取り入れました」と土屋教頭先生。

入試当日の夕方に学校で受け取るか、もし学校まで足を運べない場合でもメールで送付するという徹底ぶりで、受験者の8割程度がフィードバックを受け、そのうえで3日の公立中高一貫校受検にのぞんだということです。

郁文館の入学試験ではありますが、公立中高一貫校への入学を希望する受験生に対してのサポートもしたい、という気持ちが伝わったのか、試験後に実施したアンケートでは、こちらも8割を超える受験生が「本番に近い環境で緊張感を持った受験ができた」、「問題難易度はちょうどよかった」、「試験当日の答案フィードバックは参考になった」と答えています。本番さながらの緊張感のな

グローバルリーダー特進クラスのディスカッション型授業のようす

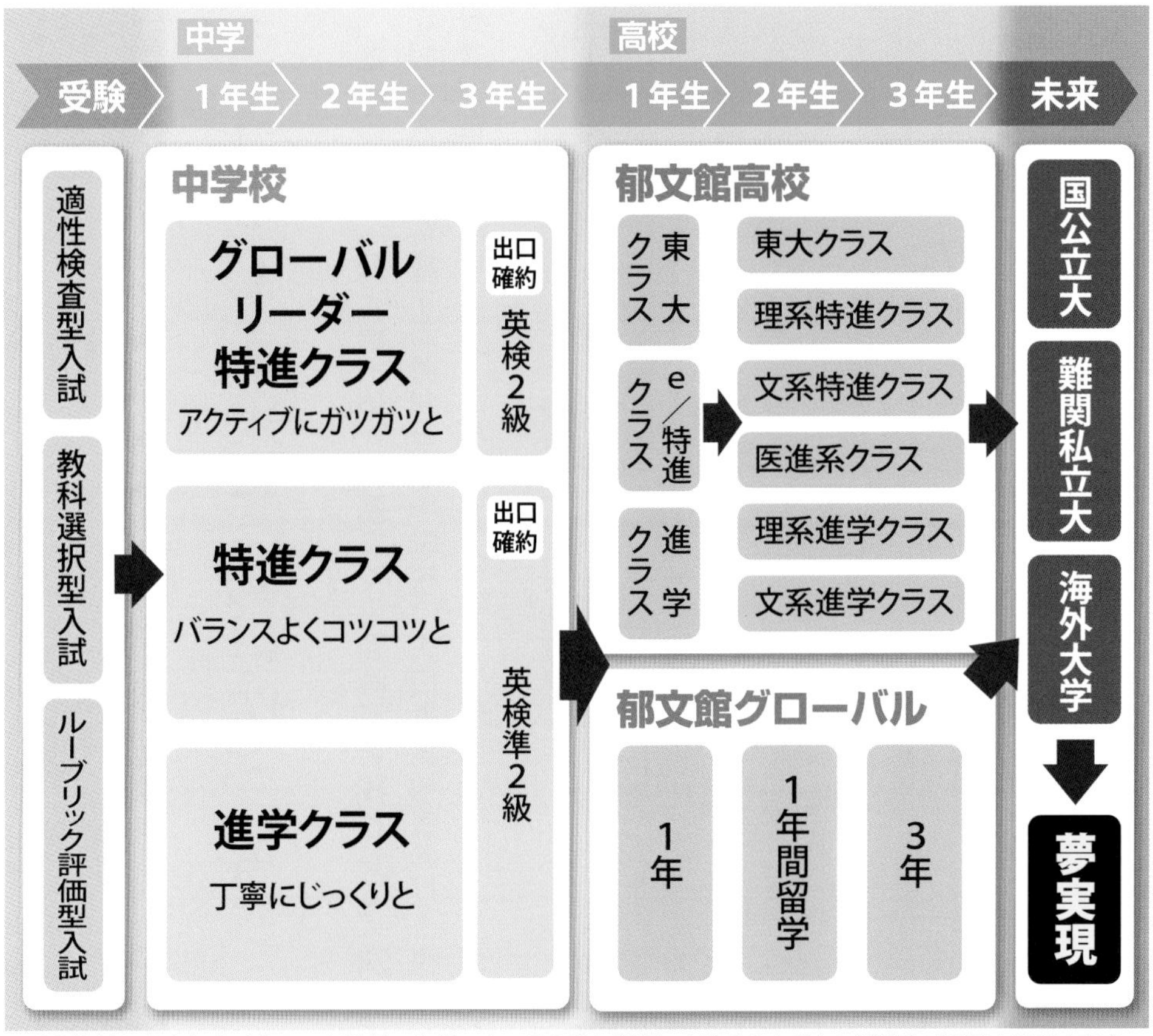

入試制度にかかわらずクラスを選ぶことができ、その後も進路に応じてさまざまな選択肢が用意されています

かで、志望している学校と似た傾向の問題と向きあえ、答案に対してアドバイスも受けられる。郁文館の適性検査型入試は、まさに「併願してお得な学校」と言えるでしょう。

受験生のメリットを考えた郁文館の適性検査型入試

また、同校が取り組んでいる思考力や発想力を育む教育内容、とくにグローバルリーダー特進クラスは、公立中高一貫校を受検しようとしているご家庭にとっては親和性が高いため、適性検査型入試の「受験生のために」というサポート姿勢とも相まって、第1志望の公立中高一貫校への入学がかなわなかった場合にも、前向きな選択肢として入学してくる生徒が多くなっています。

「当初は私立に入学させる予定はなかったけれども、せっかくここまでがんばったし、本校の教育であれば入学させてもいいのでは、と思っていただけたようです」と土屋教頭先生はうれしそうに話されます。

このように、受験生の好評を得ている郁文館の適性検査型入試は、来年度入試から受験回は2月1日午前、2月2日午前、2月4日午後となり、1日午前と2日午前はこれまでの適性検査Ⅰと Ⅱに加え、選択式でⅢも追加されました。しかも1万円の受験料で3回すべてに出願できます。さらに2017年度入試からは、この適性検査型入試に、「スカラシップ合格制度」（入学金免除）を導入。公立中高一貫校を第1志望とする受験生にとっては、より受験のメリットが大きい入試といえます。もちろん、適性検査型入試を経て入学する場合も、グローバルリーダー特進クラス、特進クラス、進学クラスの3つのクラスすべてに入学可能で、高校進学時も、郁文館高校（東大クラス、特進／e特進クラス、進学クラス）、2年次に1年間海外留学をする郁文館グローバル高校のどちらにも進むことができます。

ここまで見てきたように、公立中高一貫校入学希望者に寄り添った適性検査型入試を実施している郁文館中学校。来春の入試でも満足度の高い併願校として注目を集めそうです。

森上's eye

英語にますます注力しめざましい伸長見せる

2020年の大学入試改革も見据えた新クラスの設置や、受験生のメリットを考えた入試制度の導入など、積極的な改革を打ちだしている郁文館は、よりいっそう英語教育にも注力しています。その結果、英語に関しては公立中高一貫校を上回るほどの学力の伸びを生徒がしめしており、今後もますます注目に値する学校です。

School Data　郁文館中学校

所在地　東京都文京区向丘2-19-1
TEL　03-3828-2206
URL　http://www.ikubunkan.ed.jp/
アクセス　地下鉄南北線「東大前」徒歩5分、地下鉄千代田線「根津」・「千駄木」・都営三田線「白山」徒歩10分

体験授業
8月26日（土）

郁秋祭（文化祭）
9月30日（土）
10月 1日（日）

理事長説明会
8月26日（土）
9月30日（土）
10月 1日（日）
11月25日（土）
12月16日（土）

藤村女子中学校《ふじむらじょし》

吉祥寺で未来を切り拓こう

建学の精神「知・徳・体」に基づく人間教育を柱として、次世代を担う人材を育成する藤村女子中学校。矢口秀樹校長のリーダーシップのもとに進められてきた新な取り組みが着実に花開いています。

楽しみながら英語に触れる

国際教育に力を入れている藤村女子。今年度（平成29年度）から取り組んでいるふたつのユニークな英語学習についてご紹介します。

まずひとつ目は、耳で英語を覚える取り組みです。入学したばかりの1年生に毎朝10分間、担任の先生が英単語を読み聞かせ、生徒は耳から英語に触れて発音や意味を覚えます。難関高校入試でも使用する単語テキスト「英単語１６００」を使い、小テストを繰り返しながら6月上旬には約４００単語まで暗記ができたそうです。１６００単語をカバーするこの単語テキストを1年間で2回転学習し、3年間で6回転学習する目標を立てています。そして中学2年で英検3級、高校2年で英検2級を目指します。

もうひとつのユニークな取り組みが、これも入学したばかりの1年生がチャレンジする英語劇です。ＡＢＣもままならない生徒たちは英単語学習と同じで先生が読み聞かせする台本を耳で覚えて約10分の英語劇を完成させます。今回は「シンデレラ」の英語劇にチャレンジし、5月27日に行われた学校説明会で受験生や保護者の方々の前で発表しました。

ボラカフェで合唱部が歌声を披露

「はじめはセリフを覚えるだけで大変そうでしたが、徐々に身振り手振りを入れながら役になりきって感情を表現するようになり、みんな楽しそうに劇を作っていました。学校説明会で発表する姿をみて大変感動しました」と矢口秀樹校長。

この英語劇は年間数回行う予定で、毎年7月に英語を楽しむ特別授業として行う「English Days」では、中学1年～中学3年すべての学年で英語劇を発表する予定です。これ以外にも、帰りのホームルームにネイティブ教員も参加して英語に触れあう機会を多くする取り組みや中学3年のハワイ修学旅行など藤村女子ならではの国際教育が着実に進んでいます。

吉祥寺をフィールドに世界へ

藤村女子は吉祥寺をフィールドにして地域や商店の方々と協力して、吉祥寺と藤村女子の魅力を世界に発信する取り組みを行っています。

そのひとつが、吉祥寺にある人気洋菓子店とコラボした新商品の開発です。クッキング部の部員たちが中心となり洋菓子を企画・提案し、採用された洋菓子が吉祥寺銘菓となって商品化されます。これ以外にも日本・吉祥寺・藤村女子をテーマとした風呂敷の制作や、大手レースメーカーとコラボしたハンカチ制作など多彩な取り組みがあり、9月16日・17日に行われる文化祭で発表する予定で着々と準備が進められています。さらに外国人旅行者向けの吉祥寺マップの制作や井の頭恩賜公園での外来魚捕獲ボランティアなど、多岐にわたるボランティア活動も活発に行っています。

また、藤村女子では生徒に将来の自分の姿をしっかりと考えて欲しいという思いから著名人や卒業生の講演を聴く機会を昨年度から増やしています。昨年は、H-IIBロケット発射指揮者の白石紀子さん（ＪＡＸＡ）や卒業生で国境なき医師団としてアフリカで活動した看護師の方、またハワイ修学旅行では現地企業で働く卒業生など世界で活躍する女性に勉強すること、努力することの大切さを語って頂きました。今年は、瀬谷ルミ子さん（日本紛争予防センター事務局長）に講演して頂く予定です。

「特選コース」1期生が着実に学力を伸ばしています

「特選コース」と「特進コース」の2コース制は今年で3年目を迎えました。この4月に、中学3年生になった「特選コース」第1期生が高校1年生１８８名と同じ外部模試を受験したところ、英・数・国総合得点で校内トップ10に2名、数学のみの得点では校内トップ10に3名が入るという素晴らしい結果を残しました。

「特選コース」は中高6年一貫なので、中学2年で英・数・国の中学の内容を終わらせ、中学3年からは高校の内容を学習する先取り授業を行っています。また、数学に関しては、7時間目の授業で定積分や指数・対数などを定義演算という形で扱い計算力をつけています。それが今回の模試の結果に表れたのだと思います」と経験豊富な矢口校長ならではの工夫された教育内容が「特選コース」で実践されています。

また「特進コース」は、クラブ活動や学校行事を毎日の学校生活のひとつと位置づけた上で、しっかりとした学習習慣と基礎学力の徹底を目指します。このコースは、高校から入学してくる生徒と混合クラスになりますが、高校には、「S特」を始めとして「特進」「進学」「総合」「スポーツ科学特進」「スポーツ科学」の6コースがあり、自分の進路希望に合ったコースを選択できるのも魅力のひとつです。

EP Daysでの街頭インタビュー

目標は、国公立10名、早慶上理・GMARCH40名合格!

藤村女子は、生徒の進路指導にも力を入れており、学内に設置された「学習センター」と呼ばれる施設で学習サポートを行っています。この施設ではセンター長を始め専任教諭や東大・一橋大などの大学生チューターが常駐し指導にあたるため、生徒たちは塾や予備校に通うことなく、中学入学後から大学入試までのすべての勉強をこの学習センター内で完結することができます。今年(2016年度卒業生)もこの学習センターを利用して多くの生徒が大学受験に臨み、ビクトリア大学、早稲田大学、立教大学、室蘭工業大学など希望する大学へ合格を果たしています。

「藤村女子は、今後の短期目標(5年)として国公立大学10名、早慶上理・GMARCH40名の合格目標を掲げています。簡単に出せる数字ではないと分かっていますが、目標を明確に示したことで全教員そして生徒の意識が高まりました。私も目標達成に向けて努力を惜しまない覚悟です」と入試委員長の廣瀬真奈美先生が意気込みを語ってくれました。

2月1日と2月6日に適性検査入試を実施

来年度(平成30年度)入試では、2月1日(木)午前と2月6日(火)午前の2回適性検査入試を実施します。出題形式は1日・6日とも昨年と同じ、適性検査Ⅰ・Ⅱ(各45分100点)で行います。適性検査Ⅰは、文章を読み、自分の考えを述べる問題、適性検査Ⅱは、社会・理科・算数の要素を含む分析や自分の考えを述べる問題です。両日とも得点に応じた奨学金制度があります。

最後に、廣瀬先生から受験生の方々へメッセージを頂きました。

「藤村女子に入学したら、思い切って新しいことにチャレンジして欲しいと思います。そうすることで今まで自分でも気が付かなかった新しい自分が発見できるはずです。新しい生活では不安もあると思いますが、藤村女子はその不安を希望に変えることのできる学校です。私たち教員一同、そして在校生のお姉さんたちが皆さんを心からお待ちしています」

スポーツ大会の大玉転がし

森上's eye
建学の精神を基に新しい教育にチャレンジ

藤村女子は何事にも積極的にチャレンジする校風があり、学習プログラムやクラブ活動など都内でも注目される学校のひとつです。また大学合格実績も堅調で、特に一貫生の合格実績が伸びています。

矢口秀樹校長がこれまで進めてきた取り組みが少しずつ実を結び始めているようです。

School Data 藤村女子中学校

所在地 東京都武蔵野市吉祥寺本町2-16-3
TEL 0422-22-1266
URL http://www.fujimura.ac.jp/
アクセス JR線・京王井の頭線・地下鉄東西線「吉祥寺」徒歩5分

学校説明会(予約不要)
10月21日(土)【ふじむら体験会(教科・クラブ)】
11月11日(土)【入試体験会】
12月 9日(土)【ふじむら体験会(教科・クラブ)】
1月13日(土)【個別相談会】
2月24日(土)【4・5年生対象】
全日程14:00～

文化祭
9月16日(土) 9:00～16:00
9月17日(日) 9:00～16:00

開智《かいち》日本橋《にほんばし》学園《がくえん》中学校

6年あるから夢じゃない!! 「開智日本橋学園中学校」の魅力

２０１５年（平成27年）４月にスタートした開智日本橋学園は「世界中の人々や文化を理解・尊敬し、平和で豊かな国際社会の実現に貢献できるリーダーの育成」を教育理念に、開智学園で培われた創造型・探究型・発信型の教育を取り入れ、さらに生徒の能動的な学びを深めた21世紀型の教育を行っていく共学校です。

平和で豊かな国際社会の実現に貢献するリーダーの育成

これからの変化に富んだ社会で活躍するには、言われたことをこなすだけではなく、自分で課題を見つけ、解決し、新しいことを創造する力が必要不可欠です。

開智日本橋学園では、生徒自らが学ぶ「探究型の授業」や「フィールドワーク」などを通じて、世界が求める創造力、探究力、発信力を持った人材の育成を目指しています。さらに、学校生活のいたるところで、自らが判断し自分の責任で行動することを生徒に求めています。単に指示を待つのではなく、主体的、能動的に行動する、というのが開智日本橋学園の教育目標の1つです。

また、リーダーであるためには、スキルの面で優れていることはもちろん、信念を持って何事にも挑戦していく強い意思や、他のメンバーを思いやり、他者のために行動できる温かい心なども大切な資質です。開智日本橋学園では生徒に、学校行事やその他の自主的な活動等に自分の意思で積極的にチャレンジすることで、成功したときの感動、喜び、そして失敗したときの悔しさ、そこから学べる教訓等々を数多く味わってほしいと思っています。それらを積み重ねることで、人として大きく成長し、他者を理解できる心の広い人間に育ってほしいと願っています。

「フィールドワーク」「探究テーマ」生徒主体の探究型・創造型学習

開智日本橋学園で行っている探究型学習の1つである「フィールドワーク」やプロジェクト型「探究テーマ」研究学習は、生徒が自ら疑問を見つけ、解決の仮説を立て、仮説を検証するための調査、観察、実験を行い、それらを考察してまとめ、発表します。中1の磯の探究、中2の森の探究、中3の生徒が行く先を決める国内探究、高1の首都圏探究と続き、高1で探究したテーマを英語の論文にまとめ、高2の海外探究で海外の大学で発表し、英語でディスカッションします。

「探究型授業」は、教師がトリガークエスチョン（探究の引き金になる有益な問い）となる疑問や課題を提起します。それを基に生徒は既存の知識の確認を行い、ブレインストーミング（集団で自由に様々な意見や考えを出し合う）し、それをまとめて予測や仮説を立てます。

その予測や仮説がどのような手段・方法で解決できるか調査、観察、実験等の仕方を考えて、探究を開始

します。この調査や観察、実験等で得た情報、結果をマインドマップ（考えや情報などを地図のようにつなげ図にしてまとめる方法）など様々な方法で整理してまとめ、結論を出して発表します。

この学びを通して、生徒が自ら考え、友達と考え合い、討論し「なぜ」や様々な課題を解決していくことで、創造力・探究力・発信力・コミュニケーション力が大きく伸びていきます。

希望によって選べる4つのクラス

中1から高1までの4年間は、4つのクラスを設定します。

グローバル・リーディングクラス（GLC）は、帰国子女や英語力の特に高い生徒が、海外のトップレベルの大学を目指します。

また、今年度新設されたデュアルランゲージクラス（DLC）では、小学校での英語の授業経験程度しかない生徒が、英語に最も力を入れた学習を行い、国内・海外の大学進学を目指します。

リーディングクラス（LC）は、中学受験の勉強をしっかりしてきた生徒のためのクラスで、日本のトップレベルの大学を目指し、探究型・協働型の授業としっかりとした知識と学力を定着させるため、習得型の授業、反復型の学びを行います。

アドバンストクラス（AC）は、ある程度の中学受験の勉強をしてきた生徒のクラスで、日本の難関大学を目指し、探究型・協働型の授業とともに、基礎から発展レベルの内容まで、しっかりとした知識と学力を確実に身につけるために、習得型の授業、反復型・繰り返しの学びを行います。

国際バカロレアの候補校

開智日本橋学園中学校は、東京都23区の私立中学校で初めての国際バカロレアのMYP（中等教育プログラム）・DP（デュプロマプログラム）の候補校です。

グローバル・リーディングクラス（GLC）とデュアルランゲージクラス（DLC）では国際中等教育プログラムに準拠した学習方法で授業を行い、リーディングクラス（LC）とアドバンストクラス（AC）では国際中等教育プログラムの教育を加味した学びを行います。

さらに、高2、高3では大学進学を視野に入れ、国際クラス、国立理系クラス、国立文系クラス、医学部クラス、私大文理クラスと5クラス制で難関大学進学を目指します。

生徒の学力と能力を伸ばす環境が整った魅力あふれる開智日本橋学園中学校。ぜひ一度説明会に参加して進化している学園の様子を感じてみてはいかがですか。

森上's eye

教師の教育力と未来志向の学力育成が一番の魅力

スタートして3年目の学校ですが、驚異的な教師力が「凄い」の一言。さらに、探究型の学びと、英語教育にかける情熱も内容も非常に魅力的です。東京都23区の私立中学校で初めて国際バカロレアの国際中等教育プログラム(MYP)・DP(デュプロマプログラム)の候補校となり、今後の教育内容が注目されます。

School Data　開智日本橋学園中学校

所在地　東京都中央区日本橋馬喰町2-7-6
TEL　03-3662-2507
URL　http://www.kng.ed.jp
アクセス　JR総武線・都営浅草線「浅草橋」、JR総武快速線「馬喰町」徒歩3分、都営新宿線「馬喰横山」徒歩7分

学校説明会
8月26日（土）10:00～　※授業体験あり
9月16日（土）14:00～　※授業体験あり
10月21日（土）14:00～
11月18日（土）10:00～　※出題傾向説明会
12月23日（土）10:00～　※出題傾向説明会
1月13日（土）10:00～　※出題傾向説明会

文化祭
9月30日（土）10:00～
10月 1日（日）10:00～

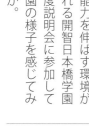

佼成学園女子中学校《こうせいがくえんじょし》

PISA型入試の先駆者

京王線「千歳烏山駅」から徒歩6分、閑静な住宅街の一角に佼成学園女子中学校（以下、佼成女子）はあります。多様な留学制度やバランスのとれた学習により難関大学への進学実績が増加傾向にあります。

ニュージーランド修学旅行と中期留学プログラム

音楽や美術の授業でネイティブによる英語を使ったイマージョン教育の実施や高校のニュージーランド1年留学コースの設置など、特色のある英語教育で実績のある佼成女子。次の展開は中期留学プログラムです。これまで実施してきたニュージーランドへの修学旅行に加え、希望者は現地で継続して約3ヶ月のプログラムを受けることができます。

修学旅行は1月の中旬に7泊8日の日程で実施されます。この修学旅行では農場を持つ家庭へのファームステイ（2泊3日）やオークランド大学への訪問、また自分たちで事前に立てた計画に基づいたオークランド市内見学など、中学生活で身につけた「使える英語」を実践する機会が多く盛り込まれた内容となります。そして修学旅行終了後、オークランド近郊の家庭に一人ずつホームステイをしながら現地の学校へ通学し、現地生徒と同じ授業を受けながら約2ヶ月を過ごします。1期生の今年は16名がこのプログラムに参加しました。

ニュージーランド修学旅行

「中学生なのでホームシックになるのではないかと心配し、現地アドバイザーを高校の長期留学時よりも多く配置しましたが、ほとんどの生徒が1～2週間で現地に溶け込み、英語も徐々になれて最後の1ヶ月はホストファミリーと楽しい時間を過ごしたようです。高校の留学コースの生徒よりも早く現地の生活に溶け込めたのは驚きでもあり、これからのプログラムのための収穫にもなりました。また、この中期留学プログラムには、現地校での勉強だけでなく、ホストファミリーの家で掃除、洗濯、料理を自分で行うなど、人間的にも少し成長して帰国できたのではないかと思っています」と広報室長の内山立人先生は語ります。

この中期留学プログラムに参加した生徒のうち、4名が高校の特進留学コース、3名がスーパーグローバルコースへ進みました。また、他のコースへ進んだ生徒たちも学校生活へのモチベーションを高く持てるようになっているようです。

英検取得を強力にサポート

佼成女子では、２０２０年度から実施される「大学入学共通テスト」に対応するため、英検取得のサポートに力を入れています。その取り組みが毎年6月と10月の年2回、全校をあげて英検の10日ほど前から行われる「英検まつり」です。

この「英検まつり」では、クラス対抗で単語・熟語の暗記に挑戦する「英検チャレンジ」や放課後には級別ごとに学年の枠を超えて行われる1次対策の「英検対策講座」、またネイティブが担当する二次試験面接対策など、英検受験へのモチベーションを高める様々な取り組みを行っています。例えば「英検チャレンジ」ではクラスごとに暗記する単語・熟語数の目標を設定し、習得度グラフを貼り出すなどしてクラス全員で切磋琢磨しながらレベルアップを目指します。高校生になると1シート20単語の課題を１４０シート暗記する生徒もいるそうです。

その結果、２０１６年度の取得者数実績（右図参照）を見てみると、全校で1級4名（うち1名は中3生）、準1級40名、2級１３６名（うち11名が中学生）など11年前に比べると飛躍的な伸びを示しています。中学3年生の3級以上の取得率は78・６％となっており、文科省が

英検取得者数の推移

	平成17年	平成28年
1級	0名	4名
準1級	0名	40名
2級	41名	136名
準2級	106名	224名
3級	145名	173名

佼成学園女子中学高等学校

目標とする50%を大きく上回っています。また、校内の各種資料等の英語標示や朝の全校放送での英語スピーチ、ネイティブと気楽に交流できるグローバルセンターの設置や英語新聞発行など、学校生活の隅々まで英語が自然な形で浸透し、気軽に異文化体験ができる生活環境が整っています。

難関大学合格者 5年連続で増加！

佼成女子は、英語だけではなく数学・国語とバランスの取れた学習を進めた結果、年々、難関大学の合格実績を伸ばしています。２０１７年（２０１６年度卒業生）の大学合格者数（左図参照）を見てみると、国公立11名、早慶上智22名と5年連続で合格者が増加しています。

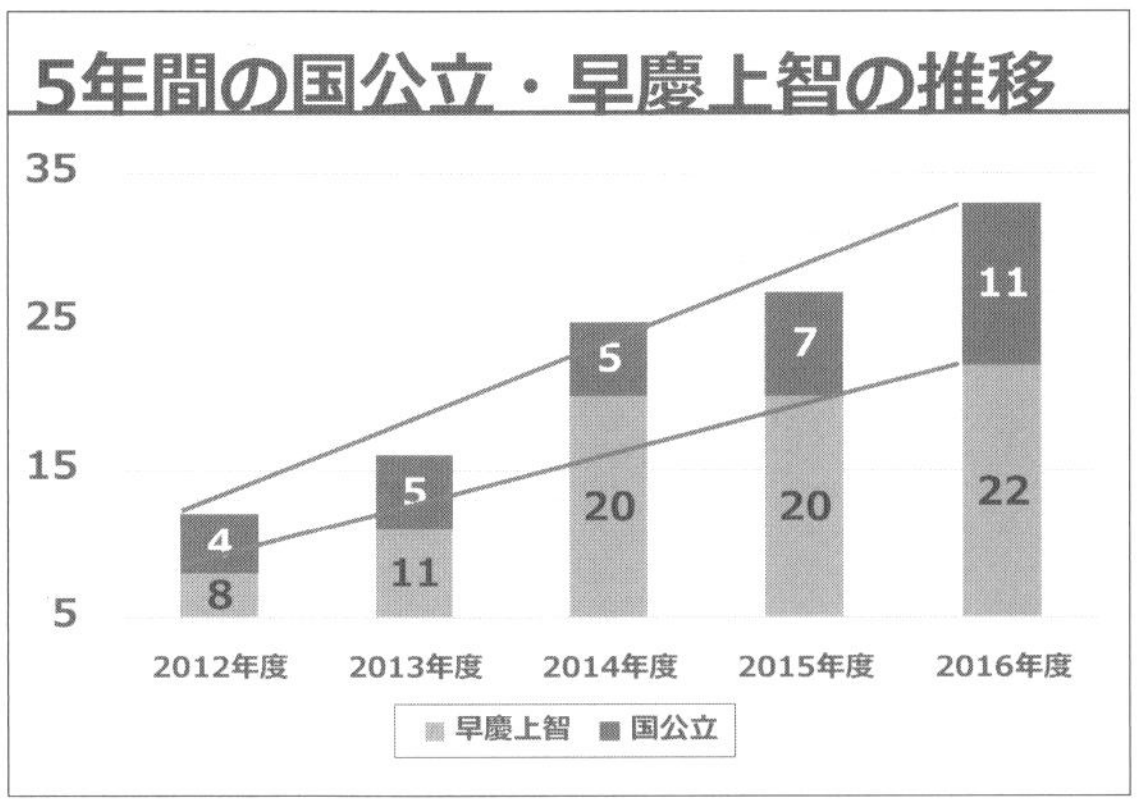

この結果について、広報室長の内山立人先生は、「これは本校で行っている『オーダーメイド型の進路指導』の結果の表れだと思います。生徒の進路希望（学部・学科）に合った選択授業、演習授業そして校内予備校の科目を、生徒一人ひとりと相談しながら最も効果的に選科し、個別にきめ細かく指導した結果がこの実績に繋がったのだと思います。また、例年そうなのですが、ＰＩＳＡ型で入学してきた生徒たちは、授業・クラブ・学校行事にみんな積極的に参加しており、各学年の中心的存在になっています。この積極性や集中力が大学受験にも良い結果として表れています」と、嬉しそうに話して頂きました。

また、佼成学園男子校と共同で学年ごとに難関国公立を目指す「トップレベル講習」（選抜制）を行っています。男子校・女子校の進路指導に強い教師と予備校のトップ講師らが協力し、モチベーションの高い指導が行われており、毎年、この講習に選抜された生徒たちは難関大学への合格を果たしています。

ＰＩＳＡ型入試と特別奨学生入試

「ＰＩＳＡ型」と言えば「佼成女子」と言われるほど、すっかり定着した佼成女子のＰＩＳＡ型入試。「学校学習での教科の理解度や定着度」で合否を判断するのではなく、「将来、社会生活のなかで発揮できる力（思考力・判断力・表現力）をどの程度身につけているか」をみる試験です。

来年度ＰＩＳＡ型入試は2月1日（木）の午前と午後の2回行われる予定で、出題形式は都立一貫校とほぼ同じように、適性検査Ｉ（国語系の問題・作文）・適性検査II（社会・理科・算数の融合問題）で行われます。さらに基礎学力の定着度を測るため基礎算数と基礎国語の問題も出題されます。

また、例年受験生に好評を得ている答案分析も行います。答案分析では三角形のレーダーチャートで全受検者平均と自分の点数とを比較でき、自分の不得意な分野をあらためて確認できるため翌日の公立一貫校入試に大変参考になるようです。

ＰＩＳＡ型入試は、入学金、6年間の授業料及び学内の希望する講習費を全額免除する特別奨学生（Ｓ特待）やＡ特待、Ｂ特待、Ｃ特待の選抜対象となっているため、毎年多くの受験生を集めています。今年度入試では１５９名の出願者があり、そのうち１４３名が受験しました。

また、今年初めて実施した「自己アピール入試」を来年度入試でも実施します。入試は2月1日（木）午後と2月2日（金）午後の2回で、試験内容は「自己アピール作文＋プレゼン、基礎算数・基礎国語」です。小学生のとき一生懸命にスポーツや習い事などに励んだ経験のある生徒さんにとても取り組みやすい入試となっています。

森上's eye

見逃せない 難関大学合格実績の伸び

佼成女子は近隣の都立中高一貫校が旗揚げする前から「PISA型入試」を立ち上げ、そのニーズに応えてきました。その努力の結果、受験生が毎年増え続け、この入試で入学した生徒が学年のリーダー役に育っているのも見逃せません。また、難関大学合格実績の伸びには目を見張るものがあります。

School Data 佼成学園女子中学校

所在地 東京都世田谷区給田2-1-1
TEL 03-3300-2351
URL http://www.girls.kosei.ac.jp/
アクセス 京王線「千歳烏山」徒歩6分、小田急線「千歳船橋」バス15分、「成城学園前」バスにて「千歳烏山駅」まで20分

学校説明会（要予約）
10月14日（土）14:00～15:30
11月12日（日）10:30～12:00
12月 9日（土）14:00～15:30
1月13日（土）14:00～15:30

乙女祭
9月23日（土）12:00～16:00
9月24日（日） 9:30～15:00

オープンスクール（要予約）
8月26日（土）9:30～12:00

PISA型入試問題学習会（要予約）
12月16日（土）10:30～12:00

新小6・5保護者対象説明会（要予約）
3月17日（土）10:30～12:00

修徳《しゅうとく》中学校

君の熱意を必ず未来につなげます

創立以来、建学の精神をベースに徳育・知育・体育のバランスのとれた三位一体教育を実践してきた修徳中学校。きめ細かなプログレス学習で、生徒の進路希望を実現します。

修徳独自のきめ細かな指導

「文武一体」の中高6ヵ年教育を実践する修徳中学校・高等学校（以下、修徳）。中学校では、「プログレス」と呼ばれる修徳独自の学習体系を基に、生徒が掲げる6年後の目標を達成するためのきめ細かな学習サポートを行っています。

「プログレス」とは、基礎学力の定着と自学自習の習慣を確立させるための学習サイクルのことです。月曜日から金曜日に学んだ英単語のまとめプリント（土曜アウトプット）を家庭学習用に配布し、翌週、朝プログレスとして10分間の英単語テストを行い、各生徒の学力定着度を確認します。この英単語テストで7割以上の点数が取れない生徒には、学力向上期待者補習を行い、再テストに合格するまでプログレス担当教員が個別に丁寧に指導します。また、英単語テストに合格した生徒も放課後プログレスとして、プログレス学習センターで毎日自習することが義務付けられています。この学習サイクルにより、自ら勉強する姿勢が身に付き、基礎学力の徹底を図ることができます。

朝プログレス

またこの取り組み以外にも、学力上位者のためのハイプログレス、新入生向けスタートプログレス、サマー・ウインター・スプリングプログレス、Webによる予習・復習を効率的に行えるWebプログレスなど、年間を通して学力を向上するための様々な取り組みが、計画的に行われています。

きめ細かな受験・進路指導

近年、難関大学へチャレンジする生徒が増加する中、さらにきめ細かな進路指導を行うために今力を入れているのが、大学の指定校推薦を希望する生徒や保護者の意識改革を目的とした「一般受験指導部」です。2名の若い教員が中心となり、今後の大学入試改革の概要やそれに対応するための勉強方法、指定校推薦ではなく一般受験にチャレンジすることの意義などをガイダンスで生徒と保護者に細かく説明しています。また、毎月発行する機関紙で、人気の高い大学（学部・学科）の特色やオープンキャンパスの日程など、様々な情報を発信することで生徒のモチベーションを高めています。

この取り組みについて大多田泰亘校長は、「生徒が自分の進路を真剣に考え希望の大学に思いっきりチャレンジできるように、一般受験指導部をさらに強化したいと思っています。この取り組みで生徒の意識に少しずつ変化が見られ、授業後やクラブ活動後に率先してプログレス学習センターに足を運ぶようになった生徒もいます。また、保護者の大学入試に対する意識も高まりつつあり、徐々にですが学校全体に変化が見え始めています」と語って頂きました。

また、今年度（平成29年度）から進路について数名のグループに分かれて調べ学習を行ったり、討論をしたりできる時間を設けています。将来携わりたい職業について他の人の意見を聞いたり、希望する進学先の情報などを共有したりして個々のモチベーションを高め、団体戦で大学受験に臨むための取り組みが始まっています。

プログレス学習センターの概要

プログレス学習センターは3階建ての大学受験専用学習棟です。職員やチューター・サポーターが常駐しており、生徒は夜8時まで利用でき各教科の担当者に質問や相談をすることができます。また、全生徒にIDカードを発行して入・退出時間や勉強時間の管理を行っており、生徒一人ひとりの学習状況を把握することができるため、個別指導の際の良いデータとなっています。

各階の概要ですが、1階の「自立学習ゾーン」には、プログレスホールと呼ばれる落ち着いた雰囲気の個別ブースがあり、集中して自学自習に取り組むことができます。このホールは人気で、放課後はすぐに満席になります。また、独立したPCルームでは学習進度に合わせた単元別大学受験映像講座（VOD）を聴講することができ、大学の学部・学科に関する情報収集にも利用できます。

2階の「ハイレベル講習・演習ゾーン」では、担当教員による進路相談や特進・文理選抜の生徒を対象にした少人数のハイレベル講習・演習が行われます。教室の壁面が、ブルー、イエロー、グリーンと分かれており、学年や進度によって使い分けられているのも特長のひとつです。

3階は外部講師やチューターを配置した「個別学習ゾーン」です。運営サポーターにより、通常授業と連動した個別学習カリキュラムが作成・管理されており、生徒一人ひとりの学習指導を綿密に計画的に行っています。なお、希望者には、選択制（有料）ですが先生と生徒1対1の完全対面個別指導も行っています。

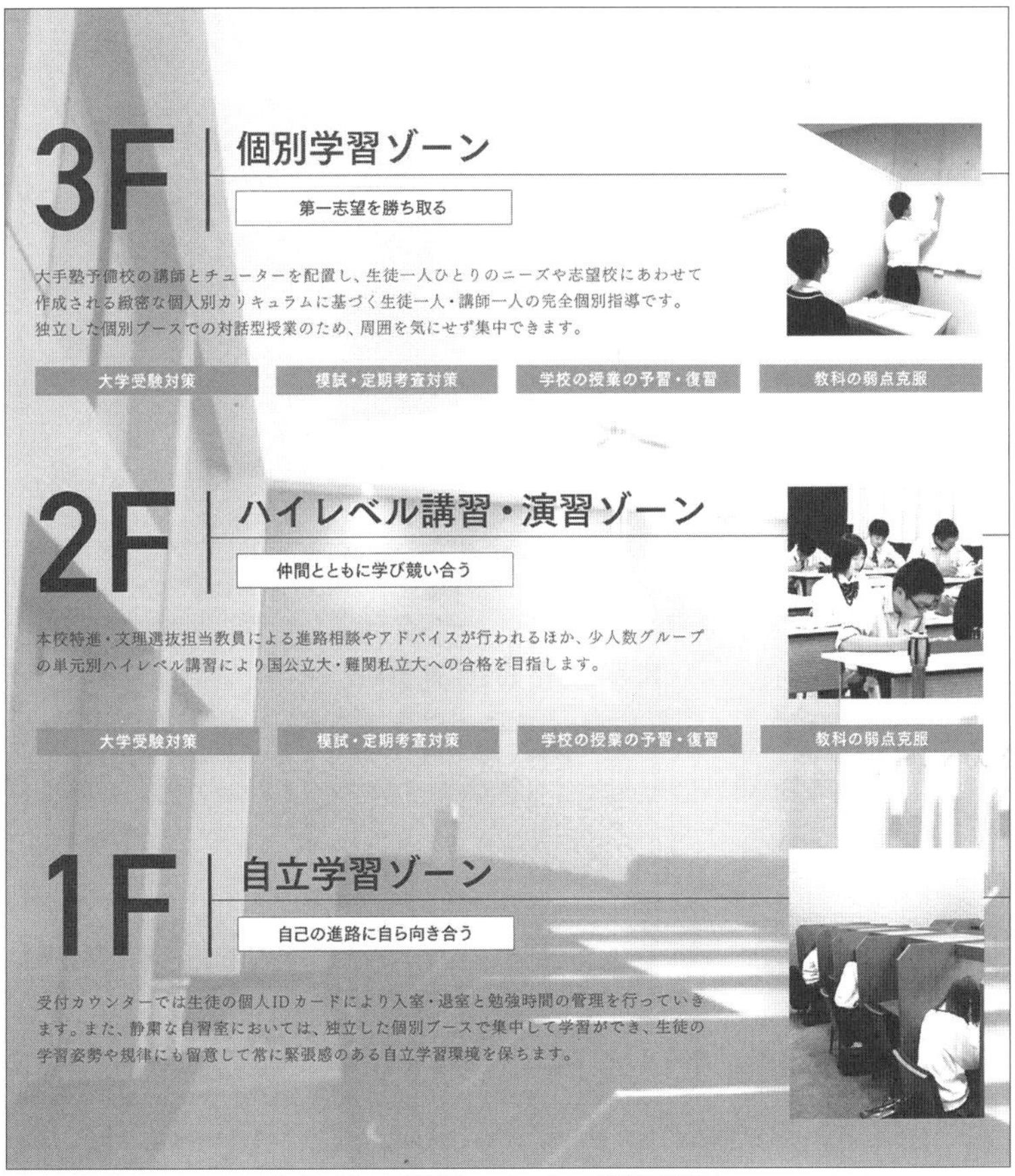
3F
個別学習ゾーン
第一志望を勝ち取る
大手塾予備校の講師とチューターを配置し、生徒一人ひとりのニーズや志望校にあわせて作成される緻密な個人別カリキュラムに基づく生徒一人・講師一人の完全個別指導です。独立した個別ブースでの対話型授業のため、周囲を気にせず集中できます。
大学受験対策
模試・定期考査対策
学校の授業の予習・復習
教科の弱点克服
2F
ハイレベル講習・演習ゾーン
仲間とともに学び競い合う
本校特進・文理選抜担当教員による進路相談やアドバイスが行われるほか、少人数グループの単元別ハイレベル講習により国公立大・難関私立大への合格を目指します。
大学受験対策
模試・定期考査対策
学校の授業の予習・復習
教科の弱点克服
1F
自立学習ゾーン
自己の進路に自ら向き合う
受付カウンターでは生徒の個人IDカードにより入室・退室と勉強時間の管理を行っていきます。また、静粛な自習室においては、独立した個別ブースで集中して学習ができ、生徒の学習姿勢や規律にも留意して常に緊張感のある自立学習環境を保ちます。

「プログレス学習センター」の各階の概要

全員参加の英検まつり

修徳では英検の1カ月ほど前から「英検まつり」と称して、色々なユニークな取り組みで受検サポートを行っています。例えば英検までの期間、校内の廊下や階段の踊り場などに英検に役立つミニ知識をチェックする『関所』と呼ばれる場所をいくつか設けています。生徒たちは、立ち止まって暗誦したり、解説を読んでフレーズを理解したりと、みんな楽しみながら利用しています。また、『英単語道場』では、毎日英単語テストを行い、その成績が一定の基準に達して『段』を取得した生徒には文房具などのプレゼントも用意されています。

その他にも、英語教員（英検マスター）が作成した個性豊かな「英検まつりポスター」を校内や自宅の部屋などに掲示したり、さらに受検後には各級合格者の表彰があったりと、この「英検まつり」の取り組みを通じて英語を学ぶことの楽しさを経験し、その後の英語の勉強に対するモチベーションを高めます。

また、修徳はクラブ活動が盛んなことでも有名ですが、時間を有効に活用し、集中して取り組むことで学習との両立を可能にしています。今後さらに進められる学校改革により、新しく生まれ変わろうとする修徳中学校。一度生徒の様子を見に伺ってみてはいかがですか。

森上's eye

プログレス学習センターで新しい型の進学校を目指す

修徳中学校はクラブ活動がさかんなことで有名ですが、プログレス学習などの独自の取り組みにより、ここ数年、着実に大学進学実績を伸ばしつつあります。放課後やクラブ活動後は「プログレス学習センター」で効率的な学習ができるので、勉強だけでなくスポーツにも思いっきり取り組める環境を整えた学校です。

School Data　修徳中学校

所在地　東京都葛飾区青戸8-10-1
TEL　03-3601-0116
URL　http://www.shutoku.ac.jp/
アクセス　地下鉄千代田線・JR常磐線「亀有」徒歩12分、京成線「青砥」徒歩17分

学校説明会（予約不要）
10月14日（土）14:00～
11月 4日（土）14:00～
11月18日（土）14:00～
12月 9日（土）14:00～
1月 6日（土）14:00～
※各回とも入試個別相談コーナーあり

ネイチャープログラム体験 予約制（20名）

8月24日（木）14:00～16:10	①オオクワガタの飼育体験 ②鉄道ジオラマ製作体験 ③鏡を作ろう！
9月 9日（土）14:00～16:10	①化石発掘体験 ②オオクワガタの飼育体験 ③鉄道ジオラマ製作体験
10月7日（土）14:00～16:10	①鏡を作ろう！ ②鉄道ジオラマ製作体験 ③電気を作ろう！

※前半と後半でいずれか1つずつ選択できます。
※詳細はホームページをご覧下さい。

共《きょう》立《りつ》女《じょ》子《し》第《だい》二《に》中学校

多様な生徒を温かく迎える抜群の教育環境

共立女子第二では学校活性化のために様々なタイプの受験生を求めており、早くから適性検査型入試を実施してきました。多様な価値観を持つ生徒たちが伸び伸びと成長していける、絶好の環境がここにはあります。

豊かな自然と充実した施設

共立女子第二中学校高等学校（以下、共立女子第二）は、誠実・勤勉・友愛という校訓の下、高い知性・教養と技能を備え、品位高く人間性豊かな女性の育成に取り組んでいます。豊かな自然に恵まれたキャンパスは桜やバラなどの花で色鮮やかに演出され、伸び伸びとした教育が展開されています。広大な校地には、総合グラウンド、9面テニスコート、ゴルフ練習場、約1500名収納可能な大講堂などの充実した施設が設けられており、多くのクラブがその施設で活発に活動しています。

キャンパスは八王子市の郊外に立地していますが、無料のスクールバスが運行されています。路線バスとは異なり、すべて学校のスケジュールに沿ったダイヤが組まれているので大変便利です。災害などの緊急時にもすぐに対応できるメリットもあります。

生徒一人ひとりに合った教育を実践

多様化する生徒たちの志望を実現させるため、中学3年、高校1年にAPクラス（Advanced Placement Class）が導入され、難関大学進学を視野に入れて、深化・発展した授業が行われています。高校2・3年でも、進学志望を念頭においた6つのコース（高校2年は5つ）が設置され、生徒一人ひとりに合ったきめ細やかな指導を実現させています。大学受験力の強化を目的としていますが、自由度が高く、芸術系などの受験にも対応しています。

また中高一貫教育の先取り学習を中心とした新しいカリキュラムが設けられています。中学1・2年で学習の基礎を徹底し、主要5教科については中学3年の1学期で中学課程を修得します。ただし、中学3年の夏休みを「中学課程全体の振り返り・確認期間」にあてて、中学3年の2学期から高校の教育課程に入る前に、中学の内容を未消化のまま進めないようにしっかりとしたフォローを施しています。

伸びる外部大学合格実績

共立女子第二では、大学および短大への進学希望者がほぼ100％に達し、そのほとんどが進学しています。進学先としては、ここ数年、外部大学への進学と共立女子大学・短期大学への進学はほぼ同じ比率になっています。看護学部や児童学科などが新設されたことや、神田一ツ橋に校舎・組織を集中したこともあり、共立女子大学・短期大学への人気は根強いものがあります。一方、共立関連大学に推薦で合格しながら、さらに外部の大学を受験できる併願型特別推薦制度を設けるなど、安心して難度の高い大学にチャレンジできる環境を整えています。2017年の卒業生は、お茶の水女子大学、横浜国立大学、早稲田大学、上智大学などの外部難関校をはじめ、堅調に実績を残しています。

■卒業生の進路（共立・外部の比較）

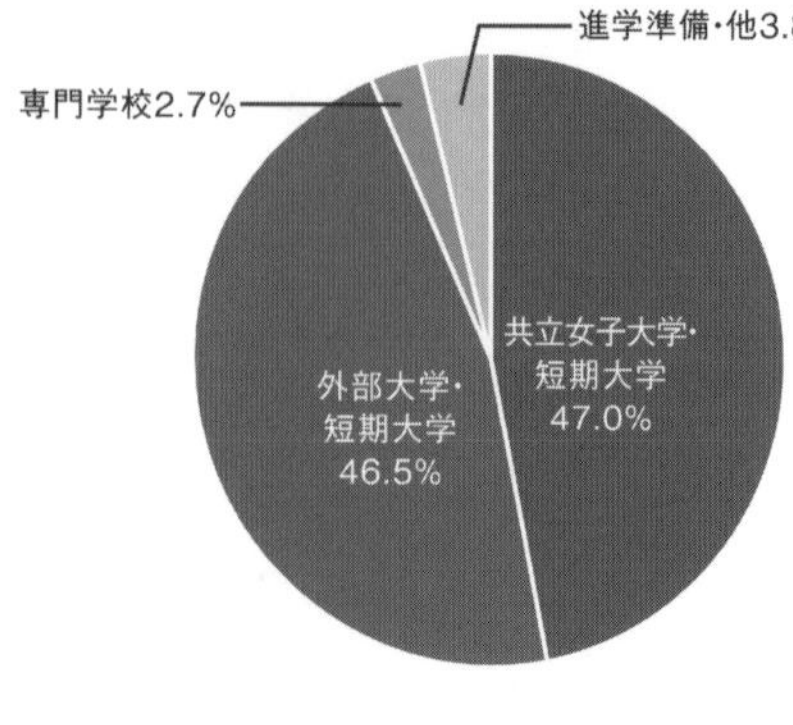

適性検査型入試

共立女子第二では様々な個性を持つ子どもたちの受験を期待し、公立中高一貫校との併願を可能とする適性検査型入試を早くから導入、特に八王子多摩地区の多くの受験生を集めています。また、入試の合計得点率（適性検査Ⅰ・Ⅱの合計点に対して何点得点したか）により奨学生を選考し、入学金・授業料などを免除する給付奨学金制度も導入しています。

例年、入学した生徒に対しアンケートを実施していますが、適性検査型入試に合格して入学した生徒の、特徴的な3人のコメントをご紹介します。

A子さん　「公立中高一貫校との併願でした。公立校の方は残念でしたが、とても広々としていて伸び伸びできるし施設もすごいのでこの学校も気に入っています」

――併願の受験生の中にも、学校を気に入っていただき、実際に入学となった生徒がたくさんいます。公立校にはない価値が間違いなくありますので、その点を合わせて考えていただければと思います。

B子さん　「私の場合は受験を考え始めた時期がかなり遅かったので、一般の受験は困難でした。適性検査なら受験できると思い、そういった形の受験ができる私立も含めて受験校を決めました」

――このような受験生の話もよく聞きます。受験勉強の期間は短かったかもしれませんが、まだ伸び代がたくさんあるとも考えられますし、本校では入学を歓迎します。

C子さん　「本当は公立がダメなら諦めようと思っていたのですが、まさかの奨学生に選んでいただき、授業料などの免除があったため入学を決めました」

――本校では、適性検査型の入試においても給付奨学金制度を導入しており、入試の合計得点率により奨学生を選抜しています。最高で入学金、授業料、施設設備費が3年間免除となります。ぜひチャレンジしてください！

共立女子第二中学校では入試制度を工夫し、様々な受験生が受けやすい環境を整えています。

森上's eye

毎日、明るく元気な声が聞こえる伸び伸びとした女子校

女子教育において教育環境が果たす役割は非常に大きいものです。共立女子第二には、緑豊かな自然、整備された新校舎とその付属施設、そして大学系列校としての特長を生かした安心の進学システムなどその最高の教育環境が整っています。一度、八王子キャンパスに足を運んでみてはいかがでしょうか。

School Data　共立女子第二中学校

所在地 東京都八王子市元八王子町1-710
TEL 042-661-9952
URL http://www.kyoritsu-wu.ac.jp/nichukou/
アクセス JR線・京王線「高尾」スクールバス10分（無料）
JR線「八王子」スクールバス20分（無料）

学校説明会（要予約）
10月 7日（土）入試問題研究会①11:00～
10月13日（金）ナイト説明会　18:00～
11月11日（土）入試問題研究会②11:00～

入試説明会（要予約）
12月 2日（土）14:00～
12月17日（日）　9:30～
1月13日（土）11:00～

適性検査型入試のための説明会（要予約）
12月16日（土）　14:00～

入試体験（要予約）
12月17日（日）入試体験　9:30～
（説明会と並行開催）

2018年度 首都圏公立中高一貫校 入試日程一覧

東京

の部分は未発表(7/10現在)のため昨年度の内容になります。

校名	募集区分	募集人員	願書受付		検査日	発表日	手続期限	検査等の方法
			開始日	終了日				
都立桜修館中等教育学校	一般	男女各80	1/10	1/16	2/3	2/9	2/13	適性検査Ⅰ・Ⅱ
都立大泉高等学校附属中学校	一般	男女各60	1/10	1/16	2/3	2/9	2/13	適性検査Ⅰ・Ⅱ・Ⅲ
千代田区立九段中等教育学校	区分A※1	男女各40	1/19	1/20	2/3	2/9	2/10	適性検査1・2・3
	区分B※2	男女各40	1/19	1/20	2/3	2/9	2/10	適性検査1・2・3
都立小石川中等教育学校	特別※3	男女各80(含特別5以内)	1/10	1/16	2/1	2/2	2/2	作文・面接
	一般		1/10	1/16	2/3	2/9	2/13	適性検査Ⅰ・Ⅱ・Ⅲ
都立立川国際中等教育学校	海外帰国・在京外国人	30	1/8	1/9	1/25	1/31	1/31	作文・面接
	一般	男女各65	1/10	1/16	2/3	2/9	2/13	適性検査Ⅰ・Ⅱ
都立白鷗高等学校附属中学校	海外帰国・在京外国人	未定	1/8	1/9	1/25	1/31	1/31	未定
	特別※4	男女各80(特別6程度)	1/10	1/16	2/1	2/2	2/2	面接(囲碁・将棋は実技検査あり)
	一般		1/10	1/16	2/3	2/9	2/13	適性検査Ⅰ・Ⅱ・Ⅲ
都立富士高等学校附属中学校	一般	男女各60	1/10	1/16	2/3	2/9	2/13	適性検査Ⅰ・Ⅱ・Ⅲ
都立三鷹中等教育学校	一般	男女各80	1/10	1/16	2/3	2/9	2/13	適性検査Ⅰ・Ⅱ
都立南多摩中等教育学校	一般	男女各80	1/10	1/16	2/3	2/9	2/13	適性検査Ⅰ・Ⅱ
都立武蔵高等学校附属中学校	一般	男女各60	1/10	1/16	2/3	2/9	2/13	適性検査Ⅰ・Ⅱ・Ⅲ
都立両国高等学校附属中学校	一般	男女各60	1/10	1/16	2/3	2/9	2/13	適性検査Ⅰ・Ⅱ・Ⅲ

※1千代田区民　※2千代田区民以外の都民
※3自然科学(全国科学コンクール個人の部で上位入賞した者　※4日本の伝統文化(囲碁・将棋、邦楽、邦舞・演劇)

神奈川

※募集区分はすべて一般枠

校名	募集人員	願書受付		検査日	発表日	手続期限	検査等の方法
		開始日	終了日				
県立相模原中等教育学校	男女各80	1/10	1/12	2/3	2/10	2/11	適性検査Ⅰ・Ⅱおよびグループ活動による検査
県立平塚中等教育学校	男女各80	1/10	1/12	2/3	2/10	2/11	適性検査Ⅰ・Ⅱおよびグループ活動による検査
川崎市立川崎高等学校附属中学校	120	1/10	1/12	2/3	2/10	2/11	適性検査Ⅰ・Ⅱ・面接
横浜市立南高等学校附属中学校	男女おおむね各80	1/9	1/11	2/3	2/10	2/11	適性検査Ⅰ・Ⅱ
横浜市立横浜サイエンスフロンティア高等学校附属中学校	男女各40名	1/9	1/11	2/3	2/10	2/11	適性検査Ⅰ・Ⅱ

千葉

※募集区分はすべて一般枠

校名	募集人員	願書受付		検査日	発表日	手続期限	検査等の方法
		開始日	終了日				
千葉市立稲毛高等学校附属中学校	男女各40	12/11	12/12	1/27	2/2	2/6	適性検査Ⅰ・Ⅱ・面接
県立千葉中学校	男女各40	願書等 11/20 報告書・志願理由書等 1/12	願書等 11/22 報告書・志願理由書等 1/15	一次検査 12/9 二次検査 1/27	一次検査 12/21 二次検査 2/2	2/5	一次　適性検査 二次　適性検査・面接
県立東葛飾中学校	男女各40	願書等 11/20 報告書・志願理由書等 1/12	願書等 11/22 報告書・志願理由書等 1/15	一次検査 12/9 二次検査 1/27	一次検査 12/21 二次検査 2/2	2/5	一次　適性検査 二次　適性検査・面接等

埼玉

※募集区分はすべて一般枠

校名	募集人員	願書受付		検査日	発表日	手続期限	検査等の方法
		開始日	終了日				
県立伊奈学園中学校	80	12/25	12/26	第一次選考 1/13 第二次選考 1/27	第一次選考 1/23 第二次選考 2/1	2/6	第一次選考　作文Ⅰ・Ⅱ 第二次選考　面接
さいたま市立浦和中学校	男女各40	12/25	12/26	第1次選考 1/13 第2次選考 1/20	第1次選抜 1/17 第2次選抜 1/24	2/5	第1次　適性検査Ⅰ・Ⅱ 第2次　適性検査Ⅲ・面接

東京都立中高一貫校2018年度入試の変更点

来年度入試について、首都圏の東京以外の公立中高一貫校では大きな変更はなく、東京都立の中高一貫校に変更点が集中しています。

白鷗高附属が国際色を強めて3つの大きな変更打ち出す

6月8日、東京都立中高一貫校の来年度入学者決定の変更点が、入試日程とともに発表されましたが、東京以外では大きな変更がなかったため、都の変更がめだつことになりました。とはいっても、東京での大きな変更は、すべて白鷗高附属に関するものでした。

それ以外の変更点については、下表にまとめています。

では、その白鷗高附属の変更点を見ていきましょう。

変更点は3つあります。

まずは、都立中高一貫校のなかで、これまでは立川国際中等教育のみで行われていた、「海外帰国・在京外国人生徒枠の募集」を白鷗高附属でも行うことです。

募集人数や、その決定方法は未発表ですが、立川国際中等教育の「海外帰国・在京外国人生徒枠の募集」は30名で、面接と作文（日本語または英語）による選考となっています。

白鷗高附属の入試変更点のふたつ目は、これまで実施してきた特別枠募集の区分A（国語・算数・英語のいずれかの分野で卓越した能力を持つ者）の募集を行わなくなることです。

特別枠の区分B（囲碁、将棋、邦楽、邦舞、演劇のいずれかの分野に卓越した能力がある者）の募集は継続します。

白鷗高附属の変更点3つ目は、一般枠募集での適性検査について、これまでの適性検査Ⅰ・Ⅱに加え、適性検査Ⅲを実施することです。適性検査Ⅲは各校の独自問題であり、学校の特色を打ちだせます。昨年度までは都内5校が実施していましたが、2018年度は右ページのとおり、白鷗高附属が加わり6校が採用します。

これら白鷗高附属の詳細は、9月1日に同校のホームページに掲載するとされています。

なぜ、白鷗高附属にのみ入試変更が集中しているのかというと、東京都教育委員会が2016年度（平成28年度）2月に策定した「都立高校改革推進計画・新実施計画」のなかで、「中高一貫教育校の充実」として白鷗高附属が指定されたことに始まります。

その指定を受けた同校は、「国際交流、英語教育などに重点を置いた特色ある教育のさらなる充実、帰国生徒や外国人生徒の受け入れなどを行い、国際色豊かな学習環境を実現する」として、検討をつづけてきました。来春がその実施年度にあたるのです。

入学手続き、繰り上げ合格に時間的枠組み決める

都立中高一貫校に関する、このほかの変更は、下表の2枠目以降にしめしてあります。

都外からの受検者は、これまで保護者が父母である場合、入学後、父母両方と同居することが条件でしたが、家族間のDV避難等による移転などの事例もあることから緩和され、理由を申請することで、どちらか一方との同居で許されることとなりました。

「入学手続き」と「繰り上げ合格者の決定」欄の変更点では、時間的な枠組みが施されました。この春、小石川中等教育の入学手続き者の確認と、繰り上げ合格についての入学意思の確認等で混乱した経緯を受けてのものと考えられます。

■2018年度入試・都立中高一貫校おもな変更点

項目	内容
海外帰国・在京外国人生徒枠 募集	立川国際中等教育学校に加え、白鷗高等学校附属中学校において海外帰国・在京外国人生徒枠募集を実施する。 募集人員は、平成29年10月に発表予定の「平成30年度都立高等学校等第一学年生徒募集人員」に定める。
都外在住者で入学日までに都内に転入することが確実な者の応募資格	これまで保護者が父母である場合、父母両方と都内に同居することを応募資格の要件としていたが、さまざまな家族の形態があることに配慮し、父母のどちらか一方が都内に志願者と同居できないときは、その理由を出願時に明らかにしたうえで、父または母のどちらか一方と同居すればよいこととする。
入学手続き	入学手続き期間内に入学意思確認書を提出しない者は合格を放棄したものとみなすが、やむを得ない事情により入学手続き期間内に入学意思確認書の提出ができない場合は、入学手続き期間内に当該都立中学校に連絡し、入学意思を伝えることとした。志願校の校長が状況を把握のうえ、当該合格者の入学手続きの扱いを決定することとする。 なお、やむを得ない事情とは、自己の責に帰さない事情であり、公共交通機関の遅延または急病により、入学手続き期間を過ぎる場合をいう。これによらない場合については、当該都立中学校長は、都立学校教育部高等学校教育課入学選抜担当と事前に協議のうえ、決定する。 入学手続き状況の発表は、各都立中学校の校内の掲示およびホームページへの掲載により行い、発表の日時は、別に定める。
繰り上げ合格者の決定	一般枠募集の入学手続人員が募集人員に達しない場合、当該都立中学校長が繰り上げ合格候補者の入学意思を順位に従って電話等により速やかに確認を開始する時間を入学手続き状況の発表以降とすることとする。
検査得点表の本人への開示	東京都個人情報の保護に関する条例の趣旨に基づき、個人情報の保護をより徹底する観点から、保護者が開示を請求する場合は、受検票および保護者の本人確認ができる身分証明書等の両方を提示することとする。また、保護者が受領する場合は、受検票、保護者の本人確認ができる身分証明書等および受検者と保護者との関係を証明するもの（住民票の写しなど）を提示することとする。

※東京都教育委員会 2017 年6月22日発表資料より

東京都立　桜修館《おうしゅうかん》中等教育学校

■中等教育学校　■2006年開校

「真理の探究」のために「高い知性」と「広い視野」「強い意志」を持つ人間を育成

2017年（平成29年）に開校から12年目を迎えた桜修館中等教育学校では、変化が激しい現代社会において、日本人としてのアイデンティティを持ち、さまざまな場面でリーダーシップを発揮できる生徒を6年間かけて育てています。

金田《かねだ》　喜明《よしあき》 校長先生

日本人としてのアイデンティティを

【Q】御校は真理の探究のために3つの校訓を掲げていますね。

【金田先生】本校の母体校である都立大学附属高校（2010年度で閉校、首都大東京に再編）の学校目標が、「自由と自治」、そして「真理の探究」でした。

「自由と自治」というこの言葉は開校当時の時代背景が大きく関係していたと思います。現在は発達段階の異なる生徒が半分いますので「真理の探究」を取り入れ、これを校訓としています。そのために、いろいろな体験も含めて「高い知性」と「広い視野」、そして粘り強い「強い意志」の3つを校訓に掲げ、桜修館中等教育学校がスタートしたのです。

育てたい生徒像としてつぎの6項目を謳《うた》っています。

1　将来の夢や高い志を抱き、自ら進んで考え、勇気をもって決断し、責任をもって主体的に行動する生徒

2　社会の様々な場面・分野にお

学校プロフィール

開　　校…2006年4月
所 在 地…東京都目黒区八雲1-1-2
T E L…03-3723-9966
U R L…http://www.oshukanchuto-e.metro.tokyo.jp/
アクセス…東急東横線「都立大学」徒歩10分
生 徒 数…前期課程 男子223名、女子249名
後期課程 男子204名、女子254名
1 期 生…2012年3月卒業
高校募集…なし
2学期制／週5日制（土曜授業を年間18回実施）／50分授業
入学情報（前年度）
・募集人員…男子80名、女子80名
計160名
・選抜方法…報告書、適性検査Ⅰ・Ⅱ

いてリーダーとして活躍する生徒

3　真理を探究する精神をもち、自ら課題を発見し、論理的に解決し、適切に表現し行動できる生徒

4　生命や人権を尊重し、他者を思いやり、他者と共に協調する心をもつ生徒

5　世界の中の日本人としてのアイデンティティをもって国際社会に貢献できる生徒

6　自らの健康に留意し、体力の向上に努め、健全な精神を維持できる生徒

簡潔に言うと、自ら進んで考え、将来への志を持ち、国際社会に貢献できる日本人としてのアイデンティティーを身につけていくことが必要だと考えています。

そして、6年間の中等教育学校ですので、ゆとりのある時間のなかでリーダーシップを発揮できる生徒を育てたいと思っています。

【Q】生徒に対してつねに話しておられることはありますか。

【金田先生】 自分を成長させるということは、ひとりで成長できるわけではないと言っています。

「人間はまわりの社会によって育てられている部分があり、自分が行動することによって、まわりの社会にどんな影響があるのかつねに考えられる人間になってほしい」ということです。

そのことがほんとうの意味での成長だということは、言葉を変えながらよく言っています。

【Q】御校では少人数授業は行っていますか。

【金田先生】 前期課程の2年生と3年生の英語で実施しています。後期課程でも英語の一部で習熟度別授業、数学で習熟度に応じた少人数授業が行われています。

5年生（高校2年生）まではほとんどの生徒が同じ科目を履修しています。

早くから文系・理系に分けてしまうと、文系だから、理系だからと言って勉強しない科目もでてきてしまいます。

ですから多くの教科を学んで、広い視野を持って自分の将来を考えた選択をしてもらいたいと考えていますし、得意、不得意で文系・理系を選ぶ必要もないと考えています。

また、あらゆることに興味と関心とを高めてもらえればと考えています。

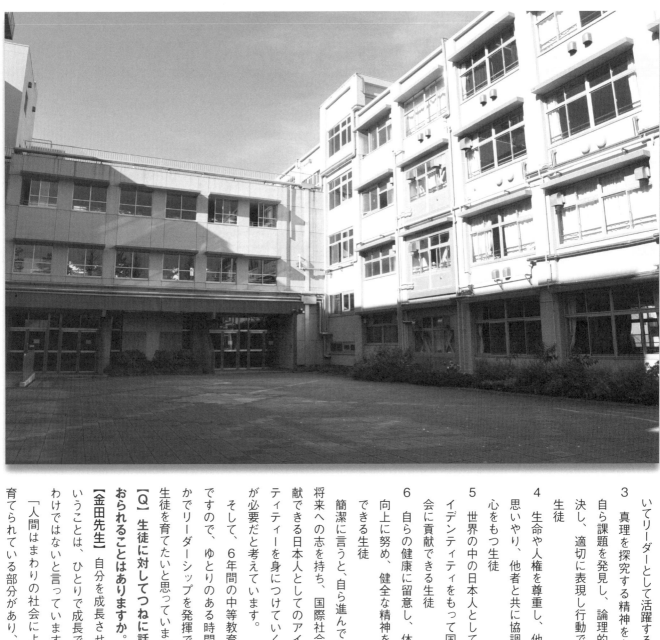

特色あるカリキュラム紹介

1 論理的な思考力の育成を目的とした「国語で論理を学ぶⅠ～Ⅲ」「数学で論理を学ぶⅠ～Ⅲ」

1年生の「国語で論理を学ぶⅠ」では、基礎として相手の話を正確に聞き取ることを意識した問答ゲームや再話などの言語技術教育を取り入れています。

「数学で論理を学ぶⅠ」では、日常生活にある身近な題材を課題として、文字、グラフ、図形を使い性質を考えたり論理的に考えたりする授業を行っています。

2年生の「国語で論理を学ぶⅡ」では、相手にとってわかりやすく説得力のある意見の述べ方や表現の仕方を学習します。

また、相手の立場になって理解し、それに対して自分の考えも筋道を立てて述べる学習や、ディベートなども取り入れた学習をしていきます。

「数学で論理を学ぶⅡ」では、図形の定理や公式を演繹《えんえき》的に証明し、また発展的な図形の問題をさまざまな方法で論理的に考えて解く授業を展開しています。

3年生の「国語で論理を学ぶⅢ」になると、これまで学習したことをさらに高めるため、さまざまな種類の文章を論理的に読解し、自分の考えを論理的に表現する学習をします。

また、弁論大会を行い、相互に批評する機会を設け、小論文の基本も学習していきます。

「数学で論理を学ぶⅢ」では、課題学習を中心に行い、数学的な見方や考え方を育成したり、特殊化・一般化について論理的に考え解く授業を行います。

特色ある独自の教育活動

【Q】御校では学校独自の教育活動をされていますね。

【金田先生】「国語で論理を学ぶ」という科目を設定しています。これは本校独自の科目で、教科書も教員が作成したものを使っています。

論理的にものごとを考えることを目的としており、1年生からは論文と称し、意見文を書いて、『研究レポート集』を作成しています。そして2・3年生になるとディベート大会も行われます。

そしてもうひとつ、「数学で論理を学ぶ」という科目も設定しています。図形やグラフ、数式を使ってパズルのようなものをあつかい、そのなかで論理性を考えていくことをしています。これによって、作文コンクールや、ディベート大会に出場する生徒がいます。2015年度（平成27年度）は、全国ディベート甲子園中学の部に有志8名が出場しました。本校が独自に設定した科目によって、生徒が興味を持ってくれたことが、このような結果につながっているのだと思います。

【Q】ほかにも力を入れている教育活動があればお教えください。

【金田先生】コミュニケーション力を重視しています。1年生のときから各班でプレゼンテーションを行い、研究発表などを行っています。また、入学してすぐに1泊2日で移動教室に行きます。ここで生徒は友だちと打ち解け、ガラッと変わって帰ってきます。

2・3年生では夏休みに希望者を対象に校外で英語合宿を行っています。ここでは起床から就寝までネイティブの指導員とグループを組み、英語のみを使って生活します。2年生では、国際理解教育の一環として「留学生が先生」という行事も行っています。

4年生になると希望者はニュージーランドで約2週間のホームステイを行い、5年生になると修学旅行でシンガポールを訪れ、シンガポール大学の学生と班別行動を行っています。

本校はドイツ語、フランス語、スペイン語、中国語、ハングルなど、第2外国語の選択科目も設定しています。コミュニケーション力を重視しているのもおわかりいただけると思います。

東京都立 桜修館中等教育学校

年間行事

おもな学校行事（予定）	
4月	入学式　移動教室（1年）
5月	クラスマッチ　進路説明会（6年） 理科実習（4年）フィールドワーク（2・3・5年）
6月	
7月	三者面談　NZ語学研修（4年、希望者）
8月	英語合宿（2・3年、希望者）
9月	記念祭
10月	職場体験（2年）　卒業生講話（5年） 大学体験（5年）
11月	海外修学旅行（5年）
12月	研修旅行（3年）學フォーラム（4年） 美博めぐり（1年）
1月	スキー教室（2年）
2月	マラソン大会（1～4年）
3月	卒業式　合唱コンクール

また、豊かな感性と想像力を育成するために、学年行事として百人一首大会や伝統芸能の鑑賞教室も行っています。

【Q】進路・進学指導についてお聞かせください。

【金田先生】 本校は都立の中高一貫教育校です。入学時に学力検査を行っていませんから、ある意味では多様な生徒がおります。ですから、みんな一律に東京大をめざすということは言えない学校ですね。それがほかの学校と大きくちがうところだと思います。ただ、そういう意味で進路指導は大変なのですが、いろいろな個性ある生徒たちが集まっていることは、生徒にとってはいい環境だろうと思います。

進学指導については、きめ細かく指導しています。志望校検討会も行っています。これをもとに、三者面談で保護者に情報を提供しつつ、学習指導にも活用して進路指導体制をとっています。

【Q】適性検査についてお聞かせください。

【金田先生】 与えられたものにそのまま素直に機械的に答えるのではなく、いろいろな角度から自分で考えられるような生活習慣をつけてほしいと思っています。

学んだことをことがらとして暗記しているだけではなく、それを活用して生活にどういかしていけるのか、そういうことが適性検査では問われます。作文については、親子の会話や友だちとのふれあいなどの生活のなかで感じたいろいろなことや、体験を大事にして、題材に向かい作文を書いてほしいと思います。

【Q】2017年に開校12年目を迎えた御校では、どのような生徒さんに来てもらいたいですか。

【金田先生】 おそらく、本校の教育方針まで全部わかって入学してくる生徒さんは、あまり多くないと思います。ですから、記念祭（文化祭）や学校紹介日、授業公開週間など、いろいろ行事がありますので、そういうものを見て自分が「ここで勉強してみたい」と思って来てもらいたいです。

それから、地域の中学校ではなく本校を選んだということは、それなりの決意を持って来ていると思いますので、勉強でも、部活動でも、行事でもよいので、なにかひとつ目標を持ってがんばってもらいたいと思います。

東京都立 桜修館中等教育学校

募集区分 一般枠

入学者選抜方法 適性検査Ⅰ（45分）、適性検査Ⅱ（45分）、報告書

さくら： けん玉大会では、競技者は3回の連続技《わざ》を行い、総合点で順位を決めます。総合点の決め方を確認《かくにん》しましょう。**資料1**を見てください。

資料1

①総合点とは、３回行った連続技の得点の合計である。
②連続技とは、最初に玉を皿に乗せた後、別の皿に乗せ、玉を皿に乗せられずに落とすまでを言う。
③連続技１回当たりの得点は、基本点と追加点の合計である。
④基本点とは、乗せた皿によって得る点数であり、次の通り。

皿	大皿	小皿	中皿
基本点	５点	１０点	１５点

⑤追加点とは、玉が皿を移動するごとに得る点数である。
⑥“大皿→小皿”は、玉が大皿から小皿へ移動することを意味する。
⑦二つの皿の組み合わせによって、追加点は異なる。
例：“大皿→小皿”の追加点、“大皿→中皿”の追加点、“小皿→中皿”の追加点は異なる。
⑧二つの皿の行《い》き来《き》の追加点は同じである。
例：“大皿→小皿”の追加点と、“小皿→大皿”の追加点は同じである。

おさむ： **資料1**の追加点について教えてください。
先　生： はい。例えば、**表4**の連続技１を見てください。得点が基本点の合計とはちがいますね。

表4
連続技の種類の例

	連続技１	連続技２	連続技３	連続技４
大皿	１回	２回		１回
小皿	１回		２回	２回
中皿		１回	１回	１回
得点	17点	33点	45点	

表5
おさむ君が皿に乗せた回数と総合点

大皿	４回
小皿	４回
中皿	２回
総合点	114点

さくら： 大皿から小皿（“大皿→小皿”）の追加点は２点だということですね。
おさむ： 本当だ。連続技2や連続技3の得点が基本点の合計とちがうのは、追加点があるからだね。

〔問題３〕
（1）　おさむ君は「連続技２や連続技３の得点が基本点の合計とちがうのは、追加点があるからだね。」と言っています。大皿→中皿の追加点、小皿→中皿の追加点は何点でしょうか。大皿→中皿、小皿→中皿のどちらか一つを選び、解答用紙に○をつけ、その追加点を書きましょう。　**【抜粋】**

課題や条件を正しく分析する

基本的な算数の問題でしたが、与えられた条件を正しく理解し、分析して答えを導き、さらに検証できる力をみています。

条件をもとに論理的考察力をみる

条件を整理する力、推理力を試す桜修館独特の出題です。時間をかけずに処理することも求められました。

2017年度　東京都立桜修館中等教育学校　適性検査Ⅱ（独自問題）より

1　**さくら**さんと**おさむ**君と**先生**が、けん玉大会の準備をしています。

さくら：けん玉には**図１**のように大皿、小皿、中皿の三つの皿があるわ。

おさむ：中皿の方が小皿より小さく見えるよ。不思議だな。

さくら：中皿という言い方は、“大きさが中くらい”ではなくて、“位置が真ん中”という意味なんだって。

おさむ：そうなんだ。では、会場のかざりをけん玉に似せて作ろうよ。

図１

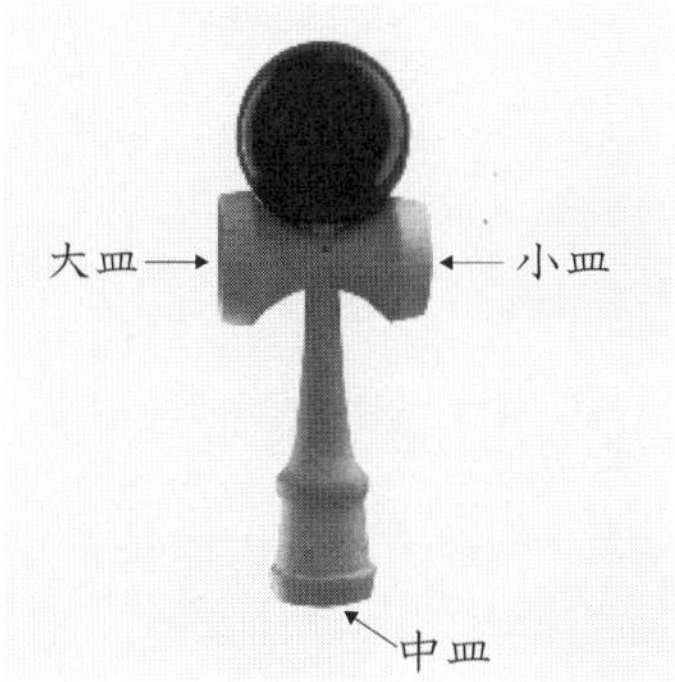

さくら：図２、図３のように、形、大きさの異《こと》なる２種類のかざりを工作用紙で作ってみたわ。工作用紙の１ますは、１辺が１ｃｍの正方形よ。

おさむ：面積はどれくらいだろう。

図２

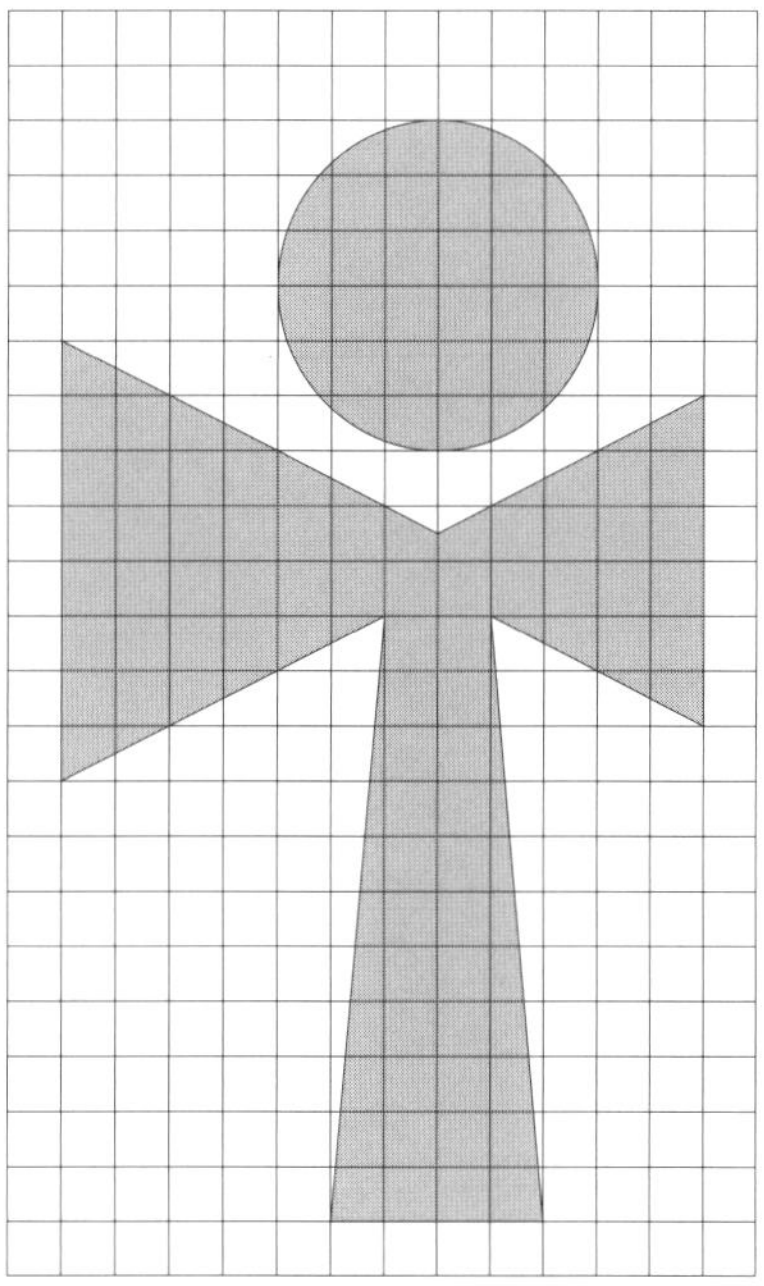

図３

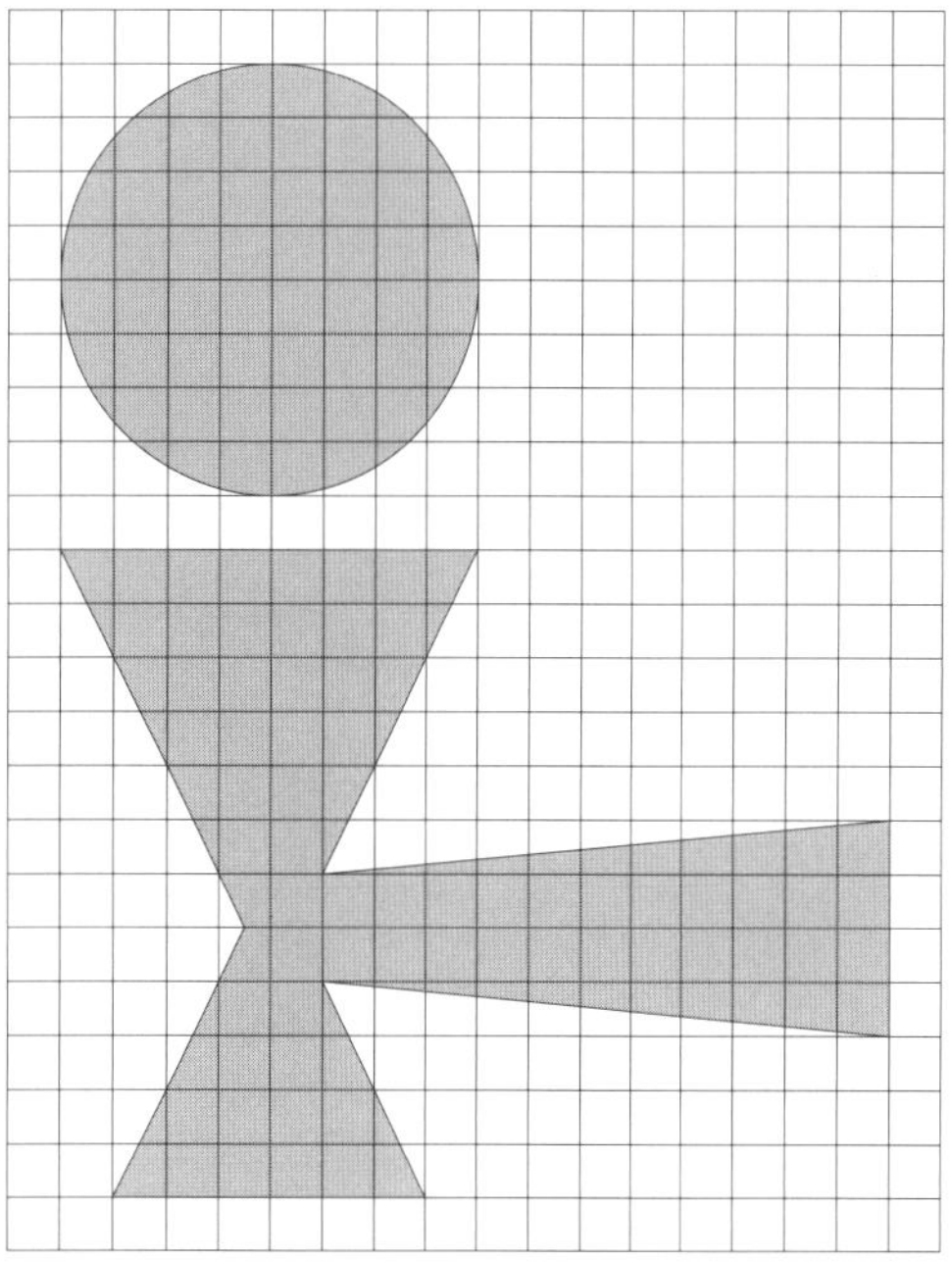

〔問題１〕　おさむ君は、「面積はどれくらいだろう。」と言っています。**図２**と**図３**のどちらか一つを選び、解答用紙に○をつけ、▒部分の面積を求めましょう。なお、円周率は３．１４としましょう。答えは小数第二位を四捨五入《ししゃごにゅう》して小数第一位までの数にしましょう。

解説

都立桜修館中等教育学校の配点は、適性検査Ⅰ200点、適性検査Ⅱ500点（各45分）と報告書を300点にそれぞれ換算し、総合成績1000点で評価しています。適性検査Ⅱの配点が全体の半分を占めるのが特徴です。

作文の力が求められる適性検査Ⅰでは、昨春までは絵や写真、詩から考える作文でしたが、この春は『徒然草』のなかの短い一文と、その文章の解釈を読んで、作文を書かせる新しい形式の出題でした。しかも、初めの段落には、筆者が言いたかったことを100字程度で書き、つぎに段落を変え「著者の言いたかったこと」について、どのように考えるかを、さらにいくつかの段落に分けて、全部で500～600字で書け、というこれまでにはない形式でした。

適性検査Ⅱでは、大問１が独自問題（別掲）で、以下が共同作成問題でした。与えられた課題の条件や問題点を整理し、論理的に筋道を立てて考える力、身近な題材から、自分の考えや意見を的確に表現して記述する力が試されました。どれも問題文や資料を読み取ればよい問題でしたが、計算・解答では細かい条件が多くしめされていました。

東京

東京都立 大泉《おおいずみ》高等学校附属中学校

■併設型　■2010年開校

自主・自律・創造の精神を育み 国際社会におけるリーダー育成をめざす

東京都立大泉高等学校を設置母体として誕生した東京都立大泉高等学校附属中学校。中高一貫教育校としての新校舎の全面改築が終わり、2013年（平成25年）には人工芝のグラウンドも完成しました。

柴田《しばた》　誠《まこと》　校長先生

学校プロフィール

開　　校…2010年4月
所 在 地…東京都練馬区東大泉5-3-1
T E L…03-3924-0318
U R L…http://www.oizumi-h.metro.tokyo.jp/
アクセス…西武池袋線「大泉学園」徒歩7分
生 徒 数…男子169人、女子191人
1 期 生…2016年3月卒業
高校募集…あり
3学期制／週5日制（土曜授業、土曜講座あり）／50分授業
入学情報（前年度）
・募集人員…男子60名、女子60名 計120名
・選抜方法…報告書、適性検査Ⅰ・Ⅱ・Ⅲ

リーダーとしての資質と行動力を育む

【Q】御校の沿革と教育方針についてお教えください。

【柴田先生】本校は、東京都立大泉高等学校を母体校に2010年（平成22年）に併設型中高一貫教育校として開校しました。1期生が昨年、卒業しました。

母体校である大泉高校は、1941年（昭和16年）に東京府立第二十中学校として設立されたのち、1948年（昭和23年）に東京都立大泉高等学校と改称され、今年で創立77年の伝統を誇る学校として歴史を刻んできました。

教育理念については、「学」「律」「拓」という3つの言葉でわかりやすくしています。

まず、生徒の自発的な学習を重視して、幅広い教養と高い知性を身につけたいと考える〈自ら学び、真理を究める〉「学」。

また、自己を律し、他者をよく理解して協力できる生徒を育成する〈自ら律し、他を尊重する〉「律」。

最後に、厳しい現代社会のなか

東京都立 大泉高等学校附属中学校

で自らの人生を自らで拓くために豊かな人間性を備え、社会で活躍できる資質と行動力を身につけた生徒に育成する〈自ら拓き、社会に貢献する〉「拓」。この3つの言葉です。

そして、本校では、自主・自律・創造を掲げ、6年間の一貫した教育を行うことにより、社会のさまざまな場面において、信頼を得てリーダーとなり得る人材の育成をめざしています。

自校完成型教育システムの導入

【Q】御校では、どのような教育システムで学習に取り組んでいますか。

【柴田先生】本校は、1学年3クラス、1クラス40名で授業に取り組んでいます。

3学期制の50分授業で、月曜日から金曜日まで毎日6時限を基本としています。

そのなかで、生徒の希望進路を実現するために、「自校完成型教育システム」を導入し、学力の定着をはかっています。

「自校完成型教育システム」とは、「土曜授業」、「土曜サポート」、「T－R（ティーチャー・イン・レディネス）」で展開される学習を総合したシステムのことをさします。

まず、「授業」では、6年間一貫したカリキュラムを編成しています。将来、さまざまな分野に進めるように高2まではほぼ共通のカリキュラムで、文科系・理科系の両方に対応する幅広い教育をめざしています。

中学のうちに高校で学習する内容の一部を発展的に学んだり、学習指導要領にしめされた標準時数よりも週に1時間授業を増やして、中1で理科、中2で数学、中3で国語を多く学び、確かな学力を身につけさせます。

数学や英語においては、1クラスを2分割した少人数授業を取り入れて、きめ細かな指導を行っています。

そして、土曜日を活用して、毎月「土曜講座」を実施しています。「土曜講座」では、自然科学や社会科学など幅広い分野の専門家の講演を開き、学びへの興味や関心を高めています。

さらに、放課後の一定時間、教員等が学習支援ルームに控えて、

特色あるカリキュラム紹介

1 ティーチャー・イン・レディネス（TIR）

通常の補習とは異なり、放課後に自由に学習できる学習支援ルームを設置し、生徒が自主的・主体的に自学自習に取り組めるシステムを導入しています。

授業の復習や予習サポート、計画的な利用による学習習慣の確立、「教え合い」をとおした学力の定着を目的に、教師等が各自の学習課題に応じた個別指導を実施し、学習支援ルームに行けばいつでも質問できるという体制を整えています。

中1は学習習慣が定着するまで、各部活動間で調整しながら計画的な利用をうながしています。

2 学びへの興味・関心を高める土曜講座

全学年の生徒を対象に、土曜日を活用して、教科の演習やキャリアガイダンスなどを実施しています。自然科学や社会科学などの幅広い分野の講座を開き、生徒の学びへの興味・関心を高めて、学習の動機づけを行っています。将来の進路選択にもつながります。

学力の定着をはかる時間として、授業だけではなく演習や実験などを実施します。

また、民間企業や大学など、各界から有識者を招いた講座では、さまざまな職業に触れる機会や、進路講座などを、生徒の希望進路の実現を可能にするために実施しています。

授業でわからなかった部分や授業の予習など、生徒個別の学習課題を支援する制度を設けています。これが「TIR」です。全学年を対象に、水曜日を除く放課後に実施されます。

本校では、学校で学習を完成させたいという趣旨から「自校完成型教育システム」を導入しています。この取り組みは、生徒が進路の実現を可能にする実力を身につけるために実践しています。

「探究・体験」をいかした教育活動

【Q】御校で行われている特色ある授業についてお教えください。

【柴田先生】 まず、おもに総合的な学習の時間に、「探究の大泉」という特色ある教育活動が行われています。

環境について主体的にかかわるとともに、各教科の授業や土曜講座などと連携しながら学びを進めていきます。1学年3クラスを24班に分けて、中1〜中3で実施されます。

たとえば、中1では藍の栽培と作品製作などをとおして、環境について考察し、探究を進めていきます。

これらの教育活動のなかで課題設定、実験・観察、調査、議論、発表などのプロセスを経験し、知的好奇心を高め、自発的な学習の取り組みへとつなげていきます。

そして、学びを深めるとともに、論理的な思考力、判断力、表現力などを育成しています。

また、遠足ではその地域の歴史や文化、産業などを事前に学習したうえで現地を訪問する活動をしています。「探究遠足」と呼び、各学年で実施し、修学旅行につなげています。

教育管理システムで学力の推移を確認

【Q】キャリア教育や進学指導に、6年間の中高一貫教育はどのようにいかされていますか。

【柴田先生】 本校でのキャリア教育は、6年間を発達段階に応じて、「基礎充実期」（中1・中2）、「挑戦期」（中3・高1）、「創造期」（高2・高3）と3期に分け、計画的に実施しています。

「基礎充実期」は、学ぶこと、働くことの意義・役割や多様性を理解する。「挑戦期」は、将来の

東京都立 大泉高等学校附属中学校

年間行事

おもな学校行事（予定）	
4月	入学式　新入生歓迎会
5月	体育祭　生徒総会
6月	探究遠足　芸術鑑賞教室 勉強合宿(中1)
7月	夏季講座　職場体験(中2) クラスマッチ
8月	夏季講座
9月	文化祭　国内語学留学(中2)
10月	到達度テスト　生徒会役員選挙
11月	生徒総会　探究遠足(中1･2)　修学旅行(中3)
12月	演劇教室
1月	百人一首大会
2月	合唱コンクール　到達度テスト
3月	総合全体発表会　クラスマッチ 卒業式

生き方や生活を考え将来設計をする。「創造期」は、希望進路の実現のために自己の能力を磨く。このような中高で一貫した教育を行うことにより、将来、豊かな人間性を備え、進んで社会に貢献できる生徒になってほしいと考えています。

たとえば、中3向けに、「職業講話」というものがあります。これは、さまざまな分野の社会人のかたがたを本校にお招きし、職業や業界についての講義を受けるというものです。

進学指導では、中3から、高校の進路指導部の先生による大学進学や大学入試についての講演会指導を受けています。

2011年度末に中高一貫校の新校舎完成

【Q】御校をめざすみなさんへメッセージをお願いします。

【柴田先生】２０１１年度（平成23年度）には、併設型中高一貫教育校として、中学校と高校が交流しながらともに学ぶことができる新校舎が完成しました。

新校舎は望遠鏡が設置されている天体ドームや、自然エネルギーを活用する工夫がなされています。恵まれた教育環境のなかで、大泉の新たな歴史が積みあげられています。

入学者選抜の適性検査が２０１５年度（平成27年度）から共同作成になりました。本校では共同作成問題の適性検査Ⅰ・Ⅱに加えて、独自問題の適性検査Ⅲを実施しています。過去に出題した問題はホームページに掲載しています。幸いにして、適性検査Ⅲが加えられたにもかかわらず、優秀な生徒さんたちが大泉で学びたいと入学してきてくれています。

本校は、積極的な姿勢でなにかに取り組んでみたいという目標がある生徒さんや、しっかり勉強して、自分のよいところを伸ばしていきたいという生徒さんに入学してほしいと考えてます。開校してまだ8年目なので、充実した学校生活を送りながら、いろいろなことにチャレンジして新たな大泉の文化をみなさんと創造していけたらと思います。

本校は、みなさんの可能性を必ず伸ばしていきます。志の高いみなさんの入学を心から待っています。

先　生：そうです。ほかにもアルゴリズムを考えてみましょう。「ある数を１にしなさい。」という問題が出たとき、さきさんはどういった計算手順を考えますか？

さ　き：「ある数と同じ数で割り算をする。」かな。例えば、ある数が３であれば、同じ３で割ると、「３÷３＝１」で、１になります。

先　生：そうですね。でもこんな方法もありますよ。

アルゴリズム２

「ある数に対して、操作《そうさ》①　奇《き》数であれば３倍して１を足す
　　　　　　　　　操作②　偶《ぐう》数であれば２で割る
　この操作①か操作②を何度もくり返すと、どんな数でも最終的に１になる。」

ゆ　い：本当ですか。

先　生：試しに２１でやってみよう。

２１は奇数なので操作①　→　２１×３＋１＝６４
６４は偶数なので操作②　→　６４÷２＝３２
３２は偶数なので操作②　→　３２÷２＝１６
１６は偶数なので操作②　→　１６÷２＝８
８は偶数なので操作②　→　８÷２＝４
４は偶数なので操作②　→　４÷２＝２
２は偶数なので操作②　→　２÷２＝１

さ　き：本当だ。１になった。

〔問題１〕　２１と同じように**アルゴリズム２**の操作①と操作②を合わせて７回行うと１になる数の中で、１から２０までの数を一つ答えなさい。

文章の内容を適切に読み取る

資料から情報を読み取り、課題に対して思考・判断する力、論理的に考察・処理する力、的確に表現する力などをみます。

条件を基に論理的考察力をみる

与えられた課題を理解して整理し、筋道を立てて考え、解決する力をみています。問題の条件を読み取る力も必要です。

募集区分　一般枠

入学者選抜方法　適性検査Ⅰ（45分）、適性検査Ⅱ（45分）、適性検査Ⅲ（45分）、報告書

2017年度　東京都立大泉高等学校附属中学校　適性検査Ⅲ（独自問題）より

2 **先生**と**ゆい**さんと**さき**さんが、教室で話をしています。

先　生：ゆいさんはアルゴリズムという言葉の意味を知っていますか？

ゆ　い：知りません。

先　生：アルゴリズムとは、ある問題の答えを導き出すための計算方法や、処《しょ》理をする手順のことを言います。

さ　き：どういうことですか？

先　生：たとえば、「二つの数の最大公約数を求めなさい。」という問題がでたとき、こういった計算方法があります。

アルゴリズム１

「二つの数のうち、大きい方を割《わ》られる数、小さい方を割る数として割り算を行い、余りの数を求める。そして、割る数としたものを、余りの数で割る。これをくり返していけば、最終的に割り切ることができる。割り切れたときの割る数が、二つの数の最大公約数である。」

さ　き：本当ですか？

先　生：２１と３５で試《ため》してみよう。

３５÷２１＝１・・・１４
２１÷１４＝１・・・７
１４÷７＝２・・・０
したがって割り切れたときの割る数「７」が最大公約数になる。

さ　き：本当だ。確かに７は最大公約数ですね。

ゆ　い：割り算をくり返して、割り切れたときの割る数が最大公約数になるんですね。

解 説

都立大泉高等学校附属中学校では、独自問題である適性検査Ⅲを採用しています。その配点は、適性検査Ⅰ200点、適性検査Ⅱ300点、適性検査Ⅲ300点、報告書200点の合わせて1000点満点での合否判断となっています。適性検査は各45分です。共同作成問題の適性検査Ⅰは、ふたつの文章を読んで問われていることに答えるものでした。どちらも「自由」についての考え方について書かれた文章で、「具体例を一つ、本文中から探して書きなさい」というものでした。〔問題3〕は例年同様の400字以上440字以内の作文を三段落構成で書くものでした。自由について、自分の考え方をしっかり書けるかどうか。共同作成問題の適性検査Ⅱは、立体の見方・対称性・規則性を見つける問題や、規則性を検証する問題でした。「資料を分析・考察し記述する力」「割合の計算力」「比例の関係を導く力」「対照実験について考察する力」などが問われました。

独自問題の適性検査Ⅲは大問ふたつで、「ウキクサ」を題材とした大問1と「アルゴリズム」がテーマの大問2でした。規定された処理手順を問題文から読み取り、問題を分析していく力、また立体図形の理解、展開図などをつくる力も試されました。

東京

千代田区立 九《く》段《だん》中等教育学校

■中等教育学校　■2006年開校

教育目標は「豊かな心 知の創造」 体験を重視した本物から学ぶ教育

将来の日本を担う真のリーダー育成をめざす九段中等教育学校。千代田区の教育財産をいかした「九段自立プラン」や、海外研修旅行をはじめ、さまざまな教育プログラムが実施されています。

石崎《いしざき》　規生《のりお》 校長先生

政治・経済・文化の中心 千代田区の中高一貫校

【Q】御校設立の目標についてお聞かせください。

【石崎先生】 千代田区立九段中等教育学校は、2006年（平成18年）に千代田区立九段中学校と東京都立九段高等学校の伝統を引き継いで開校された中高一貫校です。

東京都千代田区は、日本の政治・経済・文化の中心に位置しており、また、数々の教育財産を有しています。

本校は、こうした恵まれた教育環境を活用し、未来の人材育成の一翼を担いたいという目標のもとに設立されました。

【Q】教育目標として掲げる「豊かな心　知の創造」とはどのようなものでしょうか。

【石崎先生】 本校のめざす「豊かな心」とは、自分に対する心として自律心やあきらめない心、相手に対する心として優しさや思いやりの心、社会に対する心として公共心や社会に貢献する心、人として大切な心として感謝の心や素直

学校プロフィール

開　　校…2006年4月

所 在 地…東京都千代田区九段北2-2-1

T E L…03-3263-7190

U R L…http://www.kudan.ed.jp/

アクセス…地下鉄東西線・半蔵門線・都営新宿線「九段下」徒歩3分、JR総武線・地下鉄東西線・有楽町線・南北線・都営大江戸線「飯田橋」徒歩10分

生 徒 数…前期課程 男子239名、女子239名
後期課程 男子220名、女子227名

中高一貫1期生…2012年3月卒業

高校募集…なし

2期制／週6日制／50分授業

入学情報（前年度）
・募集人員…（千代田区民）
男子40名、女子40名 計80名
（千代田区民以外の都民）
男子40名、女子40名 計80名
・選抜方法…報告書、適性検査（1、2、3）

に感動できる心を意味しています。

「知の創造」とは、基礎的・基本的な知識や技能の習得を基盤に、「思考力・判断力・表現力」を高めるだけでなく、それらを活用して主体的・協働的に学ぶことで「課題発見能力・問題解決能力」を育むことをめざしています。

中等教育学校である本校の特徴のひとつは、6年間を同じ仲間で過ごすことにあります。学校行事や部活動はもちろん、授業をはじめとする学びの場面でも、仲間とともに活動する時間が多くなっています。そうしたなかで、ときには思うようにいかないことがあっても、お互いに優しさや思いやりの心を大切にし、助けあい励ましあいながら6年間を過ごした仲間が、卒業後も生涯にわたって最も大切な財産になるものだと思います。

また、本校の建学の精神に「次世代のリーダー育成」がありますが、本校が求めるリーダー像は高い志を持って社会に貢献する人、社会をけん引する役割を果たす人です。そのためには、「リーダーになること」を目的とするのではなく、「リーダーになってなにをするか」を考えてほしいと思っています。

そうした意味で、「豊かな心」を真っ先に掲げる本校の教育は、大学に進学することだけをめざすのではなく、「大学の先にある将来」を見通したものであり、その志を実現するために必要なことが「知の創造」なのです。

文系・理系にとらわれず幅広く学ぶカリキュラム

【Q】カリキュラムについてご説明ください。

【石崎先生】 本校のカリキュラムの特徴は、文系・理系の枠にとらわれず、全教科を学習するところにあります。

5年次までは全員が同じ科目を学び、6年次からは週20時間の選択講座が用意され、各々の進路志望に沿った内容を学びます。大学受験科目の学習に特化するのではなく、幅広く学ぶことで知性と感性を磨き、豊かな創造力を培うことがめざされているのです。

本校のカリキュラムにはさまざまな工夫が凝らされています。1～2年次の2年間では、基礎基本を重視した学習を中心に発展的な内容も取り入れ、生徒が主体的に

特色ある カリキュラム紹介

1 グローバルコミュニケーションの育成をめざす英語教育の取り組み

英語科では、Global Communication（伝えたいことを英語で正確に伝えられる力）の育成をめざす英語教育を行っています。

前期課程では、とくに音声教育が大切にされ、内容の理解も文法の学習もまず音声から指導されています。週に1回はEA（English Activity）というネイティブスピーカーといっしょの授業があります。

後期課程でも、音声教育を大切にしている点は変わりません。教科書の音読が重視され、内容を英語で発表する活動も継続されています。それに加えて、英文の多読、速読、精読など、さまざまな読解の授業が行われます。

また、放課後の「イングリッシュサロン」はALT（Assistant Language Teacher）が2名いて、生徒が自由に英語だけで会話を楽しむことができます。行事では、「英語合宿」が2年生で行われ、福島県のブリティッシュヒルズに行き、合宿中は英語だけの生活になります。また、2年生の20名と3年生の全員がオーストラリアで海外研修を行います。

2 「総合的な学習の時間」に行われる課題探求学習「九段自立プラン」

「総合的な学習の時間」を活用し「九段自立プラン」という課題探求学習が行われています。

1～3年の前期課程では、地域を知ること、日本を知ること、世界を知ることがテーマです。1年生が取り組む「企業訪問」では、マナー講習会や課題解決の方法を知るためのワークショップなどの事前学習ののち、企業を訪問します。企業からだされた課題にグループで取り組み、2回目の訪問時に発表します。これらをとおして、課題解決の手法や学び方、発表方法の基礎を身につけます。2年生は、「職場体験」をとおして社会への理解を深めるほか、千代田区内にある大使館を訪問し、国際社会へと視野を広げていきます。

4～6年の後期課程は、人間と社会、卒業研究がテーマです。4年生は、さまざまな奉仕体験活動をとおして、自己の適性や社会とのかかわりについて深く考えます。5・6年では、個人でテーマ設定から課題探究学習、レポートの執筆を行い、研究集録にまとめます。

学習に取り組むような授業展開となっています。

高校の内容は5年次まででほぼ修了となり、6年次からは選択講座へ移ります。この選択講座は、国公立大（文系・理系）・私立大（文系・理系）志望に分かれています。

【Q】御校でのふだんの学習や特色のある取り組みについて、具体的に教えてください。

【石崎先生】 授業は、平日は50分6時間授業、土曜日は50分4時間授業です。

また、数学・英語では1クラス20人程度の少人数による習熟度別指導を実施しています。そのほかの多くの教科でも、少人数指導やティームティーチング（複数教員による授業）を取り入れ、それぞれの学習進度に対応したきめ細かな指導が実施されています。

夏休みをはじめとする長期休業期間には、1～6年生まで、希望制の特別講座が開講されます。前期課程の基礎固めの講座から後期課程の難関大学入試対策講座まで幅広く学習をサポートします。

そのほかにも特色ある取り組みが多数あります。毎朝8時5分から15分間行われる「おはようスタディ」もそのひとつです。

これは、外国人留学生がさまざまな話題を英語で話す「イングリッシュシャワー」（全学年）と、「朝読書」（1～3年の前期課程）、「朝学習」（4～6年の後期課程）を組み合わせて実施しています。

独自のキャリア教育「九段自立プラン」

【Q】「九段自立プラン」とはどのようなものですか。

【石崎先生】「九段自立プラン」は、総合的な学習の時間を使って行われるプログラムです。

主体的に学び行動する力や、将来の生き方を考える力を養っています。学年ごとに設定されたテーマのもとで、課題探究学習に取り組みます。

千代田区内および近隣の企業や団体、大学、大使館などの協力により、社会の第一線で活躍するかたがたによるさまざまな「本物体験」が用意されています。千代田区という立地をいかした本校独自のキャリア教育です。

また、3年では、日本の伝統文化を学ぶ「江戸っ子塾」を実施しています。華道、書道、囲碁、将

年間行事

おもな学校行事（予定）	
4月	入学式　ホームルーム合宿（1年）
5月	体育祭
6月	校外学習（1・2年）
7月	音楽鑑賞教室（1年） 特別講座 至大荘行事
8月	特別講座　海外リーダー研修
9月	九段祭（文化祭・合唱コンクール）
10月	特別講座　後期始業式
11月	オーストラリア研修旅行（3年）
12月	英語合宿（2年）
1月	区連合作品展
2月	クロスカントリーレース
3月	雅楽教室（1年）　卒業式

棋など、多彩な分野の専門家を講師として学びます。なかにはけん玉や寄席文字《よせもじ》、古式泳法など、学校のカリキュラムとしてはめずらしい講座もあります。

　こうした取り組みは、国際理解学習へもつながります。本校では前期課程の3年生で全員参加のオーストラリア海外研修旅行を実施しています。前期課程のうちに海外を経験することで、日本と外国とのちがいやそれぞれのよさを体験でき、他国の文化・習慣を尊重する心が育てられます。また、自分のことや考えをもっと英語で伝えたいという気持ちが高まります。

　さらに2017年度（平成29年度）入学生からは5年生でアジア海外修学旅行を行い、4・5年生の選抜生徒を対象に海外大学でのグローバルリーダー育成プログラムも実施します。これらの経験は生徒の視野を広げるとともに、さらなる学習意欲を生みます。

【Q】道路を挟んでふたつの校舎が隣接していますね。どのように使われているのでしょうか。

【石崎先生】 九段校舎と富士見校舎のふたつの校舎があります。九段校舎では1～4年生までが学び、富士見校舎では5・6年生が学んでいます。

　部活動や特別活動は九段校舎で行うことが基本となっており、その際には5・6年生も九段校舎へ移動します。

　施設・設備面でも充実しています。温水プールがあるので、海での遠泳を行う「至大荘行事」という4年次の宿泊行事へ向けて、年間をとおした水泳指導が可能です。また、九段校舎の屋上には天文台があり、5階には理科教室が6部屋あります。

【Q】最後に、御校を志望するみなさんへメッセージをお願いいたします。

【石崎先生】 本校の教育プログラムはかなりボリュームがあります。それを気に入ってくれて、諦めないでがんばれる生徒に入学してほしいと思います。

　1～6年生までの6学年が生活するキャンパスには、幅広い年齢層の兄弟姉妹がいるような、アットホームな学校生活があります。そうした環境のなかで、思いっきりあなたらしい感動体験をしてください。

千代田区立 九段中等教育学校

募集区分　区分A（千代田区民）区分B（千代田区民以外の都民）

入学者選抜方法　適性検査1（45分）、適性検査2（45分）、適性検査3（45分）、報告書、志願者カード

問1

モーターが使われている身近なものを、電動の鉛筆けずり機以外に、１つ答えなさい。また、モーターはその中で、どのような役割《やくわり》をしているか、説明しなさい。

〔じろう〕　リニアモーターカーの新幹線と今の新幹線とでは、どちらが速く走れるのですか。
〔先　生〕　リニアモーターカーの新幹線は浮《う》き上がった状態で進みます。線路の上を車輪で進む今の新幹線よりも、まさつが少ないので、もっと速く進むことができるのです。
〔じろう〕　リニアモーターカーはどのようにして浮き上がっているのですか。
〔先　生〕　壁《かべ》の側面に車両を浮き上がらせるための電磁石が取り付けられていて、その磁石の力で浮き上がっています。（［資料４］）

［資料４］リニアモーターカーが浮き上がっている様子

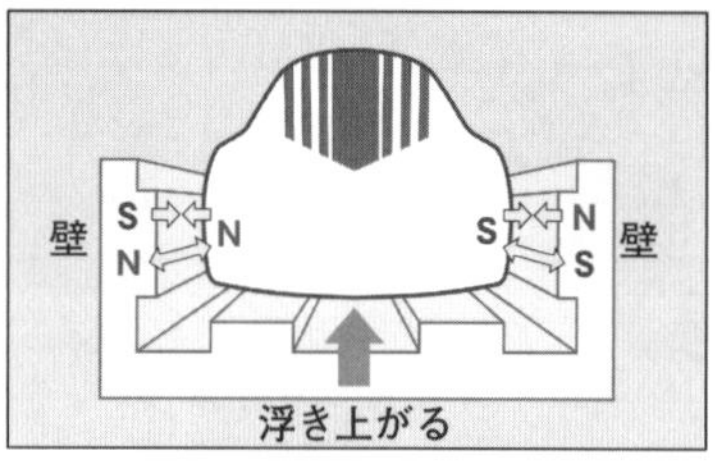

〔じろう〕　車両を浮き上がらせるのであれば、電磁石は車両の下側にあればよいのではないですか。（［資料５］）
〔先　生〕　では、実際に磁石を２つ重ねて浮かせてみてください。
〔じろう〕　うまく浮かせることができません。（［資料６］）

［資料５］じろうくんが考えた、リニアモーターカーが浮き上がっている様子

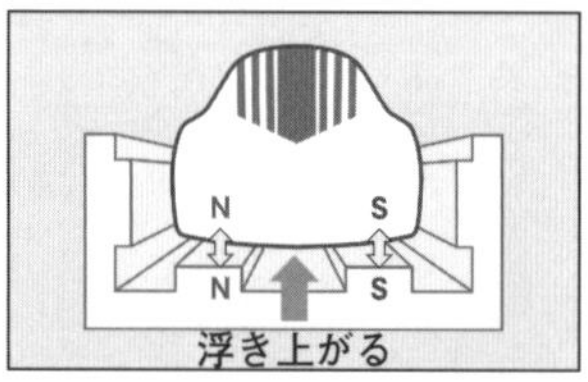

［資料６］磁石が反発する様子

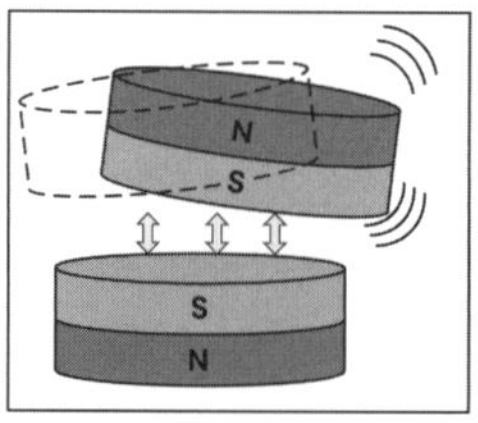

〔先　生〕　どうして壁の側面にあるのか考えてみましょう。

問2

［資料４］、［資料５］、［資料６］を参考にして、壁の側面に電磁石が取り付けられている理由として考えられることを説明しなさい。

文章や表を読み解く力を試す

会話などから必要な要素を読み取る力が試されます。身近なものへの理科的な関心が向いているかも問われました。

資料の読み取りと考察力を試す

会話にある磁石の特性を読み取り、解答をするうえでの条件についても問題文をしっかりと理解し考察する必要があります。

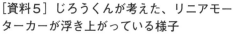

2017年度　千代田区立九段中等教育学校　適性検査２　より

3　中学生のじろうくんと先生が会話をしています。

〔じろう〕 平成 39 年に、［資料１］のようなリニアモーターカーの新幹線が開業する予定だそうですね。

〔先　生〕 中央新幹線のことですね。現在、山梨県《やまなしけん》で走行試験をしています。リニアモーターカーは磁石《じしゃく》と電磁石《でんじしゃく》の性質を使って走行しています。電磁石の性質について少し考えてみましょう。

［資料１］中央新幹線

（JR 東海《とうかい》ホームページより転載《てんさい》）

〔じろう〕 電磁石のことは小学校で学習しました。導線を巻《ま》いたものをコイルといいます。コイルに鉄しんを入れ、電流を流すと鉄しんの片方《かたほう》の端《はし》がＮ極、もう片方の端がＳ極となり、磁石と同じ性質になります。

〔先　生〕 そうです。その電磁石は電流を流している間は磁石の性質になり、［資料２］のように電流の向きを逆転させるとＮ極とＳ極が入れ替《か》わります。

〔じろう〕 電磁石を使って動かしている機械はほかにもあるのでしょうか。

〔先　生〕 身近な機械にたくさん使われています。たとえば、回転式のモーターの中に入っています。モーターを分解するとコイルが出てきます。（［資料３］）

［資料２］電磁石の性質

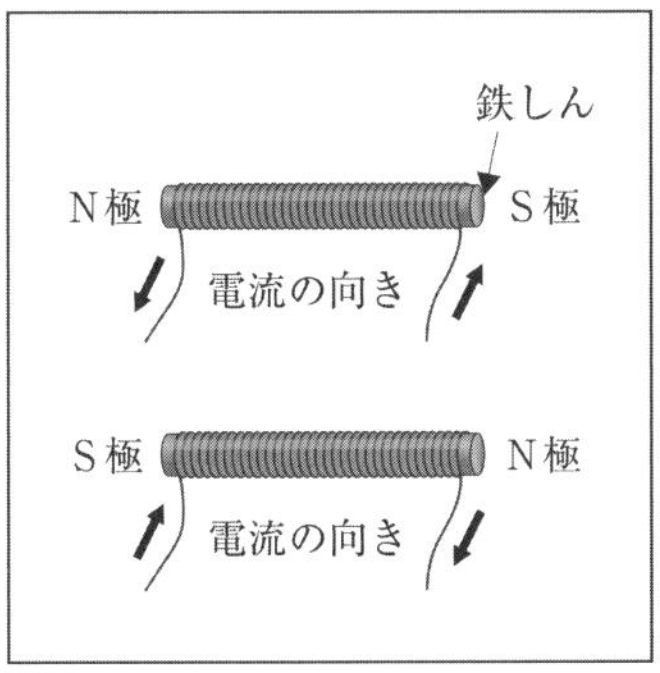

［資料３］回転式のモーター

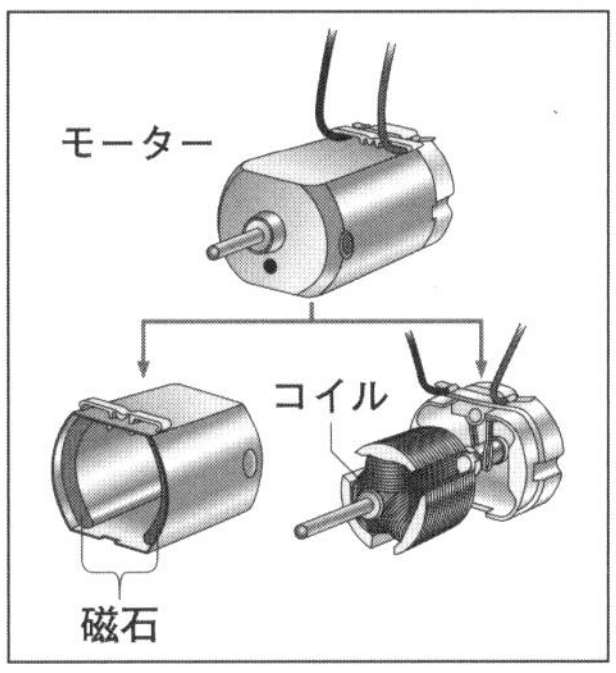

〔じろう〕 それでは、電動の鉛筆《えんぴつ》けずり機はモーターを使っているものですね。

〔先　生〕 そうです。

解説

千代田区立九段中等教育学校の適性検査は１、２、３があります。小学校で学習した基礎的な内容をベースに、たんに教科の知識量を見るのではなく、下段の出題方針で表せるような、学習活動への適応能力、問題解決への意欲や自己の将来展望、時事への興味・関心を試すのが基本です。適性検査１は読解と作文、適性検査２、３は、算数、理科、社会の融合問題です。

「基本」とは言うものの、作文表現や、教科を横断した融合問題は毎年ユニークな問題が並びます。問題量も多く、過去問で慣れておかないとかなりむずかしく感じるものでしょう。今春も適性検査２には放送による聞き取り問題はありませんでした。なお、九段中は都立中の入試問題とは一線を画し、すべて独自問題で、問題用紙はすべてカラー印刷です。

【九段中の出題方針】「自らの意思と責任で判断し行動する生徒。自らの志を見出しその実現に向けて努力する生徒」という「育てたい生徒像」をふまえ、小学校で学習した基礎的・基本的な内容を関連させ、単に教科の知識の量を見るものではなく、学習活動への適応能力、問題解決への意欲や自己の将来展望、時事への興味・関心を見い出せるような出題を基本とする。

東京

東京都立 小石川《こいしかわ》中等教育学校

■中等教育学校　■2006年開校

教育理念「立志・開拓・創作」のもと 知的好奇心を刺激し個性と能力を伸ばす

府立第五中学校の流れを受け継いだ小石川高等学校を母体とする小石川中等教育学校。99年の伝統を誇る教育理念のもと、小石川教養主義、理数教育、国際理解教育を3本柱とした特色あるカリキュラムを実践しています。

梅原《うめはら》　章司《しょうじ》 校長先生

学校プロフィール

開　　校…2006年4月
所 在 地…東京都文京区本駒込2-29-29
T E L…03-3946-7171
U R L…http://www.koishikawachuto-e.metro.tokyo.jp/
アクセス…都営三田線「千石」徒歩3分、JR山手線・都営三田線「巣鴨」徒歩10分、JR山手線・地下鉄南北線「駒込」徒歩13分
生 徒 数…前期課程 男子260名、女子223名
後期課程 男子236名、女子235名
1 期 生…2012年3月卒業
高校募集…なし
3学期制／週5日制／45分授業
入学情報（前年度）
・募集人員…（特別枠：自然科学）5名以内
（一般枠）男女各80名から特別枠募集での入学者を引いた数
・選抜方法…（特別枠）報告書、作文、個人面接
（一般枠）報告書、適性検査Ⅰ・Ⅱ・Ⅲ

開校以来の教育理念が息づく伝統校

【Q】御校の教育理念「立志・開拓・創作」についてお教えください。

【梅原先生】本校は、小石川高等学校を母体として、2006年（平成18年）に開校しました。小石川高校は、1918年（大正7年）創立の府立五中から連なる歴史と伝統を有する高校です。その府立五中時代から受け継いでいるのが「立志・開拓・創作」の精神です。

「立志・開拓・創作」とは、「自ら志を立て、自分が進む道を自ら切り拓き、新しい文化を創り出す」という意味です。自分がどのように能力を発揮し、なにを目的として生きていくかという目標を立てることが「立志」です。そして、その志のもとに自ら進む道を、前人未踏の険しい道のりであっても、自分の力で切り拓いていくことが「開拓」であり、そこから新しいものを「創りだそう」とすることが「創作」です。

この教育理念をどうやって具体的に実現させていくかということ

で、本校では3つの特色ある教育を実践しています。「小石川教養主義」「理数教育」「国際理解教育」の3つです。教育理念をもとにこれらの3つの教育を行うことで、生徒一人ひとりの確かな学力を育み、卒業後の進路実現へと結びつけていきます。

　さらに、この3本柱に加えて、社会性（ソーシャルスキル）を身につけることも今年度から重視しています。これまでも学力があり、理数的、国際的な資質を兼ね備えた生徒を育ててきましたが、それにプラスアルファして、高い社会性も身につけることで、すべての面において社会に求められる人材を育成できると考えています。

【Q】「小石川教養主義」とはどういったものですか。

【梅原先生】府立五中以来大切にされてきたリベラル・アーツ教育のことを、「小石川教養主義」と呼んでおり、さきほどの3本柱のなかでもいちばんの土台となります。さまざまな教養を身につけたうえでの理数教育、国際理解教育だということです。

　本校のカリキュラムは、高校段階にあたる後期課程においても、理系・文系に分けることはしていません。生徒は5年生までは全員が全教科共通のカリキュラムを履修します。これは、広く深い知識に裏づけられた教養を育むことを重視しているからです。

　また、各学年が週1時間から2時間、「小石川フィロソフィー」という探究活動に取り組みます。1年生は探究活動に必要な言語活動について学び、2年生は統計処理の分析について学びます。3年生、4年生では、多様な講座のなかから興味のある講座を選んで受講し、自ら設定したテーマに基づいて探究活動を行い、最終的には論文にまとめます。5年生では、海外修学旅行で現地校との交流を行う際に、自分の研究を英語で発表します。現在は1年生から5年生まで行っていますが、数年後には、6年生でも実施する予定です。

【Q】6年生のカリキュラムはどのようになっていますか。

【梅原先生】5年生まで全員が共通の科目を履修しますが、6年生は自分の進路を考えていく学年ですので、大幅な自由選択科目として、多様な「特別選択講座」を用意しています。

特色ある カリキュラム紹介

1 6年間かけて取り組む「小石川フィロソフィー」と学校全体で取り組む「SSH事業」

小石川では、生徒の探究心や課題解決力を伸ばすことを目的として、各学年で「小石川フィロソフィー」という課題探究活動を行っています。1年生は自分の考えを言葉で表現する力などをきたえ、2年生では統計処理の基礎を学びます。3年生では探究活動の基礎を学び、4年生で各自研究に取り組み、論文にまとめます。5年生では海外の学校との交流において英語で研究交流をする機会があります。

小石川のSSHは、一部の教員や生徒だけではなく、学校全体で取り組んでいることが特徴です。上記の「小石川フィロソフィー」のほか、大学教授や専門家を招いて平日の放課後に年10回以上行われている「サイエンスカフェ」、放課後や土曜日に理科の実験室を生徒の自主的な研究活動の場として開放したり、夏休みに校外で行う地学実習などの「オープンラボ」は、希望する生徒が自由に参加できます。また、「海外理数系授業参加プログラム」は、夏休みに2週間、4年生の希望者10名がオーストラリアの高校で国際バカロレアディプロマの授業に参加します。

今年からは、5年生の希望者5名が7月下旬の5日間にわたって香港理工大学を訪れ、大学の宿泊施設に泊まりながらさまざまな学びを体験するプログラムも始まりました。

2 幅広い教養と豊かな感性および高い語学力を身につける「国際理解教育」

2年生の「国内語学研修」、3年生の「海外語学研修」に向けて、2年生では、週1時間「言語文化」の時間があり、英語での日常会話、異文化理解、スキットコンテストなどに取り組みます。3年生、4年生では、週1時間「国際理解」の時間があり、社会科と英語科のふたつの側面からアプローチして、さまざまな国の文化を学びます。海外の学校の生徒が小石川を訪れ、学校交流を行う機会が年に数回ありますが、その際には、おもに4年生、5年生がバディとしていっしょに授業を受けたり、ランチを食べたり、ディスカッションをするなどの国際交流を行っています。

また、4年生、5年生では、8時間目に第2外国語（中国語、フランス語、ドイツ語）を自由選択科目として、週1時間開講しています。例年、4年生では6割以上の生徒が履修、修得をしています。

【Q】「理数教育」の内容についてお話しください。

【梅原先生】「理数教育」を重視しているのも府立五中から受け継いだ伝統です。現在では、小石川高校につづいて小石川中等教育学校も文部科学省からSSH（スーパーサイエンスハイクール）に指定され、3期目の研究開発を行っています。

学校全体で理数教育に取り組んでおり、日本学術会議や大学、研究所などと連携し、年間10回以上開催されるサイエンス・カフェや実験室を開放して生徒が自主的に学べる環境を提供するオープンラボ、ポーランド科学アカデミー主催の「高校生国際物理学論文コンテスト」をはじめとした国内・国外の科学コンテストへの挑戦など、さまざまな取り組みが実施されています。

本校独自の取り組みも多いので、これから公立中高一貫校を受けたいと思っている人にとっては、とても魅力的な要素ではないかと思います。

【Q】「国際理解教育」も3本柱のひとつですね。

【梅原先生】多様な取り組みをとおして、異文化を理解しグローバルな視点でものごとを考えることのできる人材を育てることが、本校の国際理解教育です。

また、英語をコミュニケーション・ツールとして用いることができるレベルにまで高める、充実した英語教育を行っています。

全員参加の体験型学習が多く、2年生では、国内語学研修を実施しています。2泊3日の日程で、8人にひとりネイティブの講師がついた英語漬けの日々を過ごします。

3年生では、オーストラリアで2週間の海外語学研修を体験します。ホームステイをしながら現地の学校へ通うのですが、ホームステイはひとつの家庭に対して生徒がひとりとしています。日本語を話す相手がいない環境で過ごすことで、英語を積極的に使う体験をすることがねらいです。海外語学研修は、英語力が身につくことはもちろん、異文化理解にもつながり、この経験を経て人間的にもひとまわり大きく成長することができるのです。

5年生ではシンガポールへの海外修学旅行があります。そのほか、留学生の受け入れや英検取得への

年間行事

おもな学校行事（予定）	
4月	入学式　オリエンテーション 校外学習（1～6年）
5月	
6月	教育実習生進路講話（4・5年） 移動教室（1年）
7月	小石川セミナー①　夏期講習 奉仕体験活動（4年）
8月	海外語学研修（3年）夏期講習
9月	行事週間(芸能祭・体育祭・創作展)
10月	宿泊防災訓練（4年）
11月	国内語学研修（2年） 小石川セミナー② SSH生徒研究発表会　職場体験（2年）
12月	
1月	
2月	海外修学旅行（5年） 合唱発表会（1～3年）
3月	小石川セミナー③

取り組みなど、充実した国際理解教育を実践しています。

【Q】大学入試改革に向けた対策は行われているのでしょうか。

【梅原先生】 教養主義を中心として、ここまでご紹介してきた内容を見ていただくと、むしろこれまで本校が行ってきた教育は、すでに思考力・発信力などを問われるこれからの大学入試改革に対応できているのではないでしょうか。

3つの行事を行う 小石川の行事週間

【Q】9月にある行事週間が有名です。詳しくご説明ください。

【梅原先生】 本校には、9月に「芸能祭」・「体育祭」・「創作展」の三大行事を約1週間で行う期間があり、行事週間と呼んでいます。

まずは舞台発表を中心とした「芸能祭」があります。文化系の部活動の発表の場となっていますが、有志の参加者も多いのが特徴で、参加グループをオーディションで選ぶほどさかんです。

芸能祭につづいて、「体育祭」を行います。そして最後が「創作展」というクラスの展示発表会を行います。3年生以上はほとんどが演劇発表を行うのが伝統となっています。とくに最高学年である6年生の演劇は、内容はもちろん大道具などの舞台美術もレベルの高いものとなっています。

1週間に大きな行事を3つ行うので、とても大きなエネルギーを使います。行事の運営は基本的に生徒たちが主体となって行っており、自ら志を立てて、創作し、新しい文化をつくりだすという流れが伝統となっています。

【Q】最後に、どのような生徒さんに入学してほしいですか。

【梅原先生】 本校は、授業、行事、ほとんどの生徒が参加している部活動など、本当に盛りだくさんの学校です。各生徒の興味・関心に応じてさまざまなことが体験できます。ただそれは、なにも言わなくても教員からしてくれるということではありません。みなさんが自分からチャレンジしようと思うことが大前提です。ですから、ぜひいろいろなことへの知的好奇心を持って入学してきてください。一人ひとりちがうことをしていていいのです。そうした生徒に対して、本校はバックアップ、サポートを惜しまない学校です。

東京都立 小石川中等教育学校

募集区分 特別枠（自然科学）／一般枠

入学者選抜方法 【特別枠】作文（45分）、面接（25分程度）、報告書 【一般枠】適性検査Ⅰ（45分）、適性検査Ⅱ（45分）、適性検査Ⅲ（45分）、報告書、志願理由書

左のページのように、るいこさんとお母さんはスプーンの上に氷をのせる実験と、アイスクリームをすくう実験をしました。

〔問題３〕⑴　この二つの実験の結果について共通することを答えなさい。
⑵　⑴のようになる理由について、あなたの考えを書きなさい。
⑶　あなたの考えを確かめるための実験を考え、説明しなさい。また、その結果はどうなると予想されますか。説明には図を用いてもかまいません。
⑷　金属はさわると冷たく感じることがあります。⑵で答えたあなたの考えをもとにして、金属をさわると冷たく感じる理由について説明しなさい。

るいこ： 金属にはいろいろと不思議なことがあるのね。
お母さん： 金属の特ちょうを知ると、金属を使った方が良いものと使わない方が良いものがあるということが分かってくるのよ。
るいこ： 例えばどういうことかしら。
お母さん： この金属のコップに熱湯を入れるわね。どうかしら。
るいこ： 熱くて持てないわ。そうか、だから熱いみそしるはおわんに入れるといいのね。
お母さん： 道具や器《うつわ》などは、何に使うかによって、金属、木、ガラスなどふさわしいもので作られているのね。

〔問題４〕　これまで考えてきたことをふまえて、金属を使って作った方が良いと思うものを考えなさい。すでにある身近なものでも、自分で新しいものを考えてもかまいません。また、なぜ金属を使うと良いと思うのかについても説明しなさい。説明には図を用いてもかまいません。

身につけた知識で課題解決

問題文の意味をとらえ、これまで身につけてきた知識や経験をもとにして、課題を分析し解決する力をみます。

条件をもとに論理的考察力をみる

身近な事象から生まれた課題に対し、日ごろの観察力から生まれる分析力や思考力が試され、課題を解決する力も要求されます。

2017年度　東京都立小石川中等教育学校　適性検査Ⅲ（独自問題）より

るいこさんは家に帰ってから、**お母さん**と話をしています。

るいこ：公園で金属のベンチに座ったらとても冷たかったわ。冬には金属のベンチの方が、木のベンチよりも温度が低いのね。

お母さん：金属をさわると冷たく感じるのは、温度が低いからともいえないわよ。おもしろいものを見せるわ。プラスチックのスプーンと、金属のスプーンを持ってみて。スプーンの上に氷をのせるわね。とけ方を比べてみましょう。

るいこ：あ、金属のスプーンにのせた氷は、プラスチックのスプーンにのせた氷よりもとけるのが速いわ。

お母さん：うふふ。今度はこのアイスクリームを、プラスチックのスプーンですくってみて。

るいこ：固くてスプーンがアイスクリームの中にうまく入っていかないわ。スプーンが折れてしまいそう。

お母さん：今度は、金属のスプーンで試《ため》してみて。

るいこ：金属のスプーンを使うと、アイスクリームをとかすようにスプーンが入っていくわね。形がちがうわけではないのになぜかしら。

写真１　金属のスプーンとプラスチックのスプーンの上で氷がとける様子

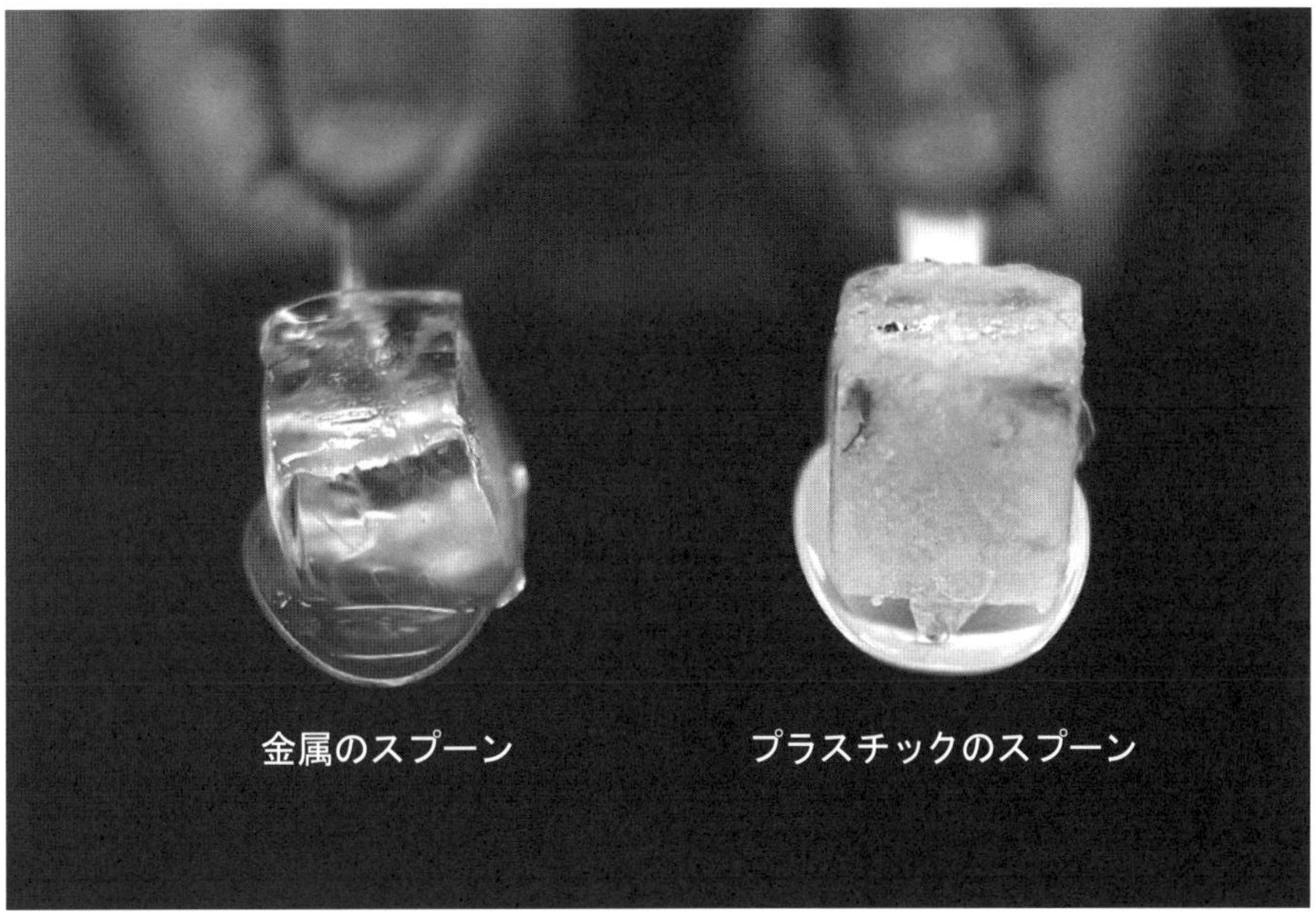

解説

都立小石川中等教育学校の入学者選抜「一般枠」では、報告書と適性検査Ⅰ・Ⅱのほかに適性検査Ⅲが課されます。報告書（400点満点）は換算して200点満点に、適性検査Ⅰ・Ⅱ・Ⅲは、それぞれ100点満点を倍に換算して各200点満点の計600点満点とし、総合成績は報告書の点数と合わせ800点満点で評価します。詳細は9月に発表される予定です。

適性検査Ⅰでは、文章を熟読し、それを自己の経験などに照らしあわせて、深く考え、文章に表現する力をみます。

適性検査Ⅱの大問３つのうち2が小石川の独自問題で、ほかは共同作成問題でした。独自問題の2は「世界の水資源」を題材とし、「世界のなかの日本」をテーマにした問題で、計算力が必要な小石川らしい出題となっていました。

適性検査Ⅲは独自問題で、大問1は「熱伝導による、ものの温まりやすさ」の問題でした。身近な事象から仮説を立てて考えていく姿勢が問われるので、ふだんからの理科実験への関心度が計られたといえるでしょう。大問2は「円や球を並べたときの面積、対称性と規則性」に関する問題で、求められているルールの理解と、規則を発見して数を正確に数える問題でした。

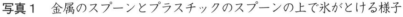

東京都立 立川国際《たちかわこくさい》中等教育学校

■中等教育学校　■2008年開校

信岡《のぶおか》　新吾《しんご》 校長先生

国際理解教育を推進し グローバルリーダーを育成

都立の中高一貫校のなかで唯一「国際」という名称を冠する立川国際中等教育学校。さまざまなバックグラウンドを持つ生徒が集う学び舎で、真の国際理解教育が日々行われています。

学校プロフィール

開　校…2008年4月

所在地…東京都立川市曙町3-29-37

ＴＥＬ…042-524-3903

ＵＲＬ…http://www.tachikawachuto-e.metro.tokyo.jp/

アクセス…JR中央線ほか「立川」・多摩都市モノレール線「立川北」バス

生徒数…前期課程 男子232名、女子247名
後期課程 男子203名、女子251名

１期生…2014年３月卒業

高校募集…なし

３学期制／週５日制（月2回程度土曜授業実施）／50分授業

入学情報（前年度）

・募集人員…（一般枠）男子65名、女子65名　計130名
（海外帰国・在京外国人生徒枠）　男女合計30名

・選抜方法…（一般枠）報告書、適性検査Ⅰ・Ⅱ
（海外帰国・在京外国人生徒枠）成績証明書等、面接、作文〈※面接、作文は日本語または英語による〉

都立中高一貫校唯一の「国際」中等教育学校

【Q】御校の教育目標・理念について教えてください。

【信岡先生】「国際社会に貢献できるリーダーとなるために必要な学業を修め、人格を陶冶《とうや》する」ことを教育目標としています。そして、これを実現するために、生徒一人ひとりが、国際社会に生きる自覚を持ち、自ら志を立て未来を切り開いていく「立志の精神」と、自らの考えを明確に持ち、それを表現する能力とともに異なる文化を理解し尊重する「共生の行動力」を身につけ、主体性を発揮するなかで、達成感や連帯感など「感動の共有」ができる教育を理念としています。

【Q】学校はどのような雰囲気なのでしょうか。

【信岡先生】本校は「国際」という名前がつくように、毎年30名の海外帰国生徒・在京外国人生徒を受け入れています。アメリカ・ロシア・中国など、現在は6学年で33の国と地域から集まっていま

東京都立 **立川国際中等教育学校**

す。これらの生徒は、一般枠130人の生徒と区別はせずに、混成クラスにしています。これが他の学校にはない特色です。

いろいろな国や地域での生活経験がある子どもたちが日常的にいる環境です。本校の生徒たちは、生活習慣や価値観、判断基準がそれぞれちがうなかでいっしょに生活しているので、異文化への理解、異なることに対する理解に非常に長けています。中学1年という早い年代から、こうした環境で過ごせることは非常に大切だと実感しています。

教養主義を掲げ 総合力をつける教育課程

【Q】御校のカリキュラムを教えてください。

【信岡先生】 3学期制で50分授業を毎日6時間行っています。週5日制ですが、土曜日は土曜授業を前・後期課程ともに月2回程度実施しています。

教育課程としては、6年間を3ステージに分け、1～2年を「BUILD」、3～4年を「CHALLENGE」、5～6年を「CREATE」と名づけています。

「BUILD」の2年間は、まずしっかりとした基礎学力と自律した生活習慣を身につけることがメインになります。本校は6年一貫教育ですから、高校受験や、高校に入ってから中学校の復習をする必要がありません。ですから、1～2年で基礎学力と生活習慣を身につけることで、「CHALLENGE」(3～4年)の時期に、学習のスピードを飛躍的にあげることができます。そして、同時に高度化していく学習内容にも挑戦していくことができるのです。

この4年間で得たものを土台として、「CREATE」の時期に進路、そして社会にでてからの自分を創造していきます。

教養主義も立川国際の特徴のひとつです。総合力が求められる現代社会の要求に応えるため、生徒全員に幅広く高度な教養を身につけさせることをめざしています。必履修の科目を多く設定し、5年生までは文系・理系というコース分けは行わず広く学びます。6年生から文理に分かれ、それぞれの進路に沿って選べる選択科目を用意しています。

習熟度別授業や少人数制授業も

特色ある カリキュラム紹介

1 「国際」として充実した英語教育、国際理解教育

国際社会で活躍するために必要な英語力を生徒全員が身につけられるようにと、チームティーチングや習熟度別の授業が展開されるなど、さまざまな工夫がなされるほか、多くの行事が用意されています。

まさに英語漬けの日々になるのが、2年生が全員参加する英語合宿です。立川国際の生徒たちは入学してから1年間、充実した英語の授業を受けていきます。そうした授業をとおして英語の基礎をしっかり身につけ、身につけた力を実際に試す機会としてこの英語合宿が設定されています。朝から晩まで、小グループに分かれて外国人インストラクターとともに2泊3日を過ごす有意義なプログラムとなっています。

また、学校では夏休みに前期生の希望者を対象として、「イングリッシュサマーセミナー」が行われます。これは4日間学校に通い、1日6時間はすべて英語の授業を受けるというものです。小グループに分かれ、テーマを決めてプレゼンテーションやディベートを行います。

そして、5年生では全員が6泊7日のオーストラリア海外研修旅行に行きます。現地で4泊5日のホームステイを行い、ホストファミリーと過ごしながら現地の高校に通うというもので、こちらも英語合宿同様英語漬けの5日間を過ごします。最終日には班別行動でテーマごとの研修課題にも取り組み、現地の大学も訪問します。

また、2016年度（平成28年度）には、オーストラリアの公立高校2校（ALBANY CREEK STATE High School、BEENLEIGH STATE High School）と姉妹校提携を結びました。今年度より本格的な交流を積極的に進めていきます。

2 日本文化を知り、理解する校外学習・研修旅行

自国の文化を知らなければ、海外の文化を理解したり、尊重したりすることはできません。

そのために、3年生では校外学習で横浜を訪れ、自国文化のすばらしさに触れます。また、10月には国内研修旅行で奈良・京都を訪れ、日本の歴史や文化への理解をさらに深めます。こうした体験をもとに、5年生の海外研修旅行でのプレゼンテーションにつなげていきます。

効果的に取り入れています。

数学と英語では、全学年で習熟度別少人数授業を実施しています。これにより、入学時から基礎・基本を大切にする授業を実施するとともに、数学や英語が得意な生徒たちにさらに高度な学習を提供する環境を整えています。

また、これまで日本の学習指導要領で学んできていない帰国生や在京外国人枠の入学生のために、学習上の悩みや困難を感じている点などについて、定期的に先生に相談できる場を用意しています。

【Q】体育祭や文化祭の雰囲気はどうですか。

【信岡先生】 体育祭も文化祭も中高合同で行っています。

体育祭では、応援合戦を全学年で行ったり、運営面で全学年一体となって取り組んだりと、縦割りで異年齢の集団が協力しあっている姿は中高一貫教育校でしか見られないものです。

２０１７年度（平成29年度）も立川市営陸上競技場で実施し、生徒たちは伸びのびと競技に参加していました。

文化祭はクラスでの発表がメインになり、9月に2日間かけて行います。こちらは両日とも一般公開しています。

進学先の視野には 海外の大学も

【Q】進路指導などはどのように行われていますか。

【信岡先生】 キャリア教育は1年生から6年間をかけて体系的に行っています。

1年生で職業調べ、2年生で職場体験などを行うことで、勤労観や職業観を深め、自己の特性や必要とされる能力を伸ばす姿勢を養います。自分の将来像を意識し、4年生から大学のオープンキャンパスに行き、5年で大学教授等による模擬授業を受けたりすることで、自分が将来なにになりたくて、そのためにはどこで学べばよいかを考え、大学や学部を具体的に決めていきます。本校には自分の夢を見つけるための行事が多くあり、指導する教員もそろっているので、しっかりとした指導ができています。

また、大学受験対策として、夏休みには、夏期講習を6週間実施しています。6年生だけで55講座を開講します。どんな講座を開く

年間行事

おもな学校行事（予定）	
4月	入学式　対面式　校外学習 HR合宿（1年）
5月	
6月	体育祭　英語検定 英語合宿（2年）
7月	海外研修旅行（5年）
8月	イングリッシュサマーセミナー（1～3年） 夏期講習
9月	文化祭　国際交流セミナー
10月	国内研修旅行（3年）　英語検定 職場体験（2年）
11月	進路講演会（3年）
12月	
1月	英語発表会　芸術鑑賞教室
2月	合唱祭
3月	卒業式　エンパワーメントプログラム

かは、4月に会議を行い、6年生一人ひとりの学習状況を分析、確認し、共通認識を持って生徒たちに必要な講座を各教科で設定します。したがって、非常にバラエティに富んだものになっています。「これほど夏期講習が充実しているとは思わなかった」「受験に対するモチベーションがあがった」と言ってくれる生徒もいるほどです。

【Q】生徒さんによく話されているのはどんなことでしょうか。

【信岡先生】進学というのは、自分の学力でどこに行くかを選ぶのではなく、いちばん大事なのは、自分が将来なにになりたいかを明確に持つことだと伝えています。そこから、どこでなにを学ぶか、を考えていくのです。

偏差値が高い、希望者が多い大学というのは、それだけの内容や価値があるということです。大学を選ぶときに、明日試験があるのであれば、いまの学力でしか選べませんが、試験がまださきにあるのであれば、上限を決めずにとことん上をめざしてほしいですね。

さらに、本校には卒業後に海外大学に直接進学したいという希望を持っている生徒もいます。そうした希望に応えるため、前期課程の2・3年生で、海外大学進学のための選択教科を週3時間設置しています。来年度の5年生（7期生）から、年次進行で後期課程にも学校設定教科・科目を設置して、海外大学進学希望者に対応していきます。

【Q】適性検査で重視するのはどんなところでしょうか。

【信岡先生】適性検査は学力試験ではありませんので、問題を読み取って、考え、それをどう表現するか、というところを見ています。海外帰国・在京外国人生徒枠募集は適性検査を行わず、作文と面接だけです。

どちらも課題に対して自分の考えをまとめて書く練習をすることで、論理的に考え、伝えることができるようになると思います。

【Q】御校を志望する受検生に向けてのメッセージをお願いします。

【信岡先生】本校は、6学年という異年齢集団で、多様な価値観を持った生徒たちといっしょに学校生活ができ、将来の選択肢がグローバルに広がる学校です。

太　郎：まずは１６枚《まい》のフロアマットを使って大きな正三角形を作るときの設計図（**図２**）を書いて考えてみようよ。並べた正三角形のフロアマットの位置には、**あ**～**た**と名前をつけるよ。

花　子：そういえば算数の授業で、正三角形は線対称《せんたいしょう》な図形だと習ったわね。

太　郎：そのとき、先生は、「正三角形には対称《たいしょう》の軸《じく》が３本ある」とおっしゃっていたよ。

図２

花　子：その性質を、きれいな模様作りに生かせるかしら。

太　郎：そうだね。大きな正三角形で、１本の直線を折り目にして二つ折りにしたとき、フロアマットの白色と白色、黄色と黄色がそれぞれぴったり重なるようにすると、線対称な模様になってきれいかもしれないね。

花　子：例えば、４枚のフロアマットを並べる場合、**あ**と**う**の位置に白色のフロアマット、**い**と**え**の位置に黄色のフロアマットを並べると、対称の軸が１本の線対称な模様になるわ（**図３**）。
　対称の軸が３本あるような線対称な模様にすれば、きれいに見えるわね。

図３

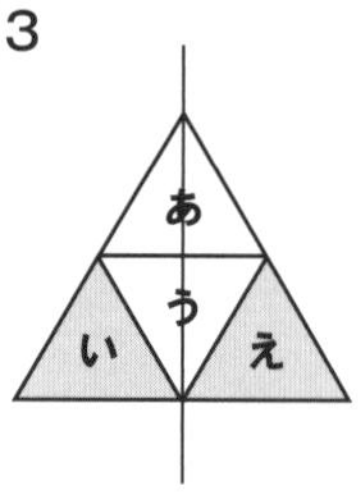

対称《たいしょう》の軸《じく》
（折り目の直線）

太　郎：１６枚のフロアマットを使って大きな正三角形を作るとき、対称の軸が３本ある線対称な模様になるようにフロアマットを並べるにはどうしたらいいのかな。

〔問題２〕　１６枚のフロアマットを使って大きな正三角形の模様を作るとき、対称の軸が３本ある線対称な模様になるようなフロアマットの並べ方は、黄色のフロアマットの枚数《まいすう》に注目すると、１枚、３枚、４枚、６枚、７枚、９枚、１０枚、１２枚、１３枚、１５枚の場合があります。この１０通りの場合は、黄色のフロアマットを置く位置のちがいで、１枚、４枚、７枚、１０枚、１３枚の場合と、３枚、６枚、９枚、１２枚、１５枚の場合の二つのグループに分けることができます。１枚、４枚、７枚、１０枚、１３枚の場合のグループをＡグループ、３枚、６枚、９枚、１２枚、１５枚の場合のグループをＢグループとして、どのようなちがいで、ＡグループとＢグループに分けたのかを説明しなさい。ただし、ＡグループとＢグループで黄色のフロアマットを置く位置がどのようにちがうかが分かるように書くこと。

資料を読み取り理解する

会話文や図で問題がきちんと説明されています。まず、それをしっかりと読み取って理解し分析する力が必要です。

出題の条件に沿って考える

「立体の対称性や規則性」の問題。出題にはいくつもの条件がしめされているので、その条件に沿って考えることが重要。

募集区分
海外帰国・在京外国人生徒枠／一般枠

入学者選抜方法
【海外帰国・在京外国人生徒枠】面接（20分程度）、作文（45分、日本語または英語による）、成績証明書等　【一般枠】適性検査Ⅰ（45分）、適性検査Ⅱ（45分）、報告書

東京都立 立川国際中等教育学校

2017年度 東京都立立川国際中等教育学校　適性検査Ⅱ（共同作成問題）より

1　明日は近所の保育園との交流会です。**太郎**《たろう》君と**花子**さんが教室で保育園児をむかえる準備をしています。太郎君はボールハウスを組み立てています。花子さんはゆかにフロアマットを並《なら》べようとしています。

太　郎：花子さん、ボールハウスの骨組《ほねぐ》みができたよ。
花　子：ボールハウスというと、子どもが中に入って遊ぶ、ボールがたくさん入った箱型の室内遊具ね。このボールハウスは、立方体の形をしているのね。あとはカバーをかぶせるだけで完成ね。
太　郎：同じ長さの棒《ぼう》を２本つなぎ合わせたものを支柱にして、立方体の形を組み立ててみたよ。
花　子：棒と棒をつなぐつなぎ目は、全部で２０個あるわね。
太　郎：つなぎ目による支柱の長さのちがいはないものとして、このつなぎ目を点と考えて２０個の点の中から異《こと》なる３個を選んで直線で結ぶと、いろいろな三角形ができるね。
花　子：本当だわ。点の選び方によって、いろいろな形や大きさの三角形ができて、面白《おもしろ》いわね。正三角形もできるわね。

〔問題１〕 **図１**のように組み立てた立方体の２０個ある点にそれぞれ**ア**～**ト**と名前をつけることにします。

　この２０個の点の中から異なる３個を選び、直線で結んだときにできる正三角形のうち、大きさが異なるものを二つ答えなさい。

　答え方は、例えば、点**ア**と点**イ**と点**サ**を選んだときにできる三角形は「三角形」のあとに、三つの点を表すカタカナを並べて「三角形**アイサ**」と書くこととします。

図１

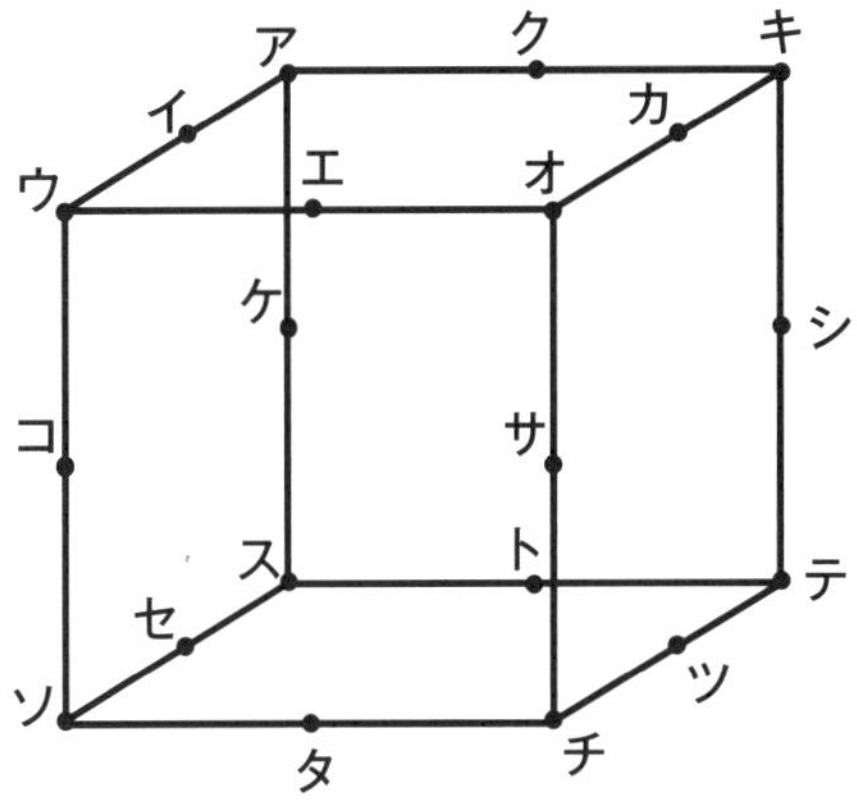

太　郎：花子さん、フロアマットはどんなふうに並べるの。
花　子：フロアマットは、１辺が２０ｃｍの正三角形の形をしていて、色は白色と黄色の２種類があるのよ。白色のフロアマットと黄色のフロアマットの両方を必ず使って、大きな正三角形になるようにすき間なく並べようと思うの。並べたフロアマットの模様《もよう》もきれいに見えるようにしたいわ。

解説

都立立川国際中等教育学校・一般枠では、報告書320点を200点に換算、適性検査Ⅰを300点に換算、適性検査Ⅱを500点に換算して、総合得点1000点で判定します。ただし、詳細は9月に公表されます。

適性検査ではほかの都立中高一貫校と比較して、より読解力を重視しているように見えます。まず、日本語を理解できなければ外国語にも対応できないとの考えなのでしょう。このため、立川国際の独自問題の採用は、長文を読解し、要約したり作文で答える適性検査Ⅰとなりました。

その適性検査Ⅰはかなり長い長文読解で、サクラの１年とその葉を食べる害虫の文章を読み、部分読解と作文が求められました。作文は420～460字でした。長文の主張を読み取り、生じた自分の考えを作文で表現する力が問われています。

適性検査Ⅱは、共同作成問題が全問採用されました。資料を読み取って答えていく問題でしたが、解答するためにはそれぞれ細かい条件が多くしめされていますので、条件を整理し考えを進めていく力が求められました。

東京

東京都立 白鷗《はくおう》高等学校附属中学校

■併設型　■2005年開校

伝統からグローバルな未来へ 国際色豊かな教育環境へと進化

国際色豊かな教育環境が本格スタートする東京都立白鷗高等学校附属中学校。確かな学力を伸ばし、自己のアイデンティティ確立とダイバーシティ（多様性）尊重を基盤に、「競争」と「協働」の両方ができるリーダーを育てています。

善本《よしもと》　久子《ひさこ》 校長先生

学校プロフィール

開　校…2005年4年
所在地…（東校舎）東京都台東区元浅草3-12-12
（西校舎）東京都台東区元浅草1-6-22
T E L…03-5830-1731
U R L…http://hakuo.ed.jp/
アクセス…（東校舎）都営大江戸線・つくばエクスプレス「新御徒町」徒歩7分、都営大江戸線「蔵前」・地下鉄銀座線「田原町」徒歩8分、都営浅草線「蔵前」徒歩12分
生徒数…男子233名、女子243名
1期生…2011年3月卒業
高校募集…あり
3学期制／週6日制／50分授業
入学情報（2019年度）
・募集人員…男子80名、女子80名
計160名(すべての枠を含む。詳細は9月発表)
・選抜方法…(海外帰国・在京外国人枠)、(特別枠)日本の伝統・文化分野〈囲碁・将棋、邦楽、邦舞・演劇〉詳細は9月発表
(一般枠)報告書、適性検査Ⅰ・Ⅱ・Ⅲ

129年の歴史を持つ 教育界のパイオニア

【Q】御校の沿革と教育理念についてお聞かせください。

【善本先生】東京都立白鷗高等学校は、1888年（明治21年）に東京初の府立高等女学校として開校されたのを始まりとします。その後、学制改革にともない、白鷗高等学校と改称し、男女共学校となり、2005年（平成17年）には都立で初となる中高一貫教育校として附属中学校が開校しました。129年の歴史を重ねた伝統ある学校です。

教育理念には、創立以来「開拓精神」を掲げ、「確かな学力の育成」を基本としながら「日本の伝統・文化理解教育」「国際理解教育」を推進してきました。こうした教育により「世界で活躍するリーダーの育成」をめざしています。

2018年度（平成30年度）から、国際色豊かな教育環境を整え、英語教育などに重点を置き、論理的思考力、プレゼンテーション力などを高める教育を充実させま

す。帰国生や外国人生徒の受け入れも始まります。

グローバル化の進展にともない、英語力はもちろんのこと、主体的に学び課題解決をはかり、それを適切に表現できる力を育成することが求められます。本校は「開拓精神」のとおり、教育界におけるグローバル人材育成のパイオニアでありたいと思っています。

【Q】学習指導についてお聞かせください。

【善本先生】本校には「辞書は友達、予習は命」という合言葉があります。辞書を活用することは、能動的に学ぶ姿勢の表れであり、かならず予習をして授業にのぞむことは、主体的に授業に参加していくことにつながります。

日々の授業を第一に、教員は情熱を持って指導にあたり、生徒にしっかりと勉強させる学校です。生徒もチャイムが鳴ったらすぐに授業を始められるようにチャイム着席運動をするなど、中1から真剣に授業に取り組んでいます。

宿題も多いので大変ですが、先日、高3の生徒が「中1・中2のころ、宿題が多くて大変で、これになんの意味があるんだろうと思っていたけど、いまはそれが自分の力になっていることを実感しています」と話してくれました。

教育の特徴としては、少人数授業、習熟度別授業を多数行い、国語・数学・英語で先取り学習を取り入れています。理数教育も重視しており、理科では実験を多く実施することで、自分で考える力を育み、外部の大会にも積極的に挑戦させています。

ダイバーシティ教育を重視し真の国際人へ

【Q】日本の伝統・文化理解教育についてお話しください。

【善本先生】世界へ羽ばたくリーダーとなるためには、自分の国のことをきちんと知り、それを自分の言葉で話せるようにならなければなりません。そのために、日本の伝統・文化に触れる機会を多く用意しています。

授業では、中1で地域の工房を訪ねて伝統工芸を体験したり、高2では「日本文化概論」という独自の科目を設置しています。これは将棋・囲碁・茶道・華道・書道・日本の生活文化・日本音楽史のなかから個々に選んで学べる科

特色ある カリキュラム紹介

1 国公立大学受験に対応できるカリキュラムを提供

白鷗高校のカリキュラムは、基本的には6教科7科目の国公立大学受験に対応できる内容となっています。土曜日も4時間授業を実施しています。

また、中学校では週2回、15時15分～40分までの25分間の「白鷗タイム」があります。これは火曜日と金曜日の6時間目のあとに組みこまれており、読書指導や学習の補充にあてられています。

授業では発展的な内容を多く含む学習内容を取り入れています。数学と英語では習熟度別授業を実施し、きめ細かい指導を行います。さらに指名数学補習や指名英語補習もあります。

こうした成果が中高一貫教育校卒業生の高い国公立大学合格率に表れています。

2 中高をつうじて育てるプレゼンテーション能力

白鷗では、開校以来、プレゼンテーション能力の育成に力を入れています。

中1では「宿泊体験学習」として、夏季休業中に2泊3日で議論やプレゼンテーションの方法について学びます。中2・中3は、「プレゼンテーション」の授業が週1時間あります。ALTとのチームティーチングによる指導で、中1の合宿で学んだことをいかしながら、簡単な英語を使ったプレゼンテーションやディベートなどにも挑戦します。

高校では、高2・高3で「PIE（プレゼンテーション・イン・イングリッシュ）」という授業が週1時間用意されています。中学とは異なり、完全に英語でのプレゼンテーションを学ぶ授業です。テーマを決め原稿を書くと、ALTが個別に添削を行ってから発表にのぞむので、英語できちんとした文章を書く力も育てられます。

こうした取り組みにより、生徒はプレゼンテーション能力はもちろん、今後大学入試で求められる思考力や、表現力といった力も身につけていくことができるのです。

目で、将棋や囲碁はプロ棋士、茶道や華道、書道も専門家から指導を受けます。卒業生には在学中にプロ棋士となり現在も活躍している人がいます。

音楽室にはひとり1丁の三味線が用意されており、作法や茶道などで使用できる和室も完備されています。部活動でも、和太鼓部・長唄三味線部・百人一首部が活発に活動しています。

また本校は、古きよき江戸情緒を色濃く残す「上野・浅草地区」のほぼ中間に位置しています。地元の「鳥越祭」で神輿《みこし》を担がせていただいたり、伝統衣裳を着て「浅草流鏑馬《やぶさめ》」に参加させていただいたりと、地域のかたがたにもよくしていただいています。

【Q】国際理解教育についてお聞かせください。

【善本先生】 来年度からの本格的な国際化を前に、すでに国際理解教育に力を入れています。昨年度の中3は、9割が英検準2級以上、約3分の1が高校卒業程度と言われる2級以上を取得しています。ただし、英語はあくまでもツールであって、ダイバーシティ（多様性）の尊重を基盤に、異文化を持つ人びとに自分の考えをきちんと英語で伝えられるようになってほしいという思いで指導しています。

海外の文化に触れる機会としては、現在は中3・高1の希望者約50名によるオーストラリア短期語学留学（17日間）があります。さらに2年後には、中3全員によるアメリカ有名大学・企業訪問を計画しています。確かな英語力を背景に、日本文化を理解した国際人として世界に羽ばたくリーダーを育んでいきます。

【Q】ほかにはどのような教育を行っていますか。

【善本先生】 体験学習として、東京大を中3が訪問し、本校のOBの東京大生に案内してもらったり、農村で3日間農作業をする勤労体験学習、学校近隣の事業所で職業を体験する職場体験などを行っています。

また、昨年度は「トランスフォーマ・コネクション」に参加しました。これは昨年オリンピック・パラリンピックが行われたブラジルと世界17カ国の高校生の相互交流を行うという、国をあげたプログラムでした。ビデオレターの交換や自国の文化を紹介するものを

年間行事

おもな学校行事（予定）	
4月	入学式
5月	校外学習（中1～中3）　体育祭
6月	校外学習（中1）　面談週間
7月	スポーツ大会　宿泊行事（中1） 農村勤労体験（中2）
8月	海外短期留学（中3・高1希望者） 勉強合宿（高2）
9月	白鷗祭（文化祭）
10月	修学旅行（中3・高2）
11月	校外学習（中1）　職場体験（中2）
12月	スキー教室（高1希望者）
1月	百人一首大会 芸術鑑賞会（中1～高2）　校外学習
2月	合唱コンクール　校外学習
3月	スポーツ大会（中1～高2）　卒業式

送りあったりしました。この活動に関連して、パラリンピックの競技体験もしました。3年後を見据え、今後オリンピック・パラリンピック教育をリードする学校になっていきたいと思っています。

　勉強一辺倒ではなく、こうしたさまざまな体験をさせて、頭脳と心と身体のバランスがとれた人材を育てたいと思っています。

生徒の成長をうながす東と西のふたつの校舎

【Q】ふたつある校舎についてお聞かせください。

【善本先生】 中1・中2が東校舎、中3～高3が西校舎で学んでいます。東校舎の存在は本校を支える重要な要素となっています。なぜなら、小学校を卒業して間もない新入生に、2年間伸びのびとした環境を用意できるからです。校庭、図書館、実験室などの施設もそろっており、それらを活用して、生活習慣の体得、あるべき学習姿勢の涵養《かんよう》がなされています。中2は中3がいないぶん、中1に先輩としての姿を見せなければとしっかりしますし、この2年間で学びの基礎を身につけることができます。平日の自宅学習は平均2時間を確保できていますし、先日は、健康診断の待ち時間にも、自主的に勉強する姿が見られました。

　一方、中3は高校生と同じ西校舎で学ぶことで高校の雰囲気を感じられ、少し早めにおとなになっていきます。教室も2フロアに分け、高1もしくは高2と同じフロアにしているので、ふだんから高校生が学校生活をどのように送っているかを見ることができます。

　ふたつの離れた校舎で、成長段階に応じた教育活動を展開し、それが有効に機能しているのは、本校の大きな特色だと思います。

【Q】最後に御校を志望する受検生へメッセージをお願いします。

【善本先生】 生徒には、国籍や民族、宗教などのちがいに対して柔軟な考え方ができる、ダイバーシティ（多様性）を尊重できるしなやかな心を持ってほしいです。知らないものを知りたいと思ったり、自分と異なる世界をおもしろいと感じたりすることは学びの原点です。本校では、教育理念である「開拓精神」を持った、だれも経験してこなかった未知なることに挑戦できる生徒を育てていきます。

花　子：1位と2位を比べてみましょう。割合の差は大きくはないわ。
太　郎：高知県から茨城県までの割合を足しても、全国の41.4%の生産なんだ。なすの産地は、あちらこちらに分かれているんだね。
花　子：ほかの野菜についても割合を計算してみましょう。計算したことから、それぞれの野菜の産地の分布の特色を考えて、カードにまとめましょう。

二人は、たまねぎときゅうりが多く生産される上位3位までの都道府県の生産量の割合を計算し、発表の内容をたまねぎのカードときゅうりのカードにまとめました。

二人の作ったカード（たまねぎ）

・たまねぎの生産は、
1位　北海道〔　①　〕%
2位　佐賀県〔　②　〕%
3位　兵庫県〔　③　〕%

・1位と2位の差は〔　④　〕%

・1位から3位までの
割合の合計は〔　⑤　〕%

・①から⑤までの計算をしてみると、
生産量の割合からみた、たまねぎの
産地の分布は、
〔　　　　⑥　　　　〕
という特色があることがわかる。

二人の作ったカード（きゅうり）

・きゅうりの生産は、
1位　宮崎県〔　①　〕%
2位　群馬県〔　②　〕%
3位　福島県〔　③　〕%

・1位と2位の差は〔　④　〕%

・1位から3位までの
割合の合計は〔　⑤　〕%

・①から⑤までの計算をしてみると、
生産量の割合からみた、きゅうりの
産地の分布は、
〔　　　　⑥　　　　〕
という特色があることがわかる。

〔問題2〕　**表1**のたまねぎときゅうりのうちどちらか一つ作物を選んで、作物の生産量の割合を計算し、計算した数値《すうち》をもとに、作物の産地の分布の特色を考え、**二人の作ったカード（たまねぎ）と二人の作ったカード（きゅうり）**のどちらかを〔①〕から〔⑥〕までを記入して完成させなさい。

〔①〕～〔⑤〕について、計算で割《わ》りきれない場合は、小数第四位を四捨五入《ししゃごにゅう》して小数第三位まで求め、百分率で表しなさい。

読解力を駆使して疑問を解決する

課題となった会話と、資料や図表を読み取って理解し、与えられた条件のもとに判断して思考し、表現する力をみています。

問題を解決し表現する力

会話文と表の数値、問題文を吟味《ぎんみ》して「なぜ」を考え、その結論と理由を他者にわかりやすく伝える表現力をみています。

募集区分　海外帰国・在京外国人枠・特別枠（日本の伝統文化）・一般枠

入学者選抜方法　【特別枠】実技検査（45分）、面接（15分程度）、報告書【一般枠】適性検査Ⅰ（45分）、適性検査Ⅱ（45分）、適性検査Ⅲ（45分）、報告書、志願理由書

2017年度　東京都立白鷗高等学校附属中学校　適性検査Ⅱ（共同作成問題）より

花　子：お父さんはどんな野菜を育てているの。

太　郎：なすやきゅうりなど、たくさんの種類の野菜を育てているよ。

花　子：うらやましいわ。授業で先生がおっしゃったことを覚えている。日本の食料自給率は野菜に限ってみると80%近くあるのよ。

太　郎：日本の野菜はどんなところで生産されているのだろう。

花　子：私《わたし》はどの野菜がどこの都道府県で生産されているのか、野菜ごとの分布について調べて発表することを考えてみたの。この表（**表1**）は、なす、きゅうり、たまねぎ、ピーマンが多く生産される上位5位までの都道府県を示したものよ。

表1　なす、きゅうり、たまねぎ、ピーマンが多く生産される上位5位までの都道府県（2014（平成26）年）

なす	生産量（t）
高知《こうち》県	40000
熊本《くまもと》県	33600
群馬《ぐんま》県	21000
福岡《ふくおか》県	20900
茨城《いばらき》県	18100
全国	322700

きゅうり	生産量（t）
宮崎《みやざき》県	64000
群馬《ぐんま》県	46400
福島《ふくしま》県	41200
埼玉《さいたま》県	34600
千葉《ちば》県	33900
全国	548200

たまねぎ	生産量（t）
北海道《ほっかいどう》	691900
佐賀《さが》県	147100
兵庫《ひょうご》県	96700
愛知《あいち》県	30600
長崎《ながさき》県	29500
全国	1169000

ピーマン	生産量（t）
茨城《いばらき》県	34700
宮崎《みやざき》県	27700
高知《こうち》県	13400
鹿児島《かごしま》県	12100
岩手《いわて》県	7300
全国	145200

（「日本のすがた 2016」より作成）

太　郎：野菜によって全国で生産される量がずいぶんちがうね。

花　子：割合《わりあい》を計算すれば、全国で生産される量がちがっていても、それぞれの野菜について比べてみることができるわ。私は、なすについて計算して表（**表2**）にしてみたの。

表2　花子さんが計算したなすが多く生産される都道府県の生産量の割合

高知県	熊本県	群馬県	福岡県	茨城県
12.4%	10.4%	6.5%	6.5%	5.6%

解説

都立白鷗高等学校附属中学校では、25ページで記したとおり、来春の2018年度入試から適性検査Ⅲを実施することになりました。このため、配点は9月1日のホームページによる発表まで明らかにはなりそうもありません。実施時間はそれぞれ45分の見込みですがわかりません。新たに加わる適性検査Ⅲは独自問題です。適性検査Ⅲを実施する場合は、適性検査Ⅰ、Ⅱのなかでは大問１問しか独自問題にすることができません。白鷗高附属ではこれまでのあり方から、適性検査ⅠとⅢが独自問題で、Ⅱは共同作成問題となりそうです。

これまでの適性検査Ⅰ（独自問題）は、長文を読んで作文で答える形式です。作文は100字以内が２問、400～450字以内が１問でした。「本文中の例をあげる」という条件が含まれていたり、「具体的に」という条件がついていたりします。設問の条件を読み落とすとミスにつながる問題となっています。適性検査Ⅱ（共同作成問題）は、算数、社会、理科の３教科融合問題で、思考力、判断力、表現力をいかして問題を解決する、総合的な力をみる問題です。

東京

東京都立 富士《ふじ》高等学校附属中学校

■併設型　■2010年開校

「文武両道」「文理両眼」をモットーに理数アカデミー校の指定を受ける

2016年度（平成28年度）、東京都教育委員会より、理数アカデミー校の指定を受けて新たなスタートを切った東京都立富士高等学校附属中学校。認知の網を可能なかぎり広げるため、5教科すべてを学び、国公立大学をめざす学校です。

上野《うえの》　勝敏《かつとし》 校長先生

学校プロフィール

開　校…2010年4月

所在地…東京都中野区弥生町5-21-1

TEL…03-3382-0601

URL…http://www.fuji-fuzoku-c.metro.tokyo.jp/

アクセス…地下鉄丸ノ内線「中野富士見町」徒歩1分

生徒数…男子173名、女子186名

1期生…2016年3月卒業

高校募集…あり

2学期制／週5日制（土曜授業 年18回）／50分授業

入学情報　（前年度）

・募集人員…男子60名、女子60名 計120名

・選抜方法…報告書、適性検査Ⅰ・Ⅱ・Ⅲ

礼儀作法を重んじた子女教育から始まる

【Q】御校の沿革についてお話しください。

【上野先生】２０１０年（平成22年）に東京都立富士高等学校の併設型中高一貫教育校として開校しました。高校は、１９１９年（大正8年）に府立の第五高等女学校として、現在の新宿歌舞伎町の旧コマ劇場跡にありました。そこから中野区の現在の校地に移転したという歴史を持っています。

日本女性の理想の教育を、自由闊達《かったつ》にやってほしい、子女教育として礼儀作法を重んじた教育を行ってほしいという願いのもとスタートしました。その後男女共学になり、地域では西・富士と並べて称され、毎年東京大に30～40名輩出していた都立の名門校として、いまも地域に愛されています。

【Q】教育目標についてお教えください。

【上野先生】「文武両道」「自主・自律」を校訓として、「知性と教養を深める」「品性と感性を磨く」

東京都立 富士高等学校附属中学校

「リーダーシップを高める」の3つを教育目標に掲げてきました。

そしてこれに「文理両眼」を加えて、知性教養が高く、品性と感性を兼ね備えた国際社会のリーダーになり得る人材の育成をめざしています。

理数アカデミー校指定を受けて、従来の目標とする学校像であった「国際化に対応する教育を重視する学校」、「体験・情報・科学学習で探究力を育てる学校」、「学力・体力向上と進路実現を図る学校」、「創造的な活動で自主自律を育てる学校」という4つをかなえていきたいと思います。

【Q】ふだん、校長先生から生徒のみなさんに伝えていることはありますか。

【上野先生】 創立の理念どおり、礼儀作法については厳しく教えています。

礼儀とは人権教育の基本です。本校の礼法は、「三心礼法」と呼んでおり、「尊重する心」「感謝する心」「協力する心」の3つの心を、きちんと心のなかで唱えて3秒間かけてしっかり礼をする。礼をしたあとにあいさつをする。授業の前に礼をしてから「お願いします」。終わりましたら、「ありがとうございました」。そういうあいさつをかならずするように指導を行っています。

そのような内面の指導を重視して、学力向上のための指導をしています。

【Q】入学したばかりの生徒さんが学校になじめるように、なにか工夫をされていますか。

【上野先生】 まずは中学の学習に慣れることが、いちばん重要な課題だと思っています。授業の取り組み方やノートの取り方、予習・復習や定期考査の学習の方法など、きめ細かい指導プログラムを準備しています。

早く友だちに慣れるという意味では、夏休みの2泊3日の八ヶ岳自然探究教室はとてもいい行事だと思います。

自然探究活動など、数多くの体験をとおして集団生活をすることで、仲間づくりや団結力も生まれ、そして課題発見能力などを啓発しています。

多読やアメリカ講座などで英語力を強化

【Q】どういうかたちで英語教育

東京

特色ある カリキュラム紹介

1 リーダーシップが取れる人間を育成 そのためには文系・理系ともに学ぶ

理数アカデミー校・富士では、世の中のリーダーシップを取るという観点から、５教科すべてを学ぶことを重視しています。そのため、カリキュラムは国公立大進学に向けたものになっており、偏りのない勉強ができるように組まれています。

また、英語力の育成に力が入れられ、中2で英検３級、中3で英検準２級、中学段階からTOEIC Bridgeに挑戦しています。

夏季休業中には１日３時間、３日間の少人数（20人）による英語の講座があります。

教員と外国人講師で既習事項の定着をはかることはもちろんのこと、外国人講師との会話をつうじたコミュニケーション能力の育成にも熱心です。その際、学校の教材とは別に、専用のテキストを用意しています。中3では2泊3日で語学研修を行います。ふだん行うことのできないプログラムをとおして、ネイティブによる学習を体験できる環境をつくっています。

2 理数アカデミーの中核となる探究未来学

富士では、知性と教養を深めるために、基礎基本の定着に加え、大学との連携をとおして探究心を高めます。

大学との連携による最先端の科学学習は、生徒の興味・関心をよりいっそう引きだし、探究心を高めることにつながります。

東京都教育委員会より理数アカデミー校に指定され、理系分野に興味を持ち、関心を高める生徒を増やす取り組みを行っています。高校生のみならず、中学生も科学の甲子園に出場させる準備をしています。

生徒は興味関心を持ったことからテーマを設定し、その課題を追求し解決する課題探究学習を行います。中3、高2と２度発表を行い、大学の先生などの講師による指導や助言をとおして論文を作成します。

生徒の取り組む課題探究学習は社会貢献ひいては未来を創造する学習（未来学）であり、さらに、この未来学は将来の社会を創造できる人材を育成する学習であることを生徒に意識させています。

を行っていますか。

【上野先生】英語の特徴は、土曜日に多読の授業に取り組んでいることです。これは、赤ちゃんが自然に言葉を覚えていく過程と同じように、映像と言葉をいっしょに無理なく記憶できるシステムです。

また、理数アカデミー校の取り組みとして、中1からアメリカ講座も展開しています。最終的には、希望者が中3の3月にアメリカのシリコンバレーに研修旅行をします。生徒の英語力はそんな側面からも強化されています。

さらに、英語の授業は3年間習熟度別授業を実施し、夏季休業中のネイティブ講師との集中英語講座や、中2で英国体験ができる語学研修旅行（ブリティッシュヒルズ、福島）も用意しています。

高校での海外語学研修も目玉のひとつです。高1・高2で希望制によるオーストラリア短期語学研修、高2で台湾修学旅行を行います。研修後には英文レポートを作成、発表します。また、日本に滞在している外国人留学生との交流も行っています。

加えて、高1・高2で選択科目として、ドイツ語・フランス語・中国語を履修できます。

学力向上をめざす 富士メイクアップ方式

【Q】そのほかに取り組んでいることはありますか。

【上野先生】「富士メイクアップ」という学力向上をねらいとした考査と学び直しのシステムがあります。これは、テストを、評価のためだけではなく、学力向上につながる教育の機会と位置づけて活用する取り組みです。

本校では、つぎのような年間スケジュールとなっており、7回の考査が実施されています。

・第1回　定期考査
・第2回　定期考査
夏季休業中に学び直し
・第3回　総合考査
前期の成績
・第4回　定期考査
・第5回　定期考査
冬季休業中に学び直し
・第6回　総合考査
・第7回　定期考査
後期の成績

このように、短いサイクルで学び直しをさせて、総合考査で実力養成をはかります。5教科で実施

東京都立 富士高等学校附属中学校

年間行事

おもな学校行事（予定）	
4月	入学式　対面式
5月	農業探究教室（中2）
6月	体育祭　キャリアセミナー（中2） 東大教授による講義（中3） 東大研究所訪問・実験体験（中3）
7月	七夕飾り　レシテーションコンテスト 八ヶ岳自然探究教室（中1） 職場探究学習（中2）
8月	短期集中英語講座（中1〜中3）
9月	文化祭　農業探究教室（中2）
10月	環境セミナー（横浜国立大との連携・中1）　修学旅行（奈良・京都）
11月	芸術鑑賞教室
12月	エコプロダクツ見学（中1）　キャリアセミナー（中2）　宿泊語学研修（中2）
1月	キャリアセミナー（中3）　百人一首大会
2月	合唱祭　キャリアセミナー（中1）
3月	探究学習発表会（中3）

される総合考査の結果は、前後期の成績に反映されます。考査後には先生がたによる学力分析会や学力推移調査（全国版中高一貫校の模擬テスト）の分析を行い、教員の指導力の向上と生徒の学力向上につなげています。

そのほか、週2回放課後の時間を使って行われる「富士サポートシステム」という学習進度が遅れている生徒に対する補習・講習も充実しています。

また、幅広く進路を実現するため高2まで文理に分けず、広い教養を身につけていきます。

高校生向けには、「富士アカデミー」という、数学・英語で希望制による発展的な学習を行っており、高い目標を掲げて取り組んでいます。

【Q】進路指導についてお聞かせください。

【上野先生】6年間の進路シラバスに沿って、キャリア教育を実践し、それぞれの生徒の進路実現ができるようにきめ細かく指導しています。

また具体例として、生徒一人ひとりの課題が把握でき、学習時間や学習方法のアドバイスを行うことができる「ＦＩＮＥシステム」をすべての教員が活用しています。

こうした指導が実を結び、今春卒業した2期生は、難関国立大学に7名合格しました。

【Q】適性検査についてお教えください。

【上野先生】基本的には読書習慣が大切です。いろいろな新聞のコラムや論説文などを読んで、それに対して自分の考えをまとめる練習も大事ですね。過去問や計算問題、時事問題にも取り組んだ方がいいと思います。

【Q】では最後に、どのような生徒さんに入学してもらいたいとお考えですか。

【上野先生】本校は理数アカデミー校のほかにも、スポーツ特別強化校でもあります。なぎなたや剣道や陸上は全国大会に出場していますし、元Ｊリーガーのプロコーチによるサッカー部指導など、部活動にも力を入れています。

学習にも部活動にも、高い目標を掲げて、難関国公立大学合格という目標に向かって一生懸命に取り組もうと思っている生徒さんにぜひ入学していただきたいと思います。

募集区分 一般枠
入学者選抜方法 適性検査Ⅰ（45分）、適性検査Ⅱ（45分）、適性検査Ⅲ（30分）、報告書

（注） サイコロは、手前側に f を**図1**の真ん中の図のような向きで置いた場合、 f と右の辺を共有する面から順に、 u j i となっています。また、サイコロは f の上の辺と ty の下の辺を共有し、 f の下の辺と二つある u のうち、もう一つの u の下の辺を共有しています。

ユミコ：とりあえず、見本は完成したわね。工作用紙でたくさん作りましょう。箱になっていると文字が書きづらいから、展《てん》開図の段《だん》階で文字を書いてしまった方がいいわね。

ショウ：そうだね。では、もらってきた工作用紙で展開図を作ってみようか。

ユミコ：見本と同じような配置になるように、気をつけて文字を書いてね。サイコロの外側の面に文字を書くのよ。

ショウ：お姉ちゃん、展開図の１面を切り落としちゃった。直せるかな。

〔問題２〕 以下の**図2**に１枚《まい》正方形を加えて、立方体の展開図を完成させるためには、どこに加えたらよいでしょうか。解答用紙の図に正方形を１枚書き加えなさい。
また、組み立てたときに、最初に作ったとう明なサイコロと、同じ位置に同じ向きでローマ字が配置されたサイコロとなるように、完成させた展開図の ty 以外の全ての面にローマ字を書きなさい。

図2 ショウ君が１面を切り落としてしまった残りの展開図

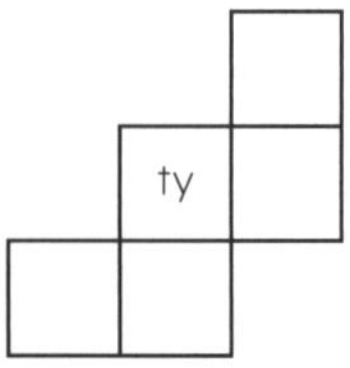

会話文と資料を読み解く

算数を得意とするならむずかしくはありません。計算は不要ですが、条件をうまく考察し、分析しなければなりません。

問題を解決する力をみる

サイコロの性質から考える問題です。できあがるサイコロを想像しながら、素早い判断力を発揮する必要があります。

2017年度　東京都立富士高等学校附属中学校　適性検査Ⅲ（独自問題）より

シヨウ君とユミコさんは、二人で新しい遊びを考えることにしました。

ユミコ： せっかくだから、ショウが学校で習ったことを使って考えましょう。この間、立方体について勉強したから、サイコロを使ったゲームなんてどうかしら。

ショウ： いいね。この間ぼくも数字を変えてサイコロを作ってみたんだ。サイコロの面に、数字ではなくて文字を書いたら面白いよね。

ユミコ： いいわね。この間勉強したローマ字を書くのはどうかしら。小学校の名前を取って、ふじちゅう【 f u j i ty u 】とか。

ショウ： 面白いね。ここにちょうど、とう明なプラスチックでできた立方体の箱があるから、試《ため》しに作ってみよう。

二人は、この箱に文字を書いてみることにしました。箱は向こう側がすけて見えるようになっています。

二人は**図1**のようなとう明なサイコロを作りました。説明中にある文字を［　］で囲んだものは、その文字が書かれた立方体の面を表しています。たとえば、 f が書かれている面を［f］と表します。

図1　二人が作ったとう明なサイコロの図。真ん中は［f］を手前側に置いた見取図。サイコロを、手前側から見える［f］［u］［ty］と、［j］［i］［u］との二つに切りはなし、［f］［u］［ty］を右に、［j］［i］［u］を左に、矢印のようにずらした図。
（左側の図は、各面を手前側から見ているので、 j と u の文字は左右反対になっている。）

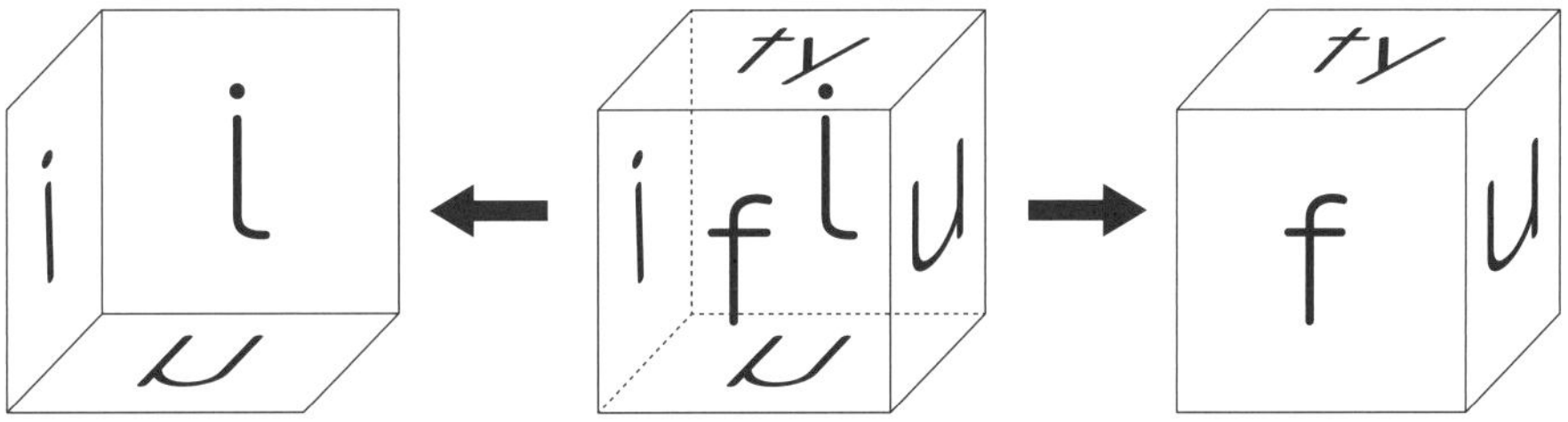

解説

都立富士高等学校附属中学校では、2015年度入試から独自問題として適性検査Ⅲを加えたため、配点も改め、適性検査Ⅰ200点、適性検査Ⅱ400点、適性検査Ⅲ200点、報告書200点、合わせて1000点満点で評価することになりました。2017年度もこれにならいましたが、2018年度についての正式な発表は9月になります。

共同作成問題の適性検査Ⅰでは文章を深く読み取り、内容を適切に把握し、自分の考えや感じたことを表現する力をみます。同じく共同作成問題の適性検査Ⅱでは、資料などをもとに、課題を見つけたり、課題を解決したりする力をみるとともに、わかりやすく説明する力も試されます。その際、必要な漢字が正しく書かれているかどうかもポイントです。また論理的な表現力、たとえば、文章の主述がしっかりしているかなども評価の対象となります。

独自作成の問題となった適性検査Ⅲは、課題を見つけ解決する力をみるとされていますが、算数の力がなければ容易ではありません。2017年度の問題は、2016年度よりは計算しなければならない量が減っています。

東京都立 三鷹《みたか》中等教育学校

■中等教育学校　■2010年開校

思いやり・人間愛のある社会的リーダーの育成をめざす

三鷹中等教育学校は、学習活動と特別活動・部活動などの両立をめざし、最後まで努力することのできる生徒を育てています。学校独自の「人生設計学」や、ICTパイロット校としての取り組みも魅力です。

藤野《ふじの》　泰郎《やすろう》 校長先生

学校独自の目標水準「三鷹スタンダード」

【Q】三鷹中等教育学校の基本理念についてお聞かせください。

【藤野先生】 基本理念は「思いやり、人間愛を持った社会的リーダーの育成」です。学校生活をとおして、すべての人に思いやりを持って接し、人間味あふれる社会のリーダーとなれる生徒を育てることを目標にしています。

【Q】6年間のカリキュラムはどのようになっていますか。

【藤野先生】 6年間を2年ずつ、3つのステージに分けて展開しています。まず、1・2年の「ファーストステージ」では、基礎・基本の確実な定着をめざします。つづく3・4年の「セカンドステージ」では、一部の教科で3年生から高校の学習範囲を盛りこんでいくことで、教育内容のさらなる充実と、中学から高校へのスムーズな接続をはかっています。最後の「サードステージ」は、5年までは文理分けはせず幅広く学び、6年で自由選択科目を多く用意する

学校プロフィール

開　　校…2010年4月

所 在 地…東京都三鷹市新川6-21-21

T E L…0422-46-4181

U R L…http://www.mitakachuto-e.metro.tokyo.jp/

アクセス…JR中央線「三鷹」「吉祥寺」・京王線「調布」「仙川」バス

生 徒 数…前期課程 男子230名、女子248名
後期課程 男子223名、女子240名

1 期 生…2016年3月卒業

高校募集…なし

3学期制／週5日制（土曜授業 年18回）／50分授業

入学情報（前年度）

・募集人員…男子80名、女子80名　計160名

・選抜方法…報告書、適性検査Ⅰ・Ⅱ

東京都立 三鷹中等教育学校

ことで、個々の進路に対応できるカリキュラムにしています。

本校の特色は、学校が目標とする学力の水準を定めていることです。基礎・応用・発展の3段階での学習到達度を設定したものを「三鷹スタンダード」と称しています。生徒の到達度をきめ細かく分析することで、苦手分野は克服をめざし、得意分野はより伸ばすなど、一人ひとりに応じた指導を行うことができます。数学や英語では習熟度別少人数授業を行い、放課後補習をはじめとするサポート体制も整えながら、教員、生徒が一丸となって目標達成に向けて努力しています。

また、「人生設計学」を導入し、リーダーとしての資質を養い「大学の先にある人としての在《あ》り方・生き方」を見据えたキャリア教育を展開しているのも特徴です。この「人生設計学」も前述のカリキュラム同様、3つのステージに分けて実施しています。

ICT教育や国際理解教育も充実

【Q】御校はICT（情報通信技術）パイロット校に指定されていますね。御校のICT教育をご紹介ください。

【藤野先生】 昨年度、東京都教育委員会より指定を受けました。生徒全員がひとり1台タブレットPCを持ち、積極的に授業で活用していくことで、より主体的、能動的に学ぶ力を養っていきます。

さらに、教員が生徒の学力に応じて個別レポートを課したり、タブレットPCをとおして生徒の質問に答えたりと、生徒と教員間の双方向のやりとりも活発になりました。進路指導でも、定期考査や全国模試などの成績データをタブレットPCに映しだし、それらを参考にしながら、より具体的な指導が行えるようになりました。

タブレットPCは家にも持ち帰れるので、今後は家庭と連携して、生活習慣の改善などにも取り組んでいきたいと考えています。なお、個人情報にかかわることですから、セキュリティーには細心の注意を払いながら活用しています。

【Q】国際理解教育についてお話しください。

【藤野先生】 本校は「祖国は胸におき、目は世界に注ぐ」人材の育成をはかるため、英語力の向上や

特色ある カリキュラム紹介

1 「人生設計学」で大学のさきにある自らの将来を見据え、自己実現をはかる

三鷹中等独自の「人生設計学」は「国際理解教育・思いやり」「キャリア教育」「課題学習」の3つの柱からなる体験型探究学習です。カリキュラム同様、3つのステージに応じたプログラムが展開されています。

たとえば、「キャリア教育」では、〈ファーストステージ〉は「社会を知る」として、職場見学・体験をとおして職業のあり方について理解を深めます。〈セカンドステージ〉は「大学を知る」として、大学や研究室を訪問し、どのような分野に興味があるかを考えます。〈サードステージ〉は「自己実現をはかる」段階で、自分の夢を具体化できる大学を選んでいきます。各ステージではまとめとして論文作成に取り組み、さらに発表会も行うため、プレゼンテーション能力やコミュニケーション能力が培われます。

上記を含めた多彩な取り組みはすべて「人生設計学」の一貫としてとらえられており、それぞれが密接にかかわりあっています。これらをとおして、大学のさきにある将来を見据え、一人ひとりの自己実現をあと押ししています。

2 教科横断的な特色ある教育活動 独自の「文化科学」「文化一般」「自然科学」を設置

学校設定科目として、1～5年生で教科横断型の授業を設定しているのも特色です。「文化科学Ⅰ」（1年）では日常生活や読書活動を材料にスピーチを行い、読解力、表現力、コミュニケーション能力の基礎を養います。「文化科学Ⅱ」（4年）では社会福祉論や社会貢献論を学ぶとともに、模擬選挙などの主権者教育にも取り組んでいます。

5年生になると、さらに内容を発展させた「文化科学Ⅲ・Ⅳ」があり、そのほかにも、音楽や美術といった科目にこだわらず、芸術全般に関する基礎的な技能・表現力を学ぶ「文化一般」、数学と理科への興味・関心を高める「自然科学Ⅰ・Ⅱ」（2・3年）などの授業があります。

国際交流に力を入れるとともに、日本の伝統文化理解教育も大切にしています。

英語力向上に関する取り組みとしては、英語の授業でのオンライン英会話があげられます。あるテーマについて30分間、海外のかたと1対1で会話をします。日本語はいっさい使わず、英語のみで行いますから、まさに英語のシャワーを浴びるかたちです。生徒たちは自分の意思を伝えるために身ぶり手ぶりも含めて一生懸命会話しており、そうした姿勢が英語の力を伸ばすことにもつながっていると感じます。

英検の受検も推奨していて、3年で準2級以上に合格する生徒が毎年約7割います。そのほか年度末に開催する「プレゼンテーションデイ」など、「読む・書く・聞く・話す」の4技能を伸ばす多彩なプログラムを実践しています。

英語を実際に使う場としては、5年次の台湾への修学旅行があります。滞在中に訪れる台湾の学校とは姉妹校提携を結んでいるため、彼らが日本を訪れ、本校で交流を深めることもあります。

また、希望者向けに、海外からの大学生・大学院生を講師に招いて、3日間英語漬けの日々を過ごす「校内留学」や、アメリカ・シアトルでの「海外ボランティア研修」も用意しています。ボランティア研修では、現地の老人ホームを慰問して日本の伝統文化を紹介したり、スーパーマーケットで販売体験をしたりしています。

遠足もひと味ちがったかたちで実施しています。1、2年には日本の農業や漁業に触れるため、田植えや酪農、漁などを体験します。3年は、東京スカイツリー周辺の下町を訪れている外国人観光客へのインタビューをとおして日本のよさを再認識し、4年は鎌倉、5年は横浜の歴史的名所を訪れ、日本の歴史に対する理解を深めます。6年になると集大成として、3人の本校生徒とひとりの留学生がグループになって、留学生に英語で東京を案内します。これらは国際理解教育と日本の伝統文化理解をミックスさせた、本校ならではの取り組みです。

6学年が仲よく過ごす 家庭的な校風が魅力

【Q】学校の雰囲気についてお教

年間行事

おもな学校行事（予定）	
4月	入学式　対面式
5月	校外学習（1・2年） 遠足（3～6年）
6月	合唱祭　宿泊防災訓練（4年）
7月	夏季補習（1～3・5年） 勉強合宿（4年）
8月	部活動合宿
9月	文化祭　体育祭
10月	海外修学旅行（5年）
11月	職場見学（1年）職場体験（2年） 関西研修旅行（3年）
12月	勉強合宿（5年） 校内留学（1・2年）
1月	センター試験データリサーチ
2月	適性検査
3月	卒業式　校内留学（1・2年） 海外ボランティア研修（3・4年）

えください。

【藤野先生】 ２０１２年度（平成24年度）に完成した新校舎のもと、1年生から6年生までが仲よく過ごしています。

日々の学習では「三鷹スタンダード」の達成に向けて、大学受験では志望校の合格に向けてと、みんなが団結して、助けあいながら目標を達成しようとするチーム意識が強い学校です。

学校行事や部活動でも、下級生は上級生を慕い、上級生は下級生の面倒を見るという光景が日常的にあり、学校全体に家庭的で温かな雰囲気が漂っています。

【Q】２０２０年度（平成32年度）に実施される大学入試改革への対応をはいかがでしょうか。

【藤野先生】 新たな大学入学共通テストで問われる、ものごとを探求する力や教科横断的な学習力、プレゼンテーション能力やコミュニケーション能力などは、本校が教育目標として掲げる「社会的リーダー」になるために必要不可欠なものです。本校はこれらの力を育む教育を、すでに創立当時から行っている実績がありますから、大学入試改革にも柔軟に対応することができます。

小学生の段階で大学入試を意識した学校選びはなかなかむずかしいと思いますが、6年間をつうじて一貫した教育が行える中等教育学校は、プラス面が多いのではないかと感じます。本校では年間18回の土曜授業をすべて公開していますので、ぜひふだんの授業を見に来ていただきたいと思います。

【Q】最後に、御校を志望する生徒さんへのメッセージをお願いします。

【藤野先生】 健康的で明るく、他者を思いやる心を持った生徒さんを待っています。

本校では体験することを大切にしているので、さまざまな体験の場を用意していますが、「与えられた体験」よりも、「自分で一歩踏みだしてチャレンジした体験」の方が得るものは多いと考えています。失敗をしても、それをつぎの一歩につなげていけばいいのです。ですから、失敗をおそれずに、未知なるものにどんどんチャレンジしてほしいですし、そうした経験を積むなかで、世の中に貢献できる、社会的リーダーに育ってくれることを願っています。

東京都立 三鷹中等教育学校

募集区分　一般枠

入学者選抜方法　適性検査Ⅰ（45分）、適性検査Ⅱ（45分）、報告書

太　郎：昨年の応えん歌は８分の７拍子だよ。

花　子：８分音ぷを１拍《ぱく》として、１小節に７拍ある拍子のことね。

太　郎：リズムが難《むずか》しいね。

花　子：慣れれば大丈夫よ。昨年の応えん歌の一部をアレンジして、今年の応えん歌を作りましょう。

〔問題２〕　太郎君と花子さんは、昨年の応えん歌の一部をアレンジして、今年の応えん歌を作った。**図２**の楽ふの［　］には１つずつ音ぷが入る。**表１**の音ぷにならって、それぞれの［　］に、音ぷを書き加えて完成させなさい。

図２

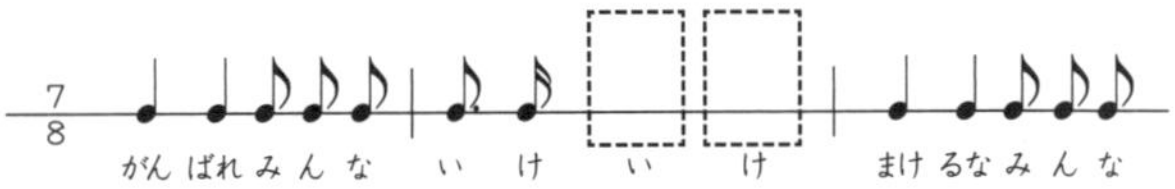

課題や資料を正しく分析する

会話文の意味を正しく理解し、必要な条件を読み取って、過不足から人数とメガホン数を考える、算数の力が試されます。

条件をもとに論理的考察力をみる

「音符」をテーマにして、拍を考察する力、筋道を立てて判断する力など、論理的な思考力が試されています。

2017年度　東京都立三鷹中等教育学校　適性検査Ⅱ（独自問題）より

1　**太郎**《たろう》君、**花子**さんの学校では、来週スポーツ大会が行われます。同じクラスの二人は競技の準備をしています。

先　生：準備がん張っているね。
太　郎：はい。サッカーを応えんする人のメガホンを準備しています。
花　子：クラスでサッカーを応えんする人に一人１個ずつわたすと、１１個残るわね。
先　生：でもそれだけ余っているのなら、一人２個ずつは使えないかな。
太　郎：そうすると、８個足りなくなるんですよ。

〔問題１〕　太郎君と花子さんのクラスでサッカーを応えんする人数と、メガホンの総数を答えなさい。また、そう考えた理由を説明しなさい。説明するときには計算式を用いてもよい。

さらに、太郎君と花子さんは、クラスの応えん歌について話をしています。

図１

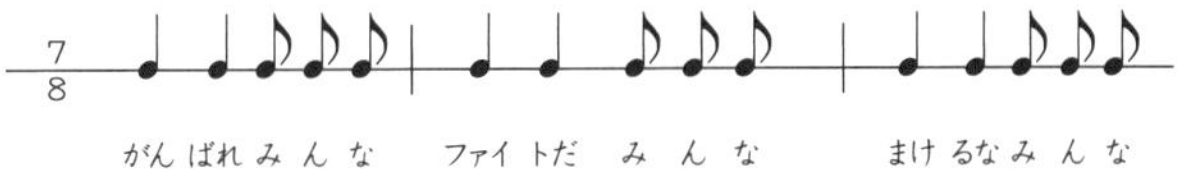
7
8
がんばれみんな
ファイトだ みんな
まけるなみんな

花　子：**図１**は昨年の応えん歌ね。
太　郎：応えん歌にもいろいろな拍子《ひょうし》があるよね。
花　子：拍子や音ぷがいろいろあるのは音楽の授業でやったわね。（**表１**）

表１

音　符	名　前	長　さ
𝅝	全音ぷ	
𝅗𝅥.	付点２分音ぷ	
𝅗𝅥	２分音ぷ	
♩.	付点４分音ぷ	
♩	４分音ぷ	
♪.	付点８分音ぷ	
♪	８分音ぷ	
𝅘𝅥𝅯	１６分音ぷ	

解 説

都立三鷹中等教育学校では、適性検査Ⅰ・Ⅱと報告書の成績を換算して合否を決めます。

適性検査Ⅰは100点満点を換算して300点満点とします。適性検査Ⅱも100点満点ですが換算して500点満点とします。報告書は640点満点を200点満点に換算します。合計の満点1000点の総合成績で合否を判断します。適性検査Ⅱの比重が大きくその半分を占めるわけです。ただし、詳細は9月に発表されますので、かならず確認してください。

独自問題の適性検査Ⅰでは、文章を深く読み取り、さらに、自分の考えをわかりやすく伝える表現力をみます。文章を読む問題が2問だされ、それぞれ記述式で答えます。自分の考えを交える記述は最大200字となっています。読解文が長いのも特徴です。

適性検査Ⅱでは、国語・算数・社会・理科の考え方を組みあわせた出題で、課題や資料の内容を正しく分析し、論理的に思考・判断し、問題を解決していく力をみます。大問①が独自問題、大問②③は共同作成問題です。

東京

東京都立 南多摩《みなみたま》中等教育学校

■中等教育学校　■2010年開校

「心・知・体」の調和のとれた人間教育

今春、2期生が卒業した南多摩中等教育学校。「理数イノベーション校」「英語教育推進校」に加え、今年度から新たに「知的探究イノベーター推進校」の指定を東京都教育委員会から受け、人間力を大切にした特色ある教育が魅力です。

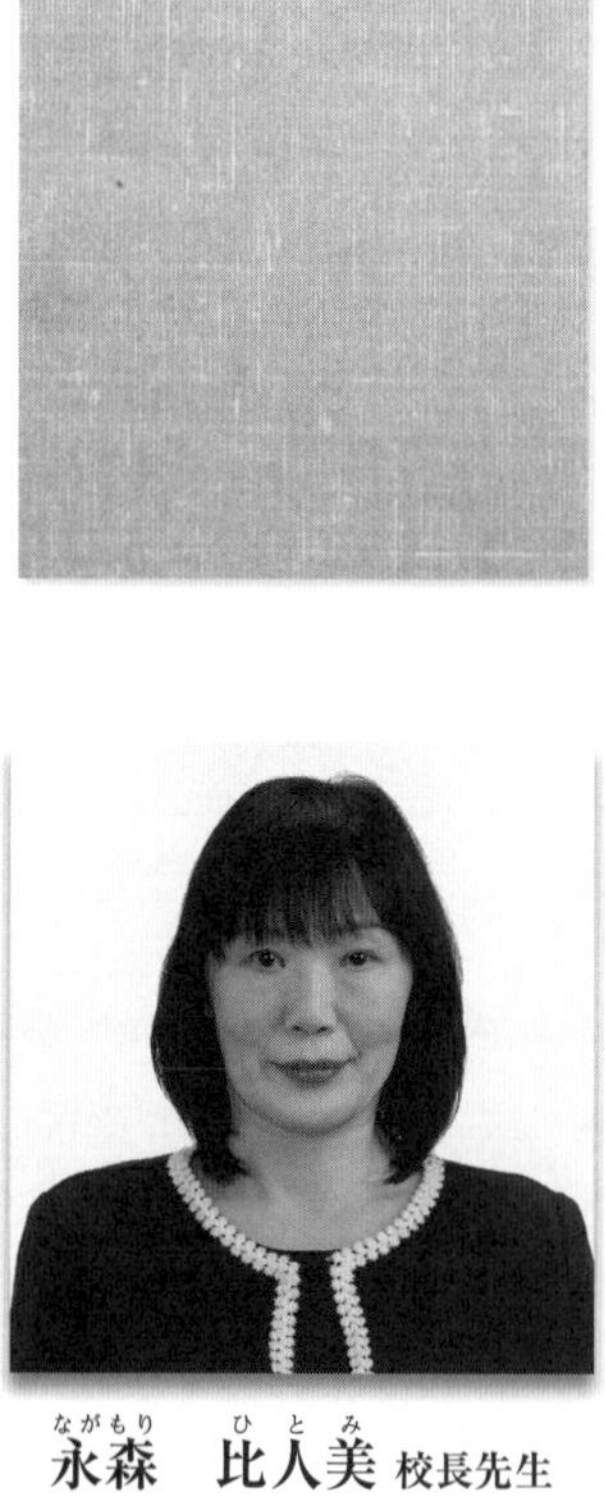
永森《ながもり》　比人美《ひとみ》 校長先生

2期生が卒業し今後に期待が集まる

【Q】御校の沿革と教育目標についてお教えください。

【永森先生】 東京都立南多摩中等教育学校は、東京都立南多摩高等学校を母体として、2010年（平成22年）にスタートしました。多摩地区を代表する公立中高一貫校として地域のかたがたにも大切にしていただいています。

教育目標には「心を拓く」「知を極める」「体を育む」の3つの言葉を掲げ、「心・知・体の調和」から生まれる「人間力」を大切にした教育を行っています。

この春には2期生が卒業しました。2期生も学校の期待によく応えてくれ、東京大や医学部を含む難関国公立大へ11名が合格しました。この結果をふまえ3期生にも期待を寄せています。

現在本校は充実期に入っていると感じるので、今後学校がどのように成長していくのか楽しみにしてください。

【Q】御校の6年一貫教育の特徴

学校プロフィール

開　校…2010年4月
所在地…東京都八王子市明神町4-20-1
TEL…042-656-7030
URL…http://www.minamitamachuto-e.metro.tokyo.jp/
アクセス…京王線「京王八王子」徒歩3分、JR中央線「八王子」徒歩12分
生徒数…前期課程 男子229名、女子249名
後期課程 男子218名、女子235名
1期生…2016年3月卒業
高校募集…なし
3学期制／週5日制（土曜授業年18回）／50分授業
入学情報（前年度）
・募集人員…男子80名、女子80名 計160名
・選抜方法…報告書、適性検査Ⅰ・Ⅱ

をお話しください。

【永森先生】 中高の6年間を3期に分け、1・2年を「基礎・基本期」、3・4年を「充実伸張期」、5・6年を「応用達成期」として、発達段階に応じた教育活動を展開しています。

前期課程においては、各教科の基礎基本の習得と、意欲的に学習へのぞむ姿勢や、学習習慣を身につけることを重視しています。また、発展的な学習を行うとともに、総合的な学習の時間ではフィールドワークを実施し、思考力、判断力、表現力といった力を育んでいきます。高校受験はありませんが、3年生の8月には接続テストを行います。中学生として身につけるべき基本的な内容を習得しているかを確認し、基準に達していない場合は、2学期にしっかりと補っていきます。

後期課程の4・5年生は共通履修で学び、キャリア教育などの活動をとおし、自分に合った進路を見つけていきます。6年生では、文系・理系に分かれた選択科目を設定し、進路実現に向け、最大限に学力を伸ばすことを目的に、より高度な学習に取り組みます。

進度は速いですが、6年一貫教育として組まれたプログラムであり、けっして無理な先取り学習を行うわけではありません。高校受験がないぶんのゆとりをいかし、基礎力の定着と発展的な学習に時間を費やしています。

長期休業や放課後に多くの補習・補講が開かれます。このほかに、卒業生をチューターとして迎え、放課後に自学自習の支援を行う制度があります。個の学習到達度に合わせたサポートを行っています。

理科・英語を筆頭に独自の取り組みを展開

【Q】御校は一昨年度から「理数イノベーション校」に、昨年度からは「英語教育推進校」に指定されていますが、どのようなプログラムがありますか。

【永森先生】 たとえば、「磯の生物観察会」（磯の生物の観察・採集、プランクトンの顕微鏡観察、地層の観察など）や「星の観察会」（亜高山帯の植物や蝶をはじめとする昆虫の観察、入笠山天体観測所や国立天文台野辺山宇宙電波観測所の見学、35㎝反射望遠鏡を用いた天体観測会、ペルセウス座流星群

特色ある カリキュラム紹介

1　気づき（課題発見力）を大切にする フィールドワーク活動

「なんだろう」と考え仮説を立て、検証していくという学びの授業です。

1年生で八王子の街を中心とした地域学習をスタートします。そして、2年生でものづくりや伝統工芸の取材・研究、3年生では科学的検証活動を行います。

4・5年生になると、1～3年生の経験をいかし、研究テーマごとに分かれた少人数による分野別ゼミ研究で、より専門的な内容にチャレンジします。大学、企業、研究所などと連携し、各自が研究成果をリポートにまとめ、オリジナルの論文を発表します。

3月には、各学年で発表を行います。優秀な研究内容は、体育館で発表します。

フィールドワーク活動（南多摩中等教育学校の探究活動）では、「気付き（課題を発見する力）」「情報収集・整理・分析する力」「論理的に思考する力」「発信する力」「評価する力」を培います。創造力に富んだ、未来に活躍するリーダーの資質を養うためです。

の観測、と盛りだくさんの内容）などの行事を新設し、生徒たちは刺激を受けています。各種コンテストへの参加も増え、6年生が本校のライフワークプロジェクトで取り組んだ論文「和太鼓のバチの寿命予測」が第60回日本学生科学賞東京都大会の奨励賞を受賞しました。由緒ある日本学生科学賞での入賞は、南多摩中等教育学校の開校以来、初めてのことです。前期生は東京都の「中学生科学コンテスト」で「優秀賞（実技部門）」を受賞しました。さらに東京都教育委員会主催の科学の祭典においては、後期生が「プログラミング言語の種類と差異 ―統一化に向けて―」という内容を英語で発表し、ポスター発表では「クゲヌマランの個体群の群落構造と動態の調査および無菌播種に関する研究」という内容を発表しました。

英語教育推進校の取り組みについては、他の指定校では5年生で取り組むオンライン英会話を、本校では3年生で行います。週に1回、生徒ひとりにタブレット端末1台が配布され、スカイプをつうじてフィリピンの英会話講師とマンツーマンで30分間程度、会話をします。

また、今年度からグローバルスカラーズも始まりました。これは世界の10歳から13歳までの生徒を対象にした、デジタルネットワークを利用した交流活動のプロジェクトです。現在、24の国々の学校が参加しており、日本からは本校が初めて参加しています。

【Q】今年度から指定された「知的探究イノベーター推進校」についてお話しください。

【永森先生】 本校の教育の柱である「フィールドワーク活動」の実績が評価され、新学習指導要領で重視される探究活動をリードします。大学や研究機関との連携等多様な学習機会を設定し、文・理の境を超えた総合的な創造力をきたえる教育をいっそう推進します。来年度からは、企業との連携をはかり、さらに海外に探究活動の場を広げていく計画です。

【Q】ほかの科目ではどのような取り組みを行っていますか。

【永森先生】 国語では、さまざまなジャンルや種類の文章に触れ、「読むこと」から「書くこと」「聞くこと」「話すこと」へと学びを広げています。話しあい活動など

東京都立 南多摩中等教育学校

年間行事

おもな学校行事（予定）	
4月	入学式　校外学習（1年）
5月	体育祭
6月	合唱祭　研究室訪問（3年）
7月	オーストラリア研修旅行（4年）
8月	レシテーションコンテスト（1、2年）
9月	文化祭
10月	京都奈良研修旅行（2年）
11月	首都大東京訪問（3年）
12月	
1月	百人一首大会（1、2年）
2月	マラソン大会
3月	成果発表会

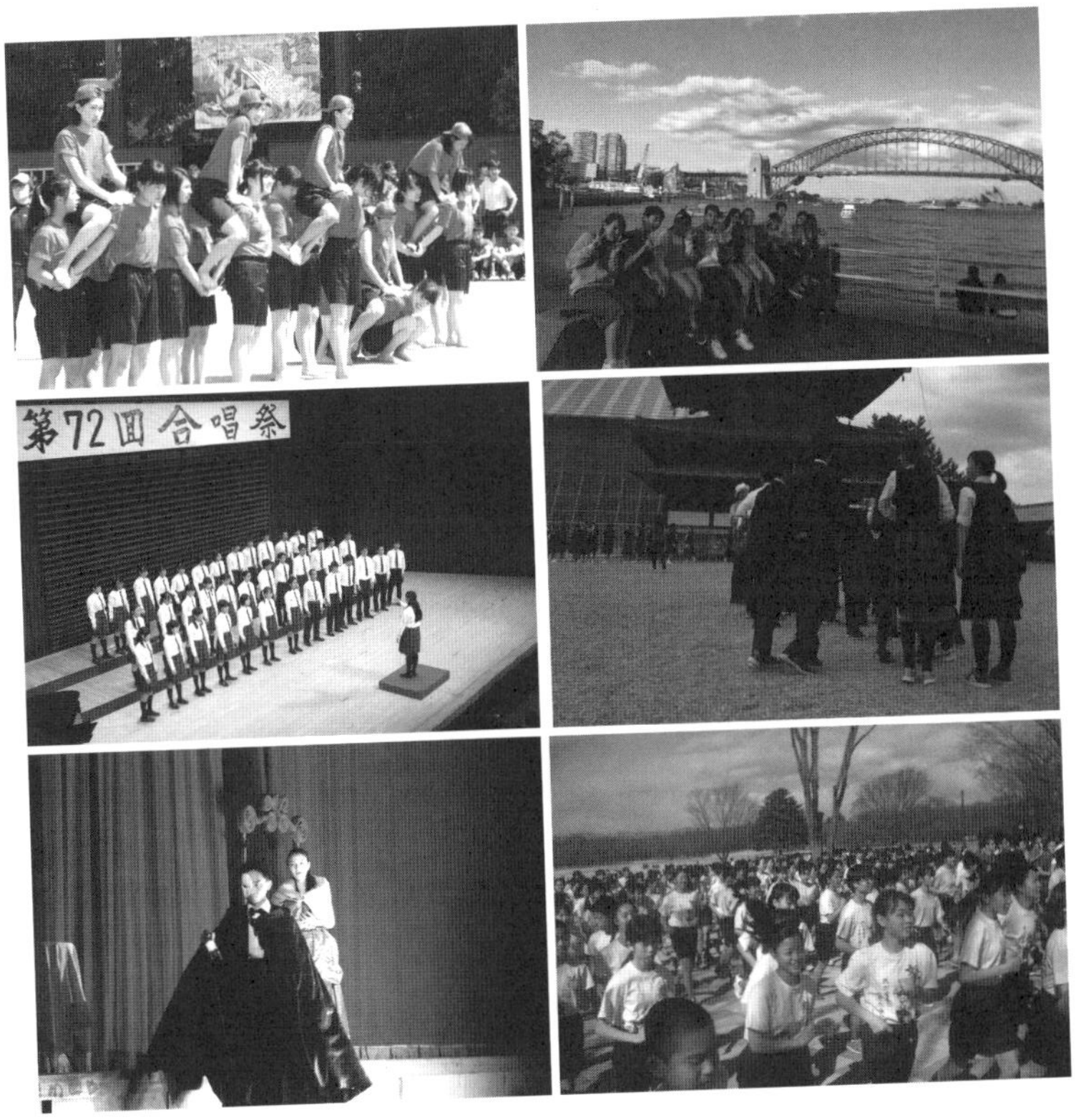

の体験をとおして確かな言葉の力を身につけるとともに、新聞の読み比べなどでひとつのことがらに対して複数の視点から考えていけるように指導しています。

数学では、3年生の前半で中学で学習すべき内容を終え、発展的な学びに移ります。さらに5年生の後半からは生徒の適性・進路希望に応じた学習を実施し、少人数授業を取り入れてきめ細かく指導していきます。

社会は、前期課程でも原則として地理・歴史・公民の3分野を意識した授業を展開し、後期課程とのつながりを重視した学習を進めています。

生徒の可能性を伸ばし 夢がかなう大学へ

【Q】キャリア教育はどのようなことを行いますか。

【永森先生】 前期課程では職業観や、将来どのように社会に役に立っていくかを知るために、2年生で職場体験などを行います。

後期課程では、フィールドワークなどでやりたいことが見えてきたときに、どういう学校であれば夢がかなうのか、そのためにはどの学部学科に行くべきかを知るために、今後大学と連携していけたらと考え、いままさに研究中です。

けっして行ける行けないではなく、どの大学に行けば自分のやりたいことができるのかという視点で将来を考え、生徒ががんばれる仕組みをつくっています。

【Q】学校行事や部活動についてお話しください。

【永森先生】 学校行事も充実しており、体育祭、文化祭、合唱祭は異年齢との交流を重視しています。先輩たちとひとつのものをつくりあげる喜びを味わいながら行事に取り組んでいます。

現在、前期課程の部活動は文化部が6つ、運動部が11あり、9割を超える生徒が入部しています。全国レベルの大会やコンクールに出場している部もあります。

【Q】最後に読者にメッセージをお願いいたします。

【永森先生】 素直で明るく意欲の高い生徒たちが、日々切磋琢磨しています。教員はそれに応え、質の高い教育を展開しています。そんな本校に魅力を感じたかたには、ぜひ志望してほしいと思います。

募集区分：一般枠
入学者選抜方法：適性検査Ⅰ（45分）、適性検査Ⅱ（45分）、報告書

〔問題２〕 **表１**の結果をグラフにするとどのようになるか、次の**ア**～**エ**の中から一つ選び記号で答えなさい。また、選んだグラフについて、落ちたプラスチック球の量とかかった時間との関係を説明しなさい。

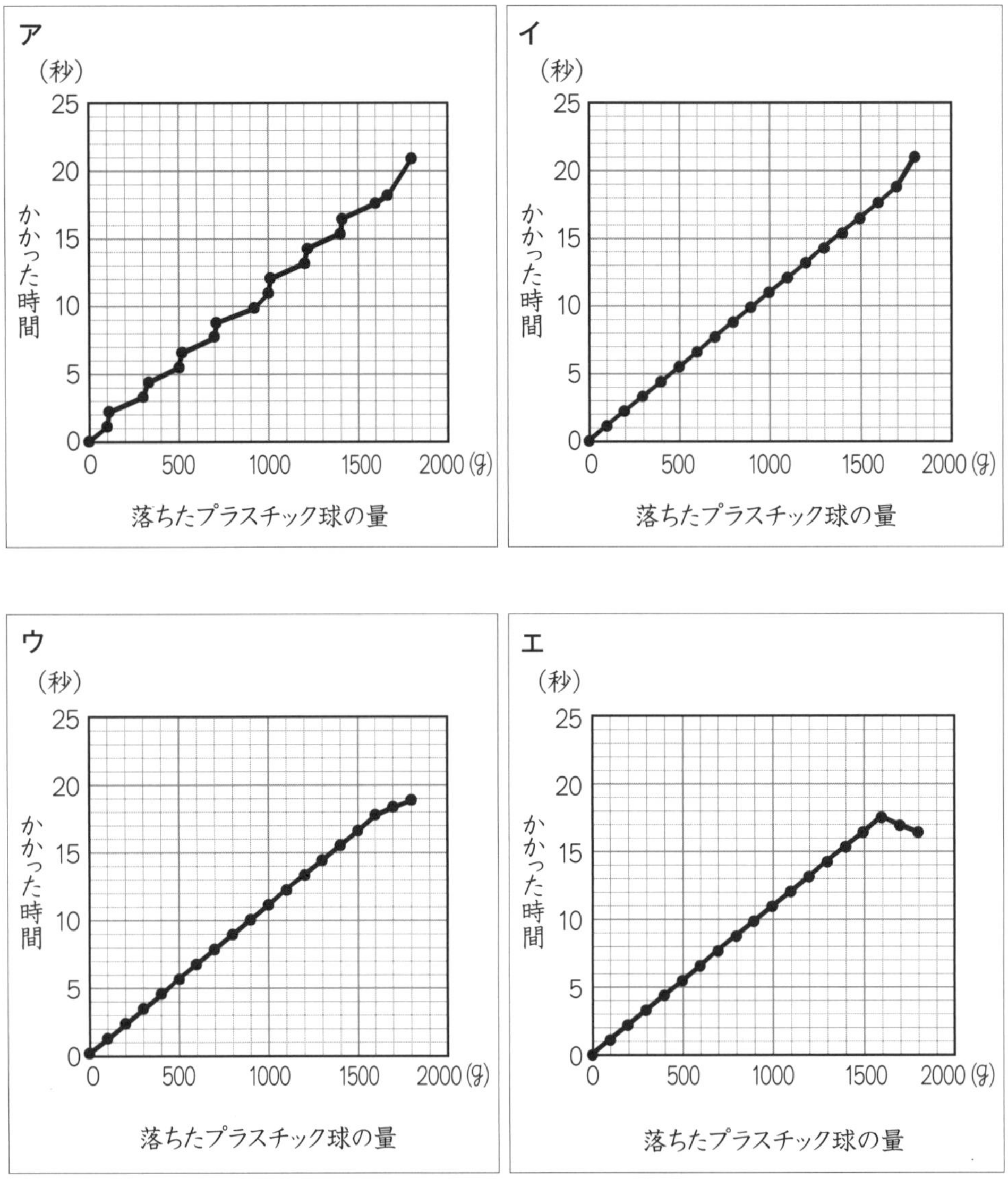

資料を分析し考察する力をみる

ルールと条件に従い作業を行って、的確に解答を導きだす力をみます。この入試のなかでは得点しておきたい問題です。

論理的に処理する力をみる

「比例」をテーマにして考察を進める問題です。資料から情報を読み取り、課題に対して論理的に思考・判断する力をみます。

東京都立 南多摩中等教育学校

2017年度　東京都立南多摩中等教育学校　適性検査問題Ⅱ（共同作成問題）より

先生のアドバイスで花子さんと太郎君は、**実験１**を**図２**のようにして行い、結果を**表１**のようにまとめました。

実験１

①円柱形の容器の底の中心に、円形の穴《あな》をあけ、板の上に乗せる。

②プラスチック球２０００gを円柱形の容器に入れる。

③はかりの上に受け皿を置き、はかりの目《め》盛《も》りを０に合わせる。

④スタンドを用いて、プラスチック球を入れた容器を板の上に乗せたまま、受け皿の真上に固定する。

⑤合図と同時に、容器の下の板をはずしてプラスチック球を受け皿の中に落とし、決めた量のプラスチック球が落ちるのにかかった時間を計る。これをくり返す。

図２

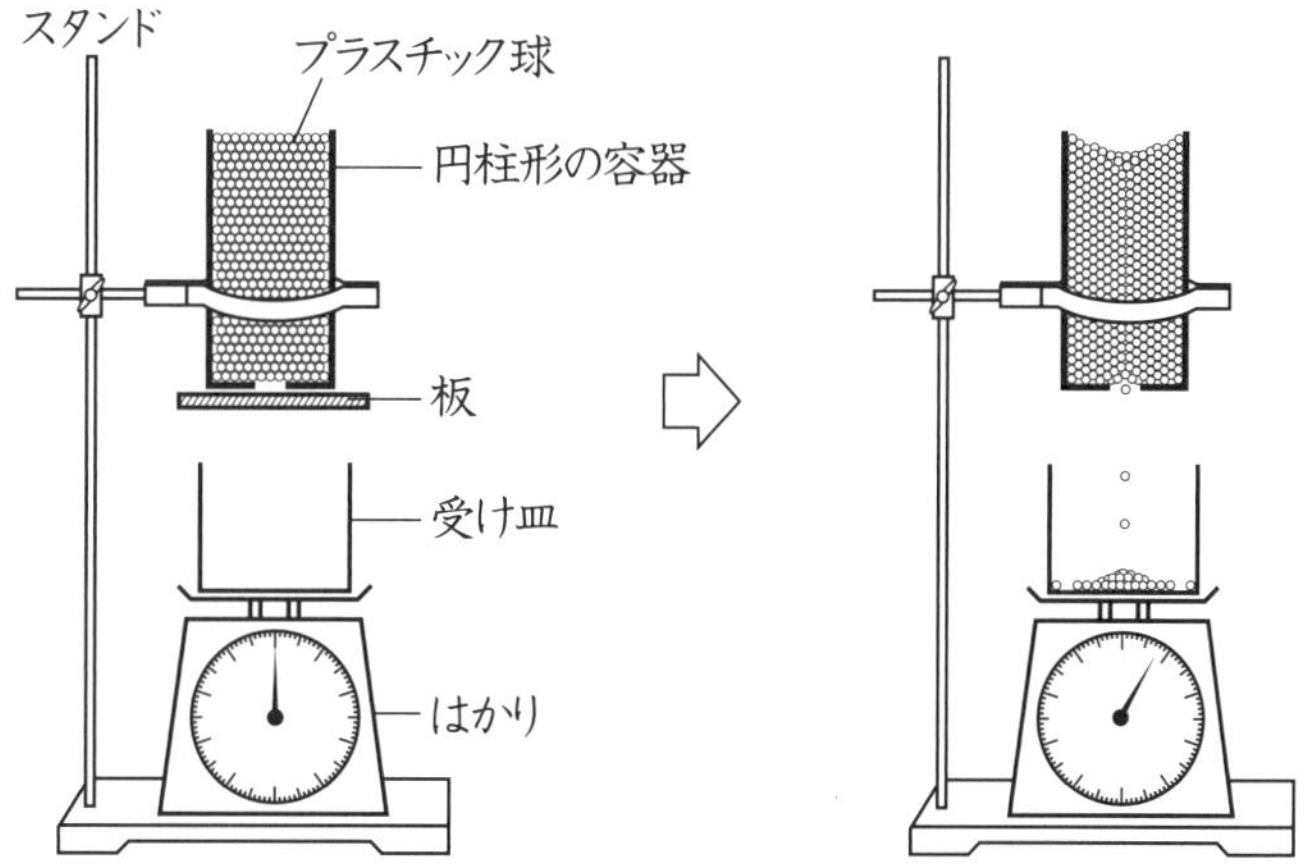

表１

落ちたプラスチック球の量（g）	かかった時間（秒）
0	0
100	1.1
200	2.2
300	3.3
400	4.4
500	5.5
600	6.6
700	7.7
800	8.8
900	9.9

落ちたプラスチック球の量（g）	かかった時間（秒）
1000	11.0
1100	12.1
1200	13.2
1300	14.3
1400	15.4
1500	16.5
1600	17.6
1700	18.8
1800	20.9

※ただし、容器に入れたプラスチック球は、最後まで落ち切らずに残った。

解説

都立南多摩中等教育学校では、適性検査Ⅰ・Ⅱと報告書の換算が複雑です。

適性検査Ⅰは100点満点、適性検査Ⅱは100点満点を換算して200点満点、これを合わせて300点満点とし、さらに合わせて800点満点に換算します。報告書は320点満点ですが換算して200点満点とし、総合成績は、これらを合わせて1000点満点で評価しています。ただし、来年度の詳細は9月に発表されます。

独自問題の適性検査Ⅰでは、与えられた文章を深く読み取り、課題に対して自己の経験や体験に基づき、自らの考えや意見を明確かつ論理的に表現する力をみます。いつも作文の字数が多い〔最終問題〕は、今回は400～500字以内の作文でした。

共同作成問題の適性検査Ⅱでは、具体的資料を深く読み取り、分析・考察する力や、課題に対して思考・判断し的確に処理する力をみます。また、身近な地域で見ることができる事象に対して興味・関心を持ち、自然や社会現象に対して調査し考察する力もみます。

東京

東京都立 武蔵《むさし》高等学校附属中学校

■併設型　■2008年開校

中高一貫の6年間で育てる国際社会に貢献できる知性豊かなリーダー

伝統ある都立武蔵高等学校の附属校として、2008年（平成20年）に産声をあげた武蔵高等学校附属中学校は、中高一貫の6年間を有効に使ったカリキュラムと進路指導で未来のリーダーを育てます。

高橋《たかはし》　豊《ゆたか》 校長先生

幅広い教養教育で未来のリーダーを育成

【Q】御校の沿革および、教育理念についてお話しください。

【高橋先生】 東京都立武蔵高等学校に附属中学校が設置されたのが2008年度（平成20年度）です。開校から10年目を迎え、今年、4期生が卒業しました。

教育理念として、幅広い教養教育の上に問題解決能力を育成するということを掲げています。

そして、都立武蔵高の理念を継承するかたちで「豊かな知性と感性」「健康な心と体」「向上進取の精神」の3つの教育目標があります。

こういった教育理念、目標のもとで、「国際社会に貢献できる知性豊かなリーダー」を育てていきたいと考えています。

【Q】御校のカリキュラムの特徴をお教えください。

【高橋先生】 本校は併設型ですので、都立武蔵高と連動して年間行事を組んでいます。また、中・高ともに発展的学習を取り入れてい

学校プロフィール

開　　校…2008年4月

所 在 地…東京都武蔵野市境4-13-28

T　E　L…0422-51-4554

U　R　L…http://www.musashi-fuzoku-c.metro.tokyo.jp/

アクセス…JR中央線・西武多摩川線「武蔵境」徒歩10分、西武新宿線「田無」・西武池袋線「ひばりヶ丘」バス

生 徒 数…男子184名、女子176名

1 期 生…2014年3月卒業

高校募集…あり

3学期制／週5日制／50分授業

入学情報（前年度）

・募集人員…男子60名、女子60名 計120名

・選抜方法…報告書、適性検査Ⅰ・Ⅱ・Ⅲ

東京都立 武蔵高等学校附属中学校

て、上位学年の内容を先取りで学習します。たとえば数学などでは、高2の2学期でおおむね高2の内容を終え、3学期から高3の分野や問題演習に入ります。

授業では、将来の難関大学進学にも対応した教養教育を進め、実践的で発展的な内容を多く取り入れるとともに、地球規模の環境問題や社会問題を考える「地球学」という講座を設定しています。

また、高校では、「人間と社会」の授業などで、自分の得意分野をいかした社会貢献活動を展開しています。

【Q】1学年の人数は120名ですが、クラス編成はどうなっていますか。

【高橋先生】 中学は120名を40名ずつの3クラスに分け、男女はおおむね半々となっています。高校からは2クラスぶんの生徒が新たに加わります。そして高1の段階では中入生と高入生は別々のクラス編成で、高2から同じクラスとしています。

これは、中入生の学習進度が早いため、高入生のカリキュラムを別にし、数学を増単位するなどして1年で同じ進度に合わせるためです。

さらに高3から類系制で選択科目を設定し、理系の大学・学部を志望する生徒は理系科目を多く選び、文系の大学・学部を志望する生徒は文系科目を多く選ぶというかたちで分かれていきます。

【Q】習熟度別授業や補習、土曜授業などは行われていますか。

【高橋先生】 3学年とも国語の一部と数学、英語で1クラスを2展開した少人数・習熟度別授業を実施しています。

補習は考査や小テストのあとなどに行いますが、毎朝始業前の10分間は朝学習・朝読書を行っています。その時間に自分に必要な学習ポイントをチェックしたり、選んだ本を読んだりしています。

また、本校では「学習ポートフォリオ」というものを使い、これに基づいた各単元ごとの水準を教師が各生徒にしめしています。定期考査でクリアできなかった場合には、課題や補講などで、学習のつまずきをできるだけ速やかに補充指導しています。

土曜日はおおむね隔週で授業があります。

土曜講習は午前中4時間で、生

特色ある カリキュラム紹介

1 教材はさまざま 環境問題や社会問題を学ぶ「地球学」

都立武蔵中のユニークな取り組みのひとつに「地球学」があります。総合的な学習の時間を使い3年間で体系的に行われるもので、自然・人間・社会にかかわる内容を総合的にあつかい、さまざまな問題への解決法などを学びます。対象は「地球」に関することなので、森羅万象いろいろなことがらがテーマです。

中1では基礎講座として講義形式が中心となりますが、中2ではグループ研究になり、ディベート形式の学習に取り組むこともあります。

中3ではこれまでの学習をふまえて個人で研究テーマを設定し学習します。たとえば、近隣の雑木林で生物観察をしたり、身近にいる魚の解剖など、ほんとうにいろいろなものごとを教材にして学んでいきます。

中3までにたくさんの知識を得て、高校からはそれをふまえて、自分はなにができるのかを考え、実践していきます。

中3の3月にはこれまでの集大成として地球学発表会を実施します。

2 勉強の習慣づけや大学入試対策 節目で行われる行事

都立武蔵中には中1のサマーキャンプを筆頭に、さまざまな宿泊行事があります。これらの宿泊行事をとおして生徒は学習習慣を身につけ、生徒同士のきずなを深め、大学入試へ向けた学力を養成していきます。

中1のサマーキャンプでは、体験学習や、キャンプファイヤーなどが行われ、自然のなかでクラスの友好を深めます。中2では農家に宿泊して田植えなどの農作業体験をする「結い」農業体験学習があります。中3の修学旅行では、京都・奈良の文化遺産に触れ、伝統文化を学びます。また、班別行動の計画を立て、実践することで自主自律の態度を養います。

高1ではスプリングセミナーがあり、ここでは高入生と打ち解けあい、さらに高校からの学習についての習慣をつける場が用意されています。

高2のウィンターセミナーは4日間で行われます。これは難関大学対策の学習で、この期間中に自分の限界まで挑戦することで真の学力を伸ばすことが目的です。

徒は全員参加します。高校の教師が中学生に教えるなどいろいろなかたちがあり、特設単元を設定して中学で学んでいることを発展させたものとなっています。

また、夏休みには国・数・英の夏期講習を組んでいます。

それまでの学習の補習的なものと発展的なものの両方があり、さらに希望制と指名制の講習があります。

中3生には、中だるみを防ぐ目的で、夏休みに課題テストも兼ねて外部の模擬試験を行っています。高校から入ってくる生徒がどのくらいのレベルの問題を乗り越えてきているかということを実感してもらうのと、学年としてどのあたりの学習が足りないかをチェックして、2学期にその部分をフォローしていくためというふたつの意味があります。

キャリアデザインは6年を3段階に分ける

【Q】進路・進学指導についてお教えください。

【高橋先生】本校としては、授業や行事などすべてがキャリア教育につながっていると考えており、具体的な進路指導としては、6年間を「基礎力養成期」（中1・中2）、「充実期」（中3・高1）、「発展期」（高2・高3）の3つに分けてキャリアデザインを行っていきます。

まず「基礎力養成期」から「進路ポートフォリオ」を作成し、6年間さまざまな機会に活用していきます。また、職業調べ、職場体験、「結《ゆ》い」農業体験など、自分の興味・関心はどこにあるかを知ることをおもな目的としています。

「充実期」は、蓄積されたポートフォリオを使いながら、大学教授や企業人、卒業生などを招く進路講演会、大学へのキャンパス訪問などをつうじて自分の得意分野を見つけたり大学や学部を知ったりします。

そして「発展期」では、それまでの4年間をもとに、進路を選び取っていきます。

専門の講師による進路ガイダンスや模擬試験とその分析会、難関大学対策のための4日間のウィンターセミナー、大学入試センター試験対策などを頻繁に行い、生徒が希望する進路を選び取れるようバックアップしていきます。

年間行事

おもな学校行事（予定）	
4月	入学式　新入生オリエンテーション
5月	「結い」農業体験（中2）
6月	音楽祭
7月	サマーキャンプ（中1） キャンパス訪問（中3）
8月	
9月	文化祭・体育祭
10月	修学旅行（中3）
11月	職場体験（中2）社会科見学（中1）
12月	
1月	漢字検定　英語検定
2月	マラソン大会
3月	卒業式　地球学発表会（中3）

近年、国公立大や難関私立大への合格実績が大きく伸びているのは、こういった取り組みの成果だと思います。

中・高合同の3大行事 部活動も非常にさかん

【Q】学校行事や部活動についてお話しください。

【高橋先生】 本校には「武蔵祭」と呼ばれる3大行事があり、第1は音楽祭です。中・高合同で、中1は全員で校歌を歌い、中2からはクラス対抗で歌います。中学生は高校生が歌うのを聞いて感心していますね。総合優勝は高校全クラスのなかから決まります。

第2が文化祭です。中学は学習成果の発表を行っています。中1はサマーキャンプ、中2は「結い」農業体験、中3では修学旅行の事前学習の発表をしたり、文化部に加入している生徒は、部ごとの発表にも参加します。

第3が体育祭です。中・高合わせて開催しており、中学生の種目は中学生の体育祭実行委員が、高校生の種目は高校生の実行委員が考えます。

中・高いっしょに行う種目もあり、高校生と中学生が相談しながらつくりあげていますね。

部活動も非常にさかんで、兼部を含めて中学生の加入率が100%を超えています。他校の中学生は中3の夏休みぐらいで引退だと思いますが、本校は併設ですので、中3の後半からは長期体験入部として高校の方で部活動をすることができます。

【Q】最後に受検生に向けて、適性検査についてのアドバイスと、メッセージをお願いします。

【高橋先生】 適性検査というのは、小学校での日常の学習をもとにして、そのうえで、図表などの資料から読み取ったことを自分の考えとして筋道立てて表現する問題が多いので、まず小学校の勉強を大切にしましょう。そして、日常で図表などの資料を見たときに、そこから自分の考えを書いて表現してみましょう。

好奇心旺盛《おうせい》で人や世の中のことを考えようとする生徒さんに来ていただきたいと思います。さきほどの適性検査の部分でも触れましたが、ふだんからいろいろなことを考える習慣をつけてみてください。

はるき：図3のAまくの代わりにBまくを置くと、 は金属板イの方向に通過することができ、 は金属板アの方向に通過することができないのですね。

先　生：そのとおりです。ではAまくとBまくを１枚ずつ置くとどうなるでしょうか。

なつよ：なるほど。Aまくとまくの置き方によっては、たしかに海水から濃い塩水をつくることができますね。

〔問題２〕　なつよさんは、「Aまくとまくの置き方によっては、たしかに海水から濃い塩水をつくることができますね。」と言っています。

あなたならどのような装置《そうち》で海水から濃い塩水をつくりますか。解答用紙の図の中にAまくとBまくをそれぞれ２枚ずつ、または３枚ずつかき入れなさい。かき入れたAまくの上にはA、Bまくの上にはBを書きなさい。また、かき入れた図の中で、濃い塩水がたまる部分を下の例のようにしゃ線でぬりなさい。

（例）

あきお：つくった濃い塩水を煮つめて水を蒸発させれば、塩がとれますね。

なつよ：このまくでどのくらい濃い塩水がとれるのですか。

先　生：塩水の濃さは塩水にふくまれる塩の割合《わりあい》で表します。海水中の塩の濃さは約３％ですが、この方法では１５～２０％の濃さの塩水をつくることができます。

ふゆみ：とても濃くなるのですね。

はるき：海水の水を蒸発させて１５～２０％の塩水をつくるとしたら、たくさんの水を蒸発させなければなりませんね。

〔問題３〕　はるき君は、「海水の水を蒸発させて１５～２０％の塩水をつくるとしたら、たくさんの水を蒸発させなければなりませんね。」と言っています。３％の塩をふくむ海水が１０００gあり、そこにふくまれる水だけを蒸発させて１５～２０％の塩水をつくったとすると、何gの水を蒸発させたことになりますか。つくる塩水の濃さを１５～２０％の範囲《はんい》で決め、言葉と式を使って説明しなさい。ただし、答えが整数にならない場合には、小数第一位を四捨五入《ししゃごにゅう》して整数で答えなさい。また、塩は蒸発せず、海水は水と塩だけからできているものとします。

数理的に分析する力をみる

適性検査Ⅲは私立難関中学の理科の問題と見まがうような問題ですが、身近な事象の観察力や表現力が問われます。

問題を解決する力をみる

会話文を読みとり、科学的考察を行います。条件をしっかり満たす手順を考え具体的に説明することが要求されます。

募集区分　一般枠

入学者選抜方法　適性検査Ⅰ（45分）、適性試験Ⅱ（45分）、適性試験Ⅲ（45分）、報告書

2017年度　東京都立武蔵高等学校附属中学校　適性検査Ⅲ　(独自問題)より

先　生： さて、塩水に電気を流すと、かた方のつぶ ◖ は電池のプラス(+)極につないだ方の金属板アに向かって、もうかた方のつぶ D は電池のマイナス(−)極につないだ方の金属板イに向かって移動します。磁石《じしゃく》が引っ張り合うのと同じイメージです(**図2**)。

図2　塩水に電気を流したときの二種類のつぶの動き

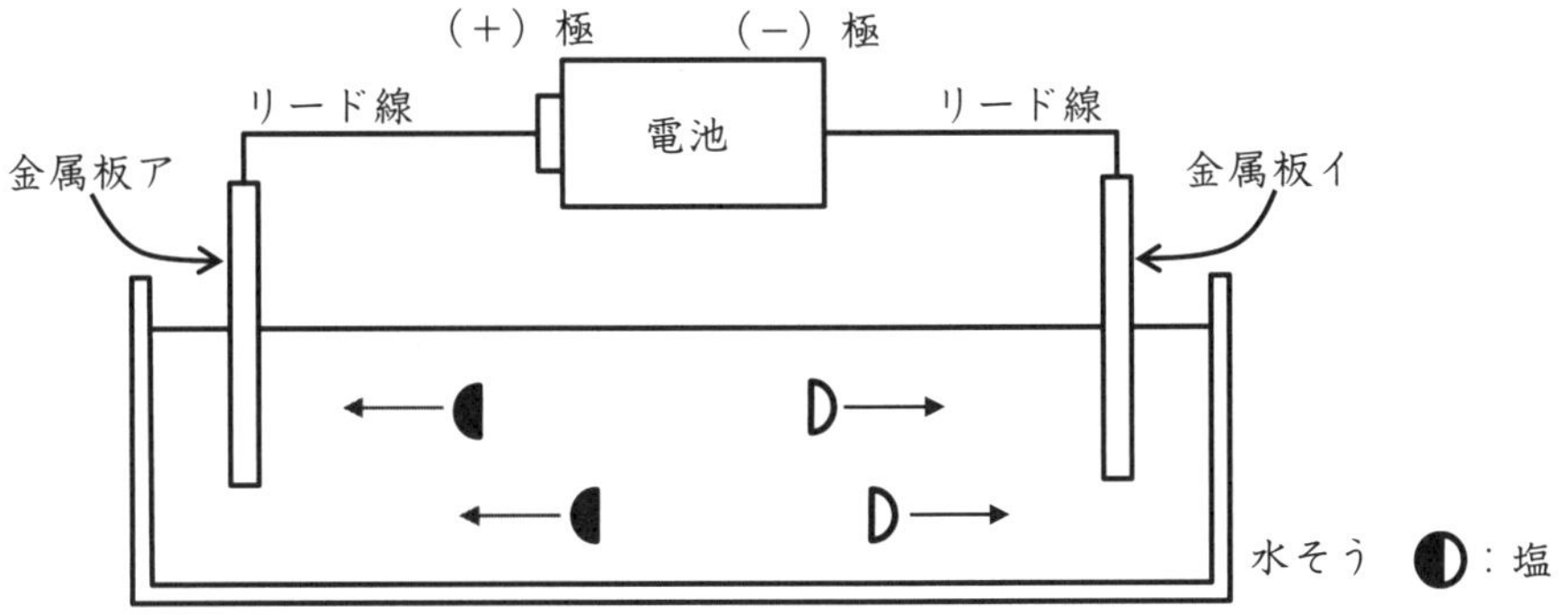

あきお： 金属板が電磁石《でんじしゃく》になったのですか。

先　生： 電磁石になったわけではありませんが、◖ や D にとっては、金属板アと金属板イは磁石のようなはたらきをします。それぞれのつぶの動きは、容器中のどこの場所でも起こります。

ふゆみ： はなれていても、◖ は金属板アの方に、D は金属板イの方に動くのですね。

先　生： そうです。さて、いよいよ特しゅなまくの説明をしましょう。特しゅなまくには二種類あって、例えばAまくとBまくとします。Aまくは ◖ は通過できるけれど D は通過できないまく、Bまくは D は通過できるけど ◖ は通過できないまくなのです。容器の中央にAまくを1枚《まい》置いてから電気を流すと、**図3**のようになります。

図3　Aまくを入れて電気を流したときのつぶの動き

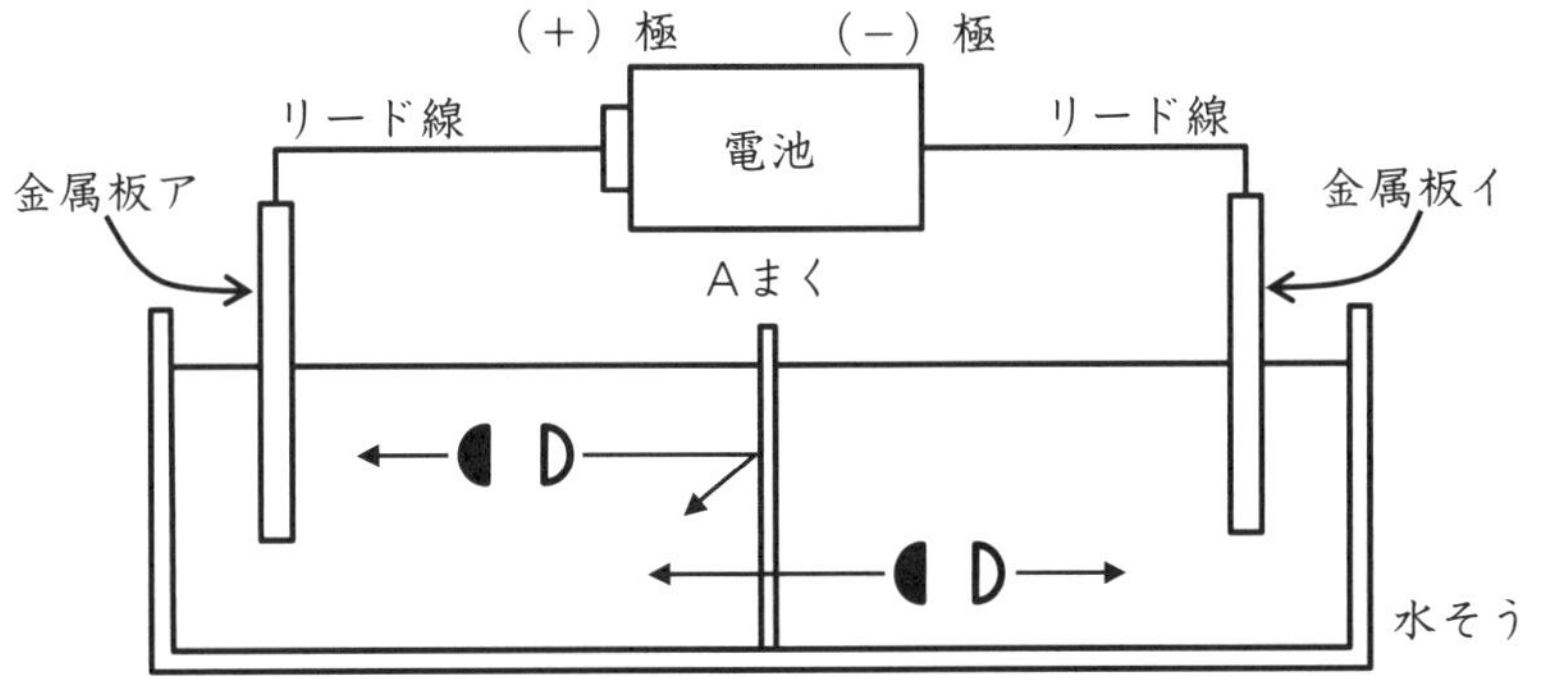

解 説

都立武蔵高等学校附属中学校の入学者選抜では、報告書と適性検査Ⅰ・Ⅱのほかに適性検査Ⅲが課されるのが特徴です。適性検査と報告書の評価比率は3:1です。適性検査はいずれも100点満点ですが、それぞれ4倍し1200点満点、報告書は400点満点です。総合成績は1600点満点で選抜します。来年度の詳細は9月に発表されます。

共同作成問題の適性検査Ⅰではふたつの平易な文章を深く読み取る力をみる読解問題と、自己の体験に基づいて論理的な文章を440字以内でつくる力をみる作文です。

適性検査Ⅱでは資料を分析し考察する力、資料の読み取りに基づいた論理的な思考力、表現力などをみます。適性検査Ⅱは、大問①と③が共同作成問題、②が独自問題でした。その②はグラフの読み取りや割合の問題を記述で答えるものでした。

武蔵高等学校附属中独特の適性検査Ⅲではリーダーとして必要な計画する力、問題を解決する力、数理的に分析し課題を見出す力などをみるとしていますが、適性検査Ⅲは算数と理科の視点を試されるといってよいでしょう。

東京都立 両国《りょうごく》高等学校附属中学校

■併設型　■2006年開校

「自律自修」を教育方針に掲げ 国際社会で活躍できるリーダーを育成

伝統である「自律自修」を教育方針に、質の高い教育活動を展開しています。東京東部地区のみならず、都立を代表する進学校として、高い学力、広く深い教養・知性を育む両国高等学校附属中学校です。

鯨岡《くじらおか》　廣隆《ひろたか》 校長先生

学校プロフィール

開　　校…2006年4月
所 在 地…東京都墨田区江東橋1-7-14
T E L…03-3631-1878
U R L…http://www.ryogoku-fuzoku-c.metro.tokyo.jp/
アクセス…JR総武線・横須賀線・地下鉄半蔵門線「錦糸町」徒歩5分、都営新宿線「住吉」・「菊川」徒歩10分
生 徒 数…男子163名、女子195名
1 期 生…2012年3月卒業
高校募集…あり
3学期制／週5日制（土曜授業 年20回）／50分授業
入学情報（前年度）
・募集人員…男子60名、女子60名 計120名
・選抜方法…報告書、適性検査Ⅰ・Ⅱ・Ⅲ

自らを厳しく律し 自ら進んで学ぶ

【Q】御校の沿革ならびに中学校創立の経緯をお話しください。

【鯨岡先生】 東京都立両国高等学校は、東京府立第三中学校として1901年（明治34年）に設立され、2006年（平成18年）に中学校が開校しました。創立から110周年を超え、東京東部地区を代表する歴史と伝統ある進学校としてレベルの高い教育を実践しております。

3学期制・週5日制で授業時間は50分。附属中学校の生徒数は1学年3クラス、120名となっており、中学生はそのまま両国高等学校へ進学します。高校からは新たに2クラスぶんの約80名を募集し、5クラスとなります。

附属中学から進学する生徒と高校から入学する生徒のクラス分けは行っていません。これは、お互い刺激しあって切磋琢磨することで、よりいっそう学力や意欲を高めることがねらいにあるからです。

【Q】教育方針の「自律自修」と

東京都立 両国高等学校附属中学校

はどういったものでしょうか。

【鯨岡先生】「自律自修」とは、「自らを厳しく律し、自ら進んで学ぶ」という、自立した若者を育成するための教育方針です。

また、2006年の中学校開設時に、中高一貫教育を両国で行うにあたり、高校で掲げている「自律自修」を中学生にもわかりやすく伝えるために「自ら考え、自ら学ぶ生徒」「高い志と使命感を持った生徒」「健康で明朗な生徒」の3つに置き換え紹介しています。

【Q】御校はどのような雰囲気の学校ですか。

【鯨岡先生】本校の中学生は、創造力にあふれ、しなやかな感性を持っていると感じます。中学生と高校生ではまったく異なった雰囲気があります。授業の反応も、中学生は伸びやかで元気がよい印象ですが、高校生は受験をめざして自分自身を高めていくという明確な目標がありますので、落ちついた真剣な雰囲気を感じます。こうしたちがいを見ていると、「6年間でいかに生徒の伸びやかな個性を育て、そのさきの進路希望実現へつなげるか」という部分に本校の使命があると思っています。

【Q】教科のカリキュラムについて具体的にお話しください。

【鯨岡先生】東京都の中高一貫教育は、社会貢献や使命感、倫理観、つまり社会のリーダーになるような人材を育成するために、総合的な学力を培い、教養教育を行うことがコンセプトにあります。

それに基づき本校では、「言語能力の育成」、それから「英語によるコミュニケーション能力の育成」、「理数教育の充実」を基本構想としています。

まず、「言語能力の育成」です。本校では、国語だけにとどまらずすべての教科をつうじて言語能力を高める取り組みを行っています。具体的には、「読む・書く・聞く・話す」能力のバランスの取れた伸長をめざし、授業のなかでディベートやプレゼンテーションなど発表の場を多く設定し、自分の意見を表現して相手に伝える能力を磨く機会を設けます。

「英語によるコミュニケーション能力の育成」については、生徒のなかには、読み書きはできても英会話は苦手という場合がありま す。社会では話せる英語が求められていますので、英語をコミュニ

特色ある カリキュラム紹介

1 進路を早期に分けないカリキュラムで幅広い進路選択が可能になる

両国では中1・中2を「基礎学力定着期」、中3〜高2を「応用発展期」、高3を「確立期」としています。特徴的なのは「応用発展期」を3年間として、最後の「確立期」が高3の1年間になっているところです。

多くの学校は3つの期間を2年間ずつに分けていますが、両国はちがうかたちをとっています。それは、早期に進路を決定するのではなく、「確立期」に入る前になるべく多くの教科を勉強することで、将来の進路を幅広く選択できるようにしているからです。

「応用発展期」の高2の選択で、初めて文系と理系とで選択授業が少し変わってきます。それでも共通履修科目が大部分を占めています。そして高3の「確立期」になってから、進路希望により、文系と理系に分かれます。

カリキュラムでは、高1は国語・数学・英語の単位を増やしています。高2は地歴（世界史か日本史）か理科（物理か化学）を選択。高3では文系と理系に応じてさまざまな科目を選択します。

文系の私立大志望だから数学を勉強しなくてもいいということはまったくありません。基礎学力は知らず知らずについていますので、両国ではほぼ全員が大学入試センター試験を受験します。

ケーションの手段とし、国際社会で活躍できるリーダーの育成をめざします。ネイティブの教員による授業はもちろん、オールイングリッシュの授業、ICTやBGMを使い全員参加型の授業で学び、実用できる英語力を中学の段階からしっかりと養います。

その集大成として、中3で9泊10日の海外語学研修（アメリカ）を実施しています。生徒は現地の大学と連携した教育プログラムに参加するとともに、ワンファミリーワンスチューデントでのホームステイをつうじて、異文化理解・異文化交流にも取り組みます。

「理数教育の充実」では、生徒の興味・関心をひくための体験学習を重視し、教科書に載っている実験・実習はすべて行っています。

数学では、数学的な見方や考え方を重視し、1クラスをふたつに分けた習熟度別・少人数授業を行い、基礎・基本の確実な定着をはかっています。

独自のキャリア教育「志《こころざし》学《がく》」を実施

【Q】習熟度別授業は行われていますか。

【鯨岡先生】 中学校の数学、高校の数学と英語で実施しています。

【Q】補習や土曜授業、夏期講習などはどうされていますか。

【鯨岡先生】 まず、毎日行う朝学習は全学年で実施し、ホームルーム前の10分間にドリルなどを用いて学習を行います。

曜日によって取り組む教科が変わり、中学生では朝日新聞の社説「天声人語」を書き写すユニークなものもあります。書き写すことでより深く内容を理解させるねらいがあります。

高校では希望制で放課後に講習を実施し、土曜日は中・高ともに隔週で午前中に授業があります。

夏期講習も中・高で実施しています。夏期講習は希望制で、生徒が自分の希望する講座を選択し受講しています。中学生は基礎的な内容が主ですが、高校生は受験に向けて基礎から高いレベルのものまで用意しています。

【Q】進路・進学指導についてお話しください。

【鯨岡先生】 総合的な学習の時間を使い、「志学《こころざしがく》」という進路や生き方について意識を深める学習を行っています。その一環として、さ

東京都立 両国高等学校附属中学校

年間行事

おもな学校行事（予定）	
4月	入学式
5月	遠足
6月	体育祭
7月	林間学校（1年）海外語学研修（3年） 外国語宿泊研修（2年）
8月	進路体験学習（3年）
9月	文化祭
10月	
11月	職場訪問（1年）職場体験（2年）
12月	
1月	百人一首大会
2月	合唱コンクール
3月	芸術鑑賞教室　球技大会　卒業式

まざまな方面で活躍している卒業生を年間で10人程度お招きして講義をしてもらい、高校卒業後の将来を意識させています。名前が表すとおり、高い志を抱かせるプログラムが「志学」なのです。「志学」を総合学習で行い、中1で職場訪問、中2で職場体験、中3で進路体験学習を行い、将来の志や使命感を中学の3年間で育てます。

　高校の進路指導では、普段の定期考査のほかに、1年間に6回の模擬試験を実施しています。外部模試を3回、両国内部で作成した実力テストを3回です。このようにきめ細かくテストが行われているので、学力の伸びやスランプなども確認しやすくなっています。また、年に数回、面接や三者面談を実施しています。

　さらに、予備校や塾に行かず学校の授業や講習だけで大学受験に対応できる学力をつけさせることをめざし、授業内容の充実を目標に教員同士の授業見学や授業研究がさかんに行われています。

夢や希望を持った生徒に来てほしい

【Q】いつも生徒に話されているお言葉はありますか。

【鯨岡先生】 今後、あいさつ日本一をめざしたいと思っています。気になるところは、体力が低い生徒が多いことです。体力は人間の活動の基本です。今後、体力も日本一をめざしたいと思います。

　毎朝生徒の登校時間に門の前に立って登校してくる生徒にあいさつをしています。あいさつをとおして生徒とのコミュニケーションを大切にしています。

【Q】最後に、どのような生徒さんに入学してほしいか、お話しください。

【鯨岡先生】 さまざまなことに興味関心を持ち、何事にも積極的にチャレンジしようとする意欲と情熱のある生徒さんに来ていただきたいと思っています。

　本校では生徒と先生が、1時間1時間の授業に真剣に取り組んでいます。

　そんな本校での勉強・学校行事・部活動などの教育活動のなかで友情を育み、先生とのきずなを深め、しっかりと学び、自分を高め、将来国内外でリーダーとして活躍できる人材に育ってほしいと願っています。

たろう：もし、割り算をして割り切れない場合や、割った数が同じになった場合はどうするの。

みさき：割り切れない場合は四捨五入《ししゃごにゅう》せずに、小数点以下を切り捨《す》てるの。それから、複数の政党の得票数を割った数が同じになった場合は、ちゅう選によって、議席をかく得する政党を決めるのよ。

はなこ：この場合、P党は３議席をかく得し、Q党は２議席をかく得し、R党とS党のかく得する議席はなしになるのね。

たろう：そうだね。では定数５議席に対して、P党、Q党、R党、S党の４党が候補者を立てて選挙を行った結果、P党が総得票数４８０００票のうち３２４００票を得た場合、P党は何議席をかく得できるかな。

りょう：それは他の政党の得票数によって変わりそうだよ。

はなこ：その場合は、４議席をかく得するか、５議席をかく得するかのどちらかになりそうね。

〔問題１〕 その場合は、４議席をかく得するか、５議席をかく得するかのどちらかになりそうね。とありますが、P党が４議席をかく得するようなQ党、R党、S党の得票数の例を解答らんに書きなさい。また、P党が５議席をかく得するようなQ党、R党、S党の得票数の例を解答らんに書きなさい。必要があれば、次の表（**表２**）を利用しなさい。

表２

総得票数４８０００票

	P党	Q党	R党	S党
得票数	３２４００			
１で割る				
２で割る				
３で割る				
４で割る				
５で割る				

※１　政党の得票数　実際の選挙では、政党に属する候補者名での得票数と政党名での得票数の合計を表す場合もあります。

※２　議席　ここでは議員の数を表します。

論理的に考える力をみる

資料を読み取り、論理的に考え、条件を整理し能率的に処理する力をみています。根気よく考える力も必要です。

課題を解決する力をみる

推理が必要な問題といえますが、課題、条件を分析する力、その問題を解決するべく、ていねいに考える力をみています。

東京都立 両国高等学校附属中学校

募集区分　一般枠

入学者選抜方法　適性検査Ⅰ（45分）、適性検査Ⅱ（45分）、適性検査Ⅲ（30分）、報告書

東京都立 両国高等学校附属中学校

2017年度　東京都立両国高等学校附属中学校　適性検査Ⅲ（独自問題）より

1 **りょう**君、**たろう**君、**みさき**さん、**はなこ**さんが教室で話をしています。

りょう：日本では選挙権《せんきょけん》が認《みと》められる年れいが、２０さい以上から１８さい以上に引き下げられたから、ぼくたちも６年後には投票することになるね。

たろう：そういえば、去年は参議院選挙や東京都知事選挙が行われたよね。ぼくたちも政治や世の中のしくみなどをもっと勉強しないといけないよね。

みさき：私《わたし》は去年の夏、「子ども体験学習講座《こうざ》」で日本の選挙制度について学んだわ。

はなこ：具体的にはどんなことを学んだの。

みさき：※1政党《せいとう》の得票数に応じて※2議席を割《わ》り当てる比例代表制についての話がおもしろかったわ。

たろう：もっとくわしく教えてよ。

みさき：参議院選挙などでも取り入れられている比例代表制では、ドント方式という方法を用いて議席を決定しているそうよ。

たろう：ドント方式とはどんなものなの。

みさき：簡単《かんたん》に言うと、各政党の得票数をそれぞれ１、２、３、・・・という数で割っていき、割った数の大きい政党の順番に議席が配分されるの。

たろう：例えば、定数５議席に対して、Ｐ党、Ｑ党、Ｒ党、Ｓ党の４党が候補者《こうほしゃ》を立てているとき、総得票数４８０００票のうち、Ｐ党が２４０００票、Ｑ党が１５０００票、Ｒ党が６０００票、Ｓ党が３０００票を得た場合はどうなるの。

みさき：計算すると下の表（**表１**）のようになるわね。

表１

総得票数４８０００票　　★１個につき１議席かく得したことを表す

	Ｐ党《とう》	Ｑ党	Ｒ党	Ｓ党
得票数	２４０００	１５０００	６０００	３０００
１で割《わ》る	２４０００★	１５０００★	６０００	３０００
２で割る	１２０００★	７５００★	３０００	１５００
３で割る	８０００★	５０００	２０００	１０００
４で割る	６０００	３７５０	１５００	７５０
５で割る	４８００	３０００	１２００	６００
議席数	３	２	０	０

解説

2017年度、都立両国高等学校附属中学校の入学者選抜では、報告書（換算後200点）、適性検査Ⅰ（換算後300点）、適性検査Ⅱ（換算後200点）、適性検査Ⅲ（換算後300点）の総合成績1000点で評価しました。適正検査Ⅲの比重が重いのが特徴です。ただ、2018年度の換算式等は、正式には9月に発表されます。

適性検査Ⅰは独自問題で文章を読み取る力、自分の考えを適切に表現する能力をみます。国語の読解力がなければ、問題文を読みこむだけでも苦労させられます。すべて記述式で、最後の問題は350～400字の作文を求められます。

共同作成問題の適性検査Ⅱは、問題を分析する力、思考力、判断力、また課題を解決する総合的な力をみます。適性検査Ⅱは算数・理科・社会の3科目がバランスよく融合された出題となっています。ただ、読解力がなければ、問題そのものを読み取れません。独自問題の適性検査Ⅲは、課題に対して科学的・数理的な分析、考察、判断、解決する力を試したいとの趣旨で作問されました。基本的な計算を能率的に処理する力も必要でした。

神奈川

神奈川県立 相模原《さがみはら》中等教育学校

■中等教育学校　■2009年開校

次世代のリーダーをめざし 挑戦し一人ひとりが輝く場

鈴木《すずき》　恭子《きょうこ》　校長先生

2017年（平成29年）3月、相模原中等教育学校は3期生を卒業させました。中高6年間を効率的に使い、「しっかり学び、じっくり育て、ゆっくり探る」教育を展開し、次世代を担うリーダーを育成しています。

生徒のやりたいことを実現させるための6年間

【Q】御校が設立された経緯をお聞かせください。

【鈴木先生】 神奈川県立相模原中等教育学校（以下、相模原）は、母体となる同県立相模大野高等学校から2009年（平成21年）に移行した中高一貫校です。

今年卒業した3期生も、1、2期生につづき、東京大をはじめとした国公立大に56名が進学したほか、難関私立大など幅広い進路目標を達成し、生徒一人ひとりが自らの思いを実現させました。

教員一同、生徒が将来の目標を見つけられるよう、また、諦めないで貫けるよう指導してきました。それが、こうした成果として表れたのだと思います。

相模原では、6年間をとおして、生徒の「ほんとうにやりたいこと」の実現を支援することに重きをおいています。

【Q】御校の教育目標とはどのようなものですか。

【鈴木先生】 教育目標は、「人格の

学校プロフィール

開　校…2009年4月

所在地…神奈川県相模原市南区相模大野4-1-1

TEL…042-749-1279

URL…http://www.sagamihara-chuto-ss.pen-kanagawa.ed.jp/

アクセス…小田急線「相模大野」徒歩10分

生徒数…前期課程 男子240名、女子240名
後期課程 男子232名、女子231名

1期生…2015年3月卒業

高校募集…なし

2学期制／週5日制／（前期課程）45分授業、（後期課程）100分授業

入学情報

・募集人員…男子80名、女子80名 計160名

・選抜方法…適性検査（Ⅰ・Ⅱ）、グループ活動による検査、調査書

完成をめざし、高い知性と豊かな人間性をそなえ、心身ともに健全な、次世代を担う人材を育成する」ことです。つまり、生徒たちが将来、次世代を担うリーダーとして活躍できるよう、導くことをめざしています。

ここで掲げるリーダーとは、一流企業の社長や、政治家だけを意味しているのではありません。相手の意見を受け入れ、自分の意見を表現し、全体をまとめ、動かしていける人のことを言います。

本校では、その実現のため、「科学・論理的思考力」「表現コミュニケーション力」「社会生活実践力」の3つの力を主として育てています。

これらの力を、基礎期（1・2年）・充実期（3・4年）・発展期（5・6年）という段階ごとに、しっかり学び＝〈学習〉、じっくり育て＝〈生活〉、ゆっくり探る＝〈キャリア教育〉を目標に身につけさせます。

3つのメソッドを柱に 特色ある授業を展開

【Q】カリキュラムや、学習指導の特徴について具体的にお話しください。

【鈴木先生】 学習面では、「読書・暗唱・ドリル」「発表・質疑応答・レポート」「探究・ディベート」という3つのメソッドを柱とした授業により、力を養います。

「読書・暗唱・ドリル」は、おもに基礎期に取り入れ、学習の基礎・基本を確実に定着させます。

「発表・質疑応答・レポート」は、1年生から、パソコンで作成したパワーポイントを使った発表をさせ、質問への応答を習慣として身につけさせることから開始します。

「探究・ディベート」も、基本的に1年生から全科目に組みこんでいます。

また本校では、こうした学習に全員がついてこられるよう、1年生から家庭学習の習慣を身につけさせることを重視しています。そのため、通常40人×4クラスのところを、基礎期は32人×5クラスで編成し、教員がしっかりと生徒一人ひとりを支援できるようにしています。

生徒向けに、課題がたくさん毎日でます。大変だと感じるかもしれませんが、徐々にできるように

特色ある カリキュラム紹介

1 かながわ次世代教養

1年生から6年間かけて次世代のリーダーに求められる「科学·論理的思考力」、「表現コミュニケーション力」、「社会生活実践力」を体系的・継続的に学習し、自らが設定した課題を解決する探究活動を行います。

前期課程では、IT活用スキルの習得や「伝統文化」「地球環境」というテーマについて学習を深め、グローバルな舞台でプレゼンテーションと質疑応答ができるための英語コミュニケーション力を3年間かけて育成します。

後期課程では、6年次で行われる成果発表会に向けて、自らがさまざまな分野における課題を設定し、探究活動を進めます。

知的好奇心を刺激し、将来にわたって学習する意欲や態度を育成し、大学での研究活動につなげています。

2 6年間で「しっかり学ぶ」

前期課程では、「読書·暗唱·ドリル」、「発表·質疑応答·レポート」、「探究・ディベート」の3つのメソッドを柱とし、基礎的な知識・技能を習得させる授業が展開されています。

たとえば、英語ではネイティブスピーカーの発音に慣れながら暗唱し、スキットなどで自分の言葉として発表する機会を設けています。自分の考えを英語で相手に伝えることで、表現する喜び、達成感が感じられる授業展開が行われているのです。

また、理科では科学研究の基礎・基本を学ぶために、実験や観察を数多く行い、知的好奇心を刺激します。

そして、結果や考察をみんなの前で発表し、質疑応答を行うことで、科学・論理的思考力を深め、後期課程の学習につなげます。

このように、相模原の生徒は、発表することや質疑に応えることなどにより、課題を解決するために必要な思考力·判断力・表現力を育成し、主体的に学ぶ意欲を養っていきます。

後期課程では、前期課程で育成した力を基に、中等教育学校における教育課程の基準の特例をいかして、6年間で効率よく「学び」を深めていきます。

なっていきます。教員たちが生徒の成長度合いに合わせて、しっかり育ててあげられることが大切なのです。

カリキュラムは前期生は45分×7校時×週5日の2学期制です。今年度から後期生は100分×3＋50分×1の週5日となりました。大きな特徴としては、4年生までは全員が同じ科目を受けることです。5年生からは自由選択科目があります。

文系・理系を問わず、全員に両系統をまんべんなく学ばせる理由は、たとえば弁護士になったときにも医療の知識が必要になるというように、社会にでたときに自分の専門以外の幅広い知識を求められることがじゅうぶんにありえるからです。大学進学だけでなく、将来をも見据え、生徒がどの分野に行っても力を発揮できるように、幅広い分野の基礎を身につけさせることが大切なのです。

【Q】御校独自の特色ある取り組みについてお聞かせください。まず、「かながわ次世代教養」がありますね。

【鈴木先生】「かながわ次世代教養」は、自らの課題を探究によって解決し、他者に適切に伝える能力の向上をはかる授業です。

他科目で身につけた力を、総合的に活用する能力を養っていきます。たとえば、「伝統文化」や「地球環境」をテーマに英語で紹介したり、プレゼンテーションしたりします。成果発表会も行います。

1年生から6年次（4年次以降は「総合的な学習の時間」に含まれる）までつづき、6年次では、生徒全員が自分の決めたテーマの成果を発表します。互いの採点で選出された代表者は、後日、3～5年生の前でも発表をします。

「東京ディズニーランドはなぜ人気なのか」「地震・津波発生直後の報道はどうあるべきか」など、テーマはさまざまです。生徒にとって、将来学びたいことを考えるきっかけにもなるでしょう。

また、理科の授業で行われる「サイエンスチャンネル」では、科学・論理的思考力を高める探究活動を実践しています。ガスバーナーに火をつけることから始め、いろいろな実験・考察・発表を行います。やがて、生徒たちは学外の活動にも目を向け、大学が主催するイベントやコンテストなどに積極的に

年間行事

おもな学校行事（予定）	
4月	入学式 新入生オリエンテーション 合宿（1年生）
5月	社会見学（2～6年生）
6月	蒼碧祭（体育部門） 出張授業（1年生） 農業体験（2年生）
7月	かながわ次世代成果発表会（6年生）
8月	自己発見チャレンジ（4年生） 海外研修旅行（4年生希望者）
9月	蒼碧祭（文化部門）
10月	事業所見学（1年生） イングリッシュキャンプ（3年生）
11月	研修旅行（5年生）
12月	芸術祭（合唱部門） 芸術祭（展示部門）
1月	マラソン大会
2月	
3月	成果発表会（前期課程） 球技大会 卒業式

参加するようになります。

相模原での体験をいかし 次世代を担うリーダーへ

【Q】行事など、学校生活についてはいかがでしょうか。

【鈴木先生】 本校は行事もさかんです。「蒼碧祭」は、相模大野高等学校の伝統が引き継がれ、体育部門と文化部門で構成されています。1～6年生までが一体となって行う点も特徴です。

今年は、昨年から引きつづき前期生も応援団のダンスに参加しました。1～6年生まで各色の団のTシャツを着て競技中も一体となり応援していました。前期生と後期生が行事をつくりあげていく体育部門は今後も本校の大きな行事として発展しつづけることでしょう。

上級生は下級生のことをとてもよく考えてくれています。ほんとうに思いやりのある生徒たちばかり。「先輩が怖い」と言う後輩はひとりもいないのではないでしょうか。

【Q】キャリア教育へはどのように取り組まれていますか。

【鈴木先生】 キャリア教育においては、体験活動が多く取り入れられています。2年生で行われる「農業体験」では、2泊3日、農家に泊まって農作業を体験し、働くことの尊さを学びます。

また、4年次に行われる「自己発見チャレンジ」は、生徒が自分の興味・関心のある企業や大学、官公庁などの外部機関に出向き、自ら設定した課題にチャレンジするというプログラムです。

企業での1日職業体験、大学の研究室訪問など、多彩な体験をとおして自己を探究します。

【Q】最後に、相模原へは、どのような生徒さんに来てほしいかお聞かせください。

【鈴木先生】 世の中のいろいろなことに興味を持つ子に入学してほしいですね。

「挑戦」自分のやりたいことを積極的にやってみること。「思いやりの心」他者と積極的にかかわり視野を広げること。「感謝」他者と協働し取り組むなかで「ありがとう」の心を大切にすること。学校生活に主体的にかかわり意欲のある生徒のみなさんは本校できっと楽しい6年間を過ごせることでしょう。

（2）たろうさんとかなこさんは，みなとみらい駅から日本丸メモリアルパークに行きました。〔メモ〕，〔写真〕は，日本丸《にっぽんまる》メモリアルパークで日本丸《にっぽんまる》（初代）のことを，調べたときのものです。

日本丸《にっぽんまる》（初代）が，〔地図〕のA地点から，まず南へ2時間，次に東へ5時間，最後に南へ4時間進んだとすると，日本丸《にっぽんまる》（初代）は，〔地図〕のどこにいるでしょうか。その地点を，解答用紙の〔地図〕上に記号（◉）でかきましょう。

ただし，〔地図〕の1マスの1辺の長さは10kmとします。日本丸《にっぽんまる》（初代）は，東に進むときには帆《ほ》だけを使い，南に進むときにはエンジンだけを使って進むものとします。また，向きを変える時間や，波のえいきょうなどはなく，〔メモ〕に書かれている速さで進むものとします。なお，解答は〔解答のかき方〕のように，解答用紙の〔地図〕に，日本丸《にっぽんまる》（初代）がいる最終地点にのみ，記号（◉）をかきましょう。

〔メモ〕日本丸《にっぽんまる》（初代）について

日本丸《にっぽんまる》（初代）は帆《ほ》とエンジンの両方がある船で，帆《ほ》で風を受けて進んだり，エンジンを使って進んだりすることができる。	
帆《ほ》だけを使って進む速さ	時速 24 km
エンジンだけを使って進む速さ	時速 15 km

〔写真〕日本丸《にっぽんまる》（初代）

（日本丸《にっぽんまる》メモリアルパーク）

〔地図〕

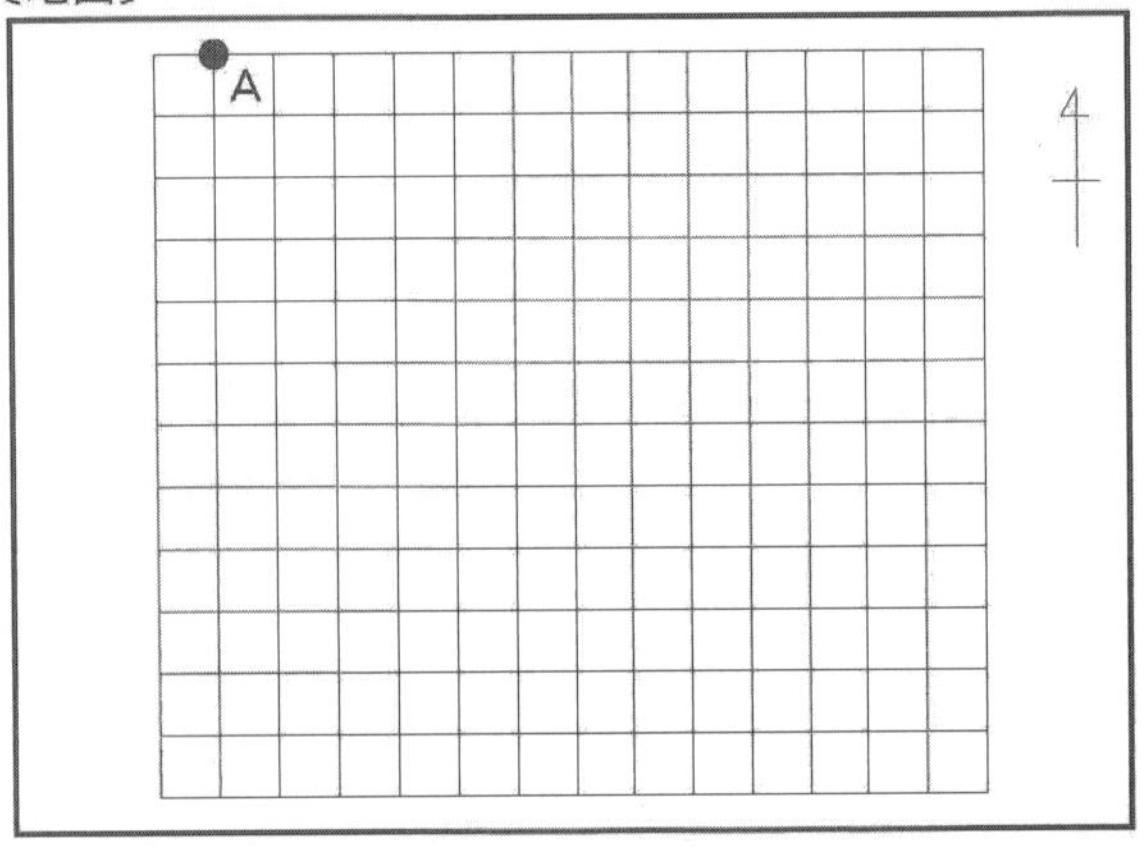

〔解答のかき方〕

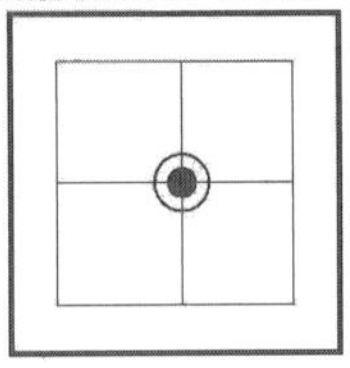

身近な課題で読解力も試される

毎年だされる県内の地理的問題です。東西南北の概念や、文章を短時間に的確に読み取れる力、また、算数の力が試されます。

条件を整理ししっかり計算する

条件をていねいに読まないとミスにつながります。指示どおりに計算して解き進める力が要求されています。

神奈川県立 相模原中等教育学校

神奈川

募集区分　一般枠

入学者選抜方法　適性検査Ⅰ（45分）、適性検査Ⅱ（45分）、グループ活動による検査（40分）、調査書

2017年度 神奈川県立相模原中等教育学校 適性検査問題Ⅰより（神奈川県立共通）

問１　たろうさんとかなこさんは，校外学習で，みなとみらいへ行きました。次の（１），（２）の各問いに答えましょう。

（１）たろうさんとかなこさんは，センター南《みなみ》駅から，みなとみらい駅まで，それぞれ電車を乗り継《つ》いで行きました。〔図〕は，たろうさんが，注）所要時間を調べて，まとめたものです。たろうさんは，まず横浜市営地下鉄線《よこはましえいちかてつせん》ブルーラインに乗り，横浜《よこはま》駅でみなとみらい線に乗りかえて，みなとみらい駅に行きました。所要時間は30分でした。

かなこさんは，まず横浜市営地下鉄線《よこはましえいちかてつせん》グリーンラインに乗り，電車を乗り継《つ》いで，みなとみらい駅に行きました。〔図〕を見て，かなこさんがセンター南《みなみ》駅から，みなとみらい駅に行くときの，最も短い所要時間は何分か，書きましょう。

ただし，移動は〔図〕の鉄道のみを利用し，駅間の所要時間は〔図〕に書かれているものを使いましょう。また，ちがう記号の鉄道の電車に乗りかえる時間は，どれも5分かかり，同じ記号の鉄道の電車に乗りかえる時間は，かからないものとします。

注）所要時間：移動にかかる時間。

〔図〕鉄道の各駅間の所要時間

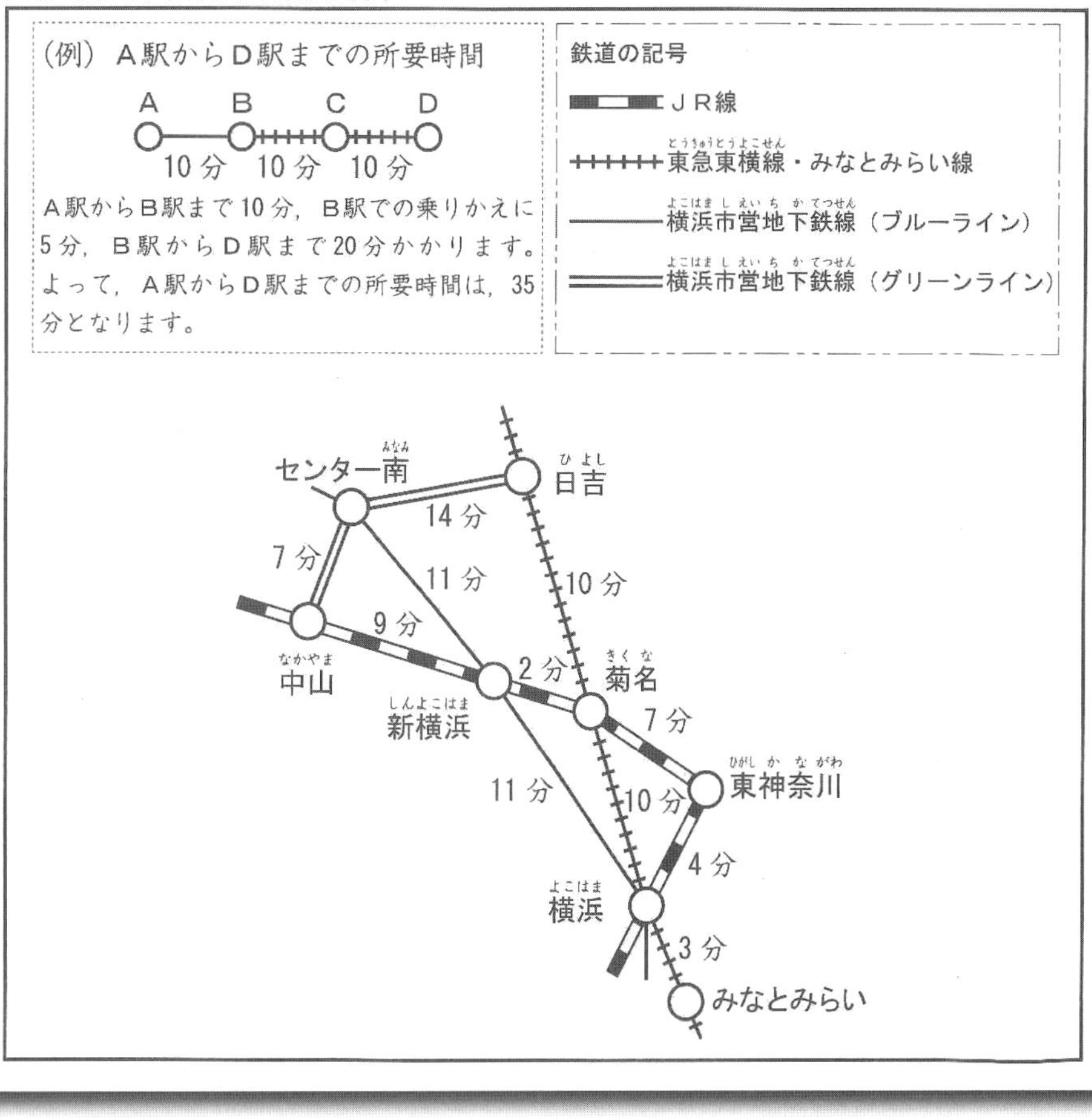

解説

神奈川県立の中等教育学校２校（相模原中・平塚中）は同じ問題で検査をします。適性検査Ⅰ・Ⅱでは、これからの社会に必要な力をはかるとされていて、他者の考えや発言を類推し、わかりやすく表現する力、資料を見ながら論理的に分析し、順序立てて表現、説明する力、身のまわりの事象に対する課題意識の有無などをみます。

適性検査Ⅰ・Ⅱは国・算・社・理、４教科の融合問題で、検査時間に比べてボリュームがあります。家庭にあってもふだんから新聞やニュースに触れ、問題点を読み取ったり自分の意見をまとめ、筋道立てて説明できるようにしたいものです。家庭でもさまざまな角度から話しあうような習慣をつけるとよいでしょう。記述問題はかならず出題されます。この春は、適性検査Ⅱで字数制限のない記述問題がだされました。

「グループ活動による検査」については、平塚中等教育学校の項（102～103ページ）をご参照ください。

神奈川県立 平塚《ひらつか》中等教育学校

■中等教育学校　■2009年開校

かながわから世界とつながる次世代のリーダーを育てる

2009年（平成21年）に神奈川県初となる公立中高一貫校として誕生した平塚中等教育学校。「かながわ次世代教養」をとおして世界へ羽ばたく人材を育てています。

落合《おちあい》　浩一《ひろかず》　校長先生

学校プロフィール

開　　校…2009年4月

所 在 地…神奈川県平塚市大原1-13

T E L…0463-34-0320

U R L…http://www.hiratsuka-chuto-ss.pen-kanagawa.ed.jp/

アクセス…JR東海道本線「平塚」バス10分徒歩7分または徒歩30分、小田急線「伊勢原」バス18分徒歩7分

生 徒 数…前期課程 男子240名、女子239名
後期課程 男子234名、女子233名

1 期 生…2015年3月卒業

高校募集…なし

2学期制／週5日制／45分授業

入学情報

・募集人員…男子80名、女子80名 計160名

・選抜方法…適性検査（Ⅰ・Ⅱ）、グループ活動による検査、調査書

3つのLで次世代のリーダーを

【Q】御校は2009年（平成21年）4月に、神奈川県初の公立中高一貫校として開校されましたが、沿革をお教えください。

【落合先生】 本校は県立大原高等学校の敷地内に開校、今年で9年目を迎えました。2015年（平成27年）の3月に1期生が初めての卒業生として巣立っていきました。

取り組みの柱のひとつに、「かながわ次世代教養」があります。これは総合的な学習の一貫として次世代のリーダーを育成し、神奈川（平塚）から日本や世界を支えていこうというものです。そこで「表現コミュニケーション力」「科学・論理的思考力」「社会生活実践力」という3つの力の育成・伸長を重視した教科指導を行っています。そのなかでも本校は「表現コミュニケーション力」の育成に力を入れています。

【Q】教育理念である3つのLについてお教えください。

【落合先生】 これは創立当初から

神奈川県立 平塚中等教育学校

の学校理念です。次世代のリーダーとなれる人材、人間性豊かで社会貢献ができる人材を育てることをめざし、そのための理念として「生きる（Live）―深い洞察と鋭い感性―」、「慈しむ（Love）―高い志と豊かな人間性―」、「学ぶ（Learn）―幅広い教養と光る知性―」という「3つのL」を掲げました。この教育理念は生徒たちにしっかりと浸透し、クラス写真を撮影するときなど、みんな自然に、指でLの字のポーズをつくっています。

【Q】御校の教育カリキュラムについてお教えください。

【落合先生】 2学期制、45分授業で1日7時間が基本のスタイルです。後期課程は単位制になっています。6年間を3期に分け、一貫した教育を行っています。

1～2年は基礎基本を充実させる「基礎・観察期」とし、1年のみ1クラス32名の少人数編成です。3～4年は「充実・発見期」として中高一貫の特徴を大切にし、中学と高校との〝線〟を引かずに学びます。そして、5～6年は「発展・伸長期」として、将来像を描きながら、つぎの進路をめざした取り組みを行っています。

中学校段階では、学習指導要領に定められている標準時間より、週4～5時間多くの授業を行っています。その増えた4～5時間は国語・数学・英語にあて、無理なく発展的な学習を行います。教科によっては、1・2年生で高校カリキュラムの内容を勉強することもあります。しかし、たんに上級の学年の学習範囲を先取りして勉強するということではなく、中高一貫の6年間で体系的に学ぶカリキュラムとなっています。5年次段階で高校課程を修了する科目もあり、6年次では、全体的な復習と、さらに深い発展的な学習を行っていきます。

数学と英語では習熟度別授業を取り入れ、少人数で段階に応じた学習を行い、ふだんの授業で論理的思考力の育成に力を入れています。3年生以降の学年では、数学と英語はすべて習熟度別で行っています。さらに5年次では理系、文系に分かれて2クラス3展開の習熟度別授業を行っていることも特徴です。

また、朝のショートホームルームの前に、〝モーニングタイム〟

神奈川

特色ある カリキュラム紹介

1 多彩な取り組みが注目の「かながわ次世代教養」

「かながわ次世代教養」は、「伝統文化・歴史」、「地球環境」、「英語コミュニケーション」、「IT活用」の4つの分野を、かながわの地域の特性をいかしながら体系的に学ぶことで、未知の事態や新しい状況に対応できる力を養っていくことを目的としています。

平塚中等では、この4分野を1～3年まで週2時間ずつ学んでいきます。1年生では自分でプログラミングまでするロボットを制作。2年生では地球環境について学ぶ講演会が行われています。また、地元の相模人形芝居を体験したり、2泊3日英語だけを使って過ごすイングリッシュキャンプなど、授業だけではなく、さまざまな行事をとおして、各学年で好奇心を育み、子どもたちの世界を広げていく取り組みが行われています。そして、最終的に6年生（高3）で卒業論文にまとめていくことになります。

こうした取り組みをとおして、「かながわから日本へ そして日本から世界へ」と、世界に羽ばたいていく新しい時代のリーダーを育てています。

2 「英語コミュニケーション」は充実した行事が目白押し

国際的に活躍できる人材育成というキーワードのもと、「英語コミュニケーション」を1年生から取り入れ、6年間をとおして英語力を磨いていきます。

1年生で自由参加のイングリッシュワークショップが行われ、2年生では全員参加の2泊3日のイングリッシュキャンプがあります。ここでの会話はすべて英語で行われます。そのほか、4・5年生を対象としたエンパワーメントプログラムでは国内において日本に来ている留学生と小グループをつくってディベートを行います。

4・5年生では希望制でイギリス語学研修があります。約2週間ホームステイを行い、現地の人と交流し、日本文化を紹介します。そして、集大成として5年生で海外研修旅行があります。

こうした6年間のさまざまなプログラムにより、英語に慣れ親しみ、英語で発信し受け取れる力を磨いていきます。これらの経験から海外の大学への進学を希望する生徒もでてきています。

という10分間の「朝の読書活動」を行っています。

【Q】3つの力の育成というお話がありましたが、どのように学習に取り入れているのでしょうか。

【落合先生】 本校の学習活動では、授業や行事などに横断的に組みこみ、〝キャリア教育グランドデザイン〟としてしめしています。

たとえば、「表現コミュニケーション力」の学びは、授業や特別活動など、あらゆる場面にあります。本校では1年生からグループや個人で発表する機会を多く設けています。文化祭での学習成果発表会や、弁論大会、課題研究の発表など、クラスごとに発表があり、優秀者は全校生徒の前で発表します。こうした発表を見聞きし、自分の考えをまとめて表現することの大切さを、それぞれの生徒が受けとめていると感じます。

世界にでるために日本の伝統文化を知る

【Q】「かながわから日本へ そして日本から世界へ」というスローガンがありますが、具体的にどのような活動をされていますか。

【落合先生】 国際社会で活躍するためには、英語が使えるようになるのはもちろんですが、世界にでていく人間にとって、自分の国の伝統文化を知ることは必要不可欠です。そのために、1年生では地域の伝統芸能である相模人形芝居体験、2年生で鎌倉での歴史探訪、3年生で京都・奈良の伝統文化に触れ、百人一首大会なども実施しています。

これらは、「かながわ次世代教養」の時間を使って事前学習を実施し、文集や新聞形式にまとめる振り返り学習を行います。

このように身近なところから日本の伝統文化を知り、4・5年生のイギリス語学研修（希望制）や、5年生全員が参加する海外研修旅行での平和学習などの国際交流活動につなげていきます。

【Q】4年生での勉強合宿についてもお教えください。

【落合先生】 これは2泊3日で行うもので、今年は5月に実施しました。中高一貫教育では高校受験という大きな山を越えることがないので、人生のひとつの緊張感をつくりだしてあげるのが目的のひとつです。〝真の学び〟を体験するために、授業を含めて1日10時

年間行事

おもな学校行事（予定）	
4月	入学式 オリエンテーション合宿（1年）
5月	鎌倉歴史探訪（2年） 東京探訪（3年）
6月	翠星祭体育部門
7月	歌舞伎鑑賞（4年）
8月	
9月	芸術鑑賞
10月	翠星祭文化部門
11月	かながわ探究　地域貢献デー
12月	研修旅行（3年：国内、5年：海外） イングリッシュキャンプ（2年）
1月	百人一首大会　合唱コンクール
2月	
3月	歩行大会 イギリス語学研修（4・5年）

間の勉強に挑戦します。ふだんはなかなかこれだけ勉強できませんから、「10時間も勉強できた」という自信と達成感を身につけさせたいという意図があります。

あとは、ひとりではなく、みんなで切磋琢磨するという経験ですね。4年生で実施するのは、高校段階に入り10時間という物量的な勉強時間を乗りきり、自分の進路となる大学進学を意識させるためでもあります。

【Q】キャリア教育はどのようなことを行っていますか。

【落合先生】 授業を含め、さまざまな行事が生徒一人ひとりのキャリア教育につながっていると考えています。

わかりやすい例として、3年生で行う東京探訪では、裁判所を見学したり、教養を深めるために美術館や博物館にでかけます。また、東京大や慶應義塾大などのキャンパスを訪れ、大学のようすを学生さんにたずねたり調査したりします。ふつうの中学3年生であれば、高校受験を考えているわけですが、本校は中高一貫ですので、その期間にすでに大学のことを身近に考えるチャンスがあるわけです。

もちろん、それがすぐに将来の進路につながるわけではありませんが、大学のようすを知る（学ぶ）ことで憧れの対象となったり、大学を知るきっかけになります。多彩な取り組みを随所に配置し、体系的に継続したつながりを持った中高一貫教育を行っています。

【Q】今後どのような生徒さんに入学してほしいですか。

【落合先生】 私は日ごろ、「夢をふたつ3つ持ってほしい」と話しています。入学時分は、まだ中学生なので自分でも自分のことがわからないと思いますし、夢が見つからない生徒もいるでしょう。〝夢に向かって生きる〟そのきっかけをここでつかんでほしいのです。

夢はこの学校だけで達成できるものではありませんから、将来に向かってやりたいことを追い求めて挑戦する、チャレンジャーになってほしいですね。

この学校は、成長段階に合わせた夢を見つけるための入り口が、いつでも、どこにでも転がっています。本校には6年間をとおしてそういう仕組みがあり、入学してくれた生徒たちに、そのお手伝いをしてあげたいと思っています。

神奈川県立 平塚中等教育学校

募集区分	一般枠
入学者選抜方法	適性検査Ⅰ（45分）、適性検査Ⅱ（45分）、グループ活動による検査（40分）、調査書

グループで話し合いをする。 （35分）

（2）あなたの考えと，そのように考えた理由を，1分ぐらいで発表しましょう。

（3）それぞれの発表をもとに，「あいさつ運動」の具体的な内容について話し合いましょう。必要があれば，画用紙とフェルトペンを使いましょう。

（4）グループとして1つの案をつくりましょう。

第3回検査の課題

課 題　次の文章を読んで，あとの（1）～（4）に取り組みましょう。

　あなたは，神奈川県立中等教育学校の1年生とします。県立中等教育学校では，人との交流を大事にして6年間を過ごしてほしいと考えています。
　今回，あなたのクラスでは，人との交流を深める取り組みの1つとして，「あいさつ運動」をすることになりました。そこで，あなたのクラスの学級活動の時間に，具体的な内容について話し合いをすることになりました。クラスの一員として，「あいさつ運動」をどのような内容にすればよいか，具体的に計画しましょう。

【編集部・注】
　2017年度入試では3回に分けて「グループ活動による検査」が行われましたが、最終組の「第3回検査」では、「学年での活動」が、上記のように「クラスでの活動」という記述におきかえられていました。

まず自分の考えを構築する
　与えられた課題に対し、まず自分の考えを構築して、はっきりと述べられるようにすることが大切です。

みんなの意見としてまとめる
　グループの考え（案）としてまとめようとする意欲、みんなで話しあう進め方もみられ、リーダーシップ力も問われます。

神奈川県立 平塚中等教育学校

2017年度 神奈川県立平塚中等教育学校 グループ活動による検査より（神奈川県立共通）

第１回・第２回検査の課題

課 題　次の文章を読んで，あとの（1）～（4）に取り組みましょう。

あなたは，神奈川県立中等教育学校の1年生とします。県立中等教育学校では，人との交流を大事にして6年間を過ごしてほしいと考えています。
今回，すべての学年において，人との交流を深める取り組みの1つとして，「あいさつ運動」をすることになりました。そこで，あなたの学年の係が集まって，具体的な内容について話し合いをすることになりました。その係の一員として，「あいさつ運動」をどのような内容にすればよいか，具体的に計画しましょう。

自分の考えをまとめる。（５分）

（1）みんなに発表できるように，あなたの考えと，そのように考えた理由を，下の欄《らん》に書きましょう。

あなたの考えとその理由

○　県立中等教育学校の6年間で，あなたはどのように人と交流をしたいと思いますか。

○「あいさつ運動」について，あなたはどのような内容にすればよいと思いますか。

解説

神奈川の中等教育学校２校（相模原中・平塚中）は同じ問題で検査をします。開校当初行われていた「作文」は取りやめ、検査の日程が１日に短縮されています。これは受検生の負担を軽減するのがねらいとのことです。

作文で評価していた「学習意欲」「表現力」については、「グループ活動による検査」のなかで見極めていきます。これにより、「グループ活動による検査」での評価の比重が高くなっているのではないかと言われています。

「グループ活動による検査」は男女別に８人程度のグループで行われ、課題をふまえて40分で検査されます。出題のねらいは「与えられた課題について、自分の意見をまとめ、グループでの話しあいや作業を行い、活動へのかかわりをとおして、集団のなかでの人間関係構築力の基礎的な力をみる」とのことです。

適性検査Ⅰ・Ⅱについては、相模原中等教育学校（96～97ページ）で解説しています。

神奈川

川崎市立 川崎《かわさき》高等学校附属中学校

■併設型　■2014年開校

和泉田《いずみた》　政徳《まさのり》　校長先生

川崎市の未来をリードする人材の育成 「かわさきLEADプロジェクト」

2014年（平成26年）、川崎市に新たな公立中高一貫校が誕生しました。川崎市立川崎高等学校附属中学校は、「体験・探究」「ICT活用」「英語・国際理解」を重視した独自の教育を行い、生徒の夢の実現をサポートします。

市立川崎高等学校に併設型中学校が誕生

【Q】川崎市立川崎高等学校に附属中学校が設立された経緯をお教えください。

【和泉田先生】 学校教育法が改正され、1999年度（平成11年度）より、中高一貫教育を選択的に導入することが可能となりました。これを機に川崎市でも中高一貫教育についての検討が行われ、2007年度（平成19年度）、市立高等学校改革推進計画のなかで中高一貫教育の導入が決定し、川崎市立川崎高等学校に附属中学校が併設されることになりました。

【Q】母体である市立川崎高等学校はどのような学校でしょうか。

【和泉田先生】 市立川崎高等学校は100年を超える歴史ある学校です。普通科だけではなく、生活科学科、福祉科という専門学科を設置し、「こころ豊かな人になろう」を学校教育目標に掲げています。

中学校から入学した生徒は、高校の普通科に進みます。現在4ク

学校プロフィール

開　校…2014年4月
所在地…神奈川県川崎市川崎区中島3-3-1
ＴＥＬ…044-246-7861
ＵＲＬ…http://www.kaw-s.ed.jp/jh-school/
アクセス…京浜急行大師線「港町」徒歩10分、JR東海道線・京浜東北線・南武線「川崎」徒歩20分またはバス
生徒数…男子132名　女子226名
１期生…高校1年生
高校募集…あり
２学期制／週５日制／45分授業
入学情報
・募集人員…120名
・選抜方法…適性検査Ⅰ・Ⅱ・面接

川崎市立 川崎高等学校附属中学校

ラスある普通科のうち、3クラスぶん（120人）を中学校から、1クラスぶん（40人）を高校から募集します。

市立川崎高等学校には、複数の科があることや、6年間のなかで人間関係の活性化をはかるという点から併設型を取り入れました。

【Q】4期生が入学しました。生徒さんのようすはいかがですか。

【和泉田先生】 本校で学びたいという高い意欲を持った生徒が集まったのを感じています。

入学してすぐの4月には、人間関係を築くために、八ヶ岳にある川崎市の施設で「自然教室」を実施しました。大自然のなかでともに過ごしたことによって、クラスだけでなく学年全体の親睦が深まり、開校からここまで、とてもいいスタートがきれていると思います。

【Q】授業時数やクラス編成についてお教えください。

【和泉田先生】 授業は45分で1日7時間、週に34時間とじゅうぶんな授業時間数を確保しています。

1クラスは40人で、各学年3クラス編成で行っています。また、中1では、国語・数学・英語については週5時間行い、数学と英語は1クラスを2分割する少人数授業を毎時間行っています。

日々の授業では、グループワークを多く実施し、自分の考えをきちんと相手に伝え、相手の話をしっかりと聞く訓練をしています。

生徒を育てる3つのキーワード

【Q】御校で行われている特徴ある教育についてお話しください。

【和泉田先生】 本校では、6年間を3つに分け、中1・中2は学ぶ楽しさを見つける「定着期」、中3・高1は学びを広げる「充実期」、そして高2・高3は学びを深める「発展期」と位置づけています。段階に応じた学びにより充実した6年間を過ごすことができます。

また、本校の最も大きな魅力は「かわさきLEADプロジェクト」と呼ばれる教育です。これは「Learn（学ぶ）」、「Experience（体験する）」、「Action（行動）」、「Dream（夢）」の頭文字を取ったもので、川崎市の未来をリードしていく人材を育てることをめざしています。

このプロジェクトのキーワード

特色あるカリキュラム紹介

1　体験をつうじて学びを掘り下げる

川崎市の未来をリードする人材を育てる「かわさきLEADプロジェクト」。これは「Learn（学ぶ）」、「Experience（体験する）」、「Action（行動）」を大切にした教育をつうじて生徒一人ひとりの「Dream（夢）」の実現をサポートする独自の教育です。

その柱のひとつが「体験・探究」であり、中1では「農業体験」に取り組みます。

「農業体験」では、大豆を育てます。種まきから始まり、大豆になる前の段階である枝豆の収穫や味噌づくりまで、1年以上をかけた取り組みです。

まず、中1の5月に千葉県の君津市から外部講師を招いて枝豆についての話を聞き、7月には実際に君津市へ赴き、種まきをします。君津市の畑のようすはインターネットをつうじて画像がアップされるので、いつでも見ることができます。

また、校内では屋上庭園を使って大豆を育てていきます。

君津市の露地栽培と校内での屋上庭園栽培はどのようにちがうのか、そのちがいはなぜ生まれるのか、生徒は体験をとおして学んでいきます。

秋には収穫のために再び君津市へ行き、その後、さらに3～6カ月ほど大豆を成熟させ、最後に味噌づくりに挑戦します。

このような実際の体験をとおして、生徒は学ぶ力や探究する力を身につけていくのです。

は「体験・探究」、「ICT活用」、「英語・国際理解」の3つであり、これからの社会で活躍するために必要とされる「学ぶ力」、「探究する力」、「コミュニケーション力」、「実行力」、「体力」を身につけていきます。

【Q】「体験・探究」、「ICT活用」、「英語・国際理解」とはどのような内容なのでしょうか。

【和泉田先生】「体験・探究」では、体験をとおして学びを深く掘り下げていきます。中1では農業体験、中2では職場体験、中3では川崎市を外部に発信するという取り組みに挑戦します。大学や企業との連携、研究施設の見学なども今後検討していきます。

「ICT活用」としては、日々の授業でパソコンや電子黒板を活用し、学習の効率化をはかっています。たとえば授業中、生徒が自分の意見を黒板に書くのではなく、パソコンに打ちこみます。すると、それがクラスメイトのパソコン、電子黒板にすぐに反映されるので、時間を有効に使うことができます。

「英語・国際理解」では、中1の7月に、20名のALT（外国語指導助手）を招いたイングリッシュキャンプを行います。生徒6名とALT1名のグループをつくり、英語漬けの3日間を過ごします。中1は通学形式で行い、宿泊はしませんが、中2では、2月に宿泊形式で実施します。

ほかにも、イングリッシュチャレンジという英語を活用したパフォーマンスを行います。

国際理解教育の要は人権教育です。人に対する思いやりの心や相手を尊重する態度を育てていくことが大切だと考えます。

教科教室型の採用　充実の学習環境

【Q】どのような環境で生徒は学んでいるのですか。

【和泉田先生】電子黒板機能つきのプロジェクターを各教室に設置し、無線LANを完備しています。中2まではそれぞれのクラスで学び、中3からは各教科専用の教室に移動して、授業を受けるかたちです。

移動することによって気持ちを切り替え、専用の教室で学ぶことにより各教科の授業に集中してのぞむことができます。

川崎市立 川崎高等学校附属中学校

年間行事

おもな学校行事（予定）	
4月	入学式　自然教室
5月	体育祭
6月	
7月	農業フィールドワーク（中1）　イングリッシュキャンプ（中1）　職場体験（中2）
8月	
9月	生徒会選挙
10月	文化祭　合唱コンクール
11月	川崎市学習診断テスト
12月	イングリッシュチャレンジ
1月	
2月	イングリッシュキャンプ（中2）
3月	フィールドデイ　修学旅行（中3） 学習発表会　卒業式

Just play, have fun.
Enjoy the game!

ほかにも教員にすぐに質問ができる教科教員ステーションや教科ごとに生徒の作品を掲示したり、資料を置く教科メディアスペースなどの環境が整えられています。

また、バスケットコート3面ぶんの広さを持ち、屋上にはテニスコートを有する体育館もあります。グラウンドは2015年（平成27年）7月末に、人工芝の新しいグラウンドが完成しました。

【Q】中学生と高校生の交流はありますか。

【和泉田先生】 同じ校舎で生活しているので、高校の掲示物などを中学生も見ることができます。先輩のレベルの高い作品から、よい刺激を受けるでしょう。

ほかにも行事や部活動は中高合同で行うものがあります。5月に実施される体育祭では、高校の生徒会が中心となって中学生を受け入れる準備をしてくれます。部活動でも高校生が中学生の面倒をよくみてくれているようで、とてもよい関係が築けています。

【Q】現在活動している部活動や今後行われる予定の行事にはどのようなものがありますか。

【和泉田先生】 現在、川崎高校にあり、中高が合同で活動できる部活動を設置しており、運動部はサッカー・ソフトテニス・バドミントン・バスケットボール・陸上・女子バレーの6つ、文化部は茶道・書道・吹奏楽・美術・放送の5つ、合わせて11の部があり、9割以上の生徒が入部しています。

行事は10月に文化祭があります。文化祭は中高合同で行い、中学では合唱コンクールも実施します。修学旅行は3月に実施します。

【Q】最後に御校を志望するお子さんや保護者にメッセージをお願いします。

【和泉田先生】 受け身ではなく、自ら積極的にものごとに取り組む気持ちを持っている、やる気のある生徒を待っています。

本校では生徒に探究心を求めているので、ふだんから疑問をそのままにしないで、自分のなかで解決していくという姿勢を大切にしてください。学校での授業をしっかりと受けて、こつこつと勉強を積み重ねていくことが大事です。

われわれ教職員は、使命感を持って、日々の授業を行い、生徒の夢の実現をバックアップしていきます。

翌日

はなこさん：川崎市のホームページで、動物についてどのようなあつかいがされているのか調べてみたら、ねこについては**〔資料２〕**、犬については**〔資料３〕**を見つけたわ。どちらも動物を飼育する人に向けて川崎市が作ったページだけど。

〔資料２〕ねこの分類表

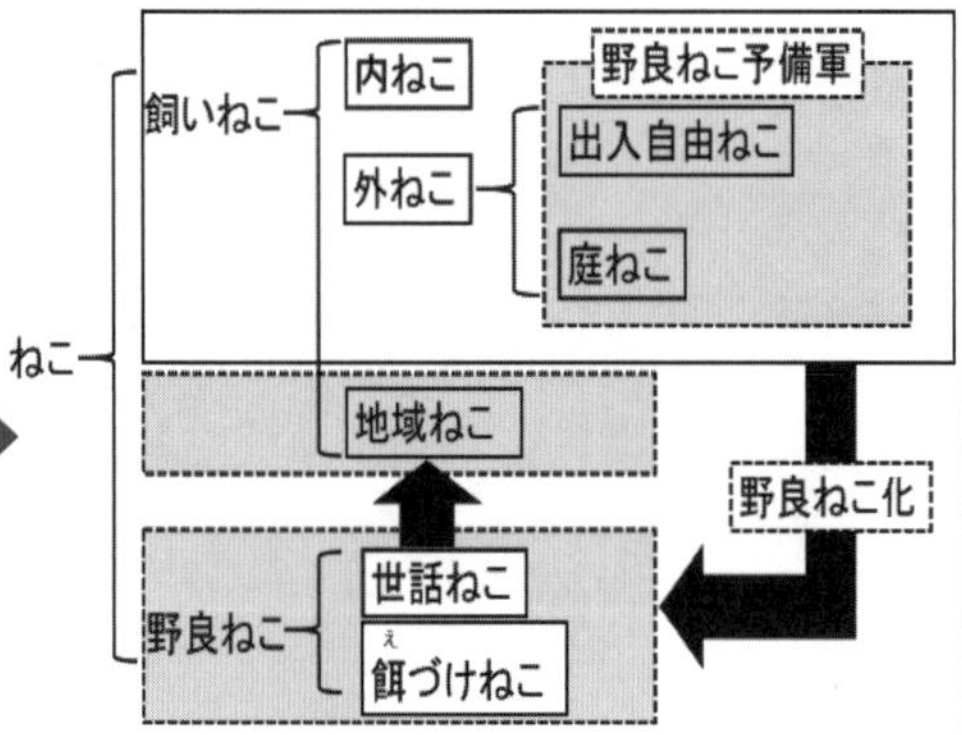

〔資料３〕犬の飼育について

犬鑑札《かんさつ》
登録手数料 3,000 円（初年度のみ）
登録の証明です。
必ず犬に装着《そうちゃく》しておいてください。

【飼い犬の飼育方法】
飼い犬は丈夫《じょうぶ》なくさりなどにつなぐ、またはおりなどに収容《しゅうよう》してつないでおくこと。飼い犬を移動または運動させる場合には、管理・しつけのできる者が、飼い犬を丈夫なつな、くさりなどでしっかりと保持《ほじ》して行うこと。

（『川崎市ホームページ』より作成）

はなこさん：犬を飼うためには法律で定められた決まりがいくつかあるみたいよ。ねこについては川崎市では、分類表を作っているようだけど、この表から①ねこを野良《のら》ねこにしないために、どうすればよいかを考えられないかしら。

（１）**〔資料１〕**から読み取れる情報として正しいものを、下のア～オの中から１つ選び、記号で答えましょう。
ア　平成元年（１年）以降、犬とねこの引き取り数はそれぞれ、毎年減少している。
イ　平成元年（１年）以降、犬とねこの殺処分率は、毎年低下している。
ウ　昭和 54 年には、犬とねこの殺処分数の合計は 100 万頭を上回っている。
エ　平成元年（１年）には、犬とねこの殺処分数の合計は 100 万頭を下回っている。
オ　平成 26 年には、犬とねこの殺処分数の合計は 11 万頭を上回っている。

（２）下線部①について、**〔資料２〕**のねこの分類表の中でもっとも「野良ねこ」になりにくいねこをぬき出して書きましょう。

【抜粋】

会話文から内容を読み解く

「近道的」な手法を習得していることよりも、小学校での学習事項を本質的に理解しているかどうかが問われています。

日常的な事象を考察する力をみる

ふだんから身のまわりの事象に関心と疑問を持っているか、PISA的な「日常をふまえた考え方」が問われます。

募集区分　一般枠（川崎市内在住）

入学者選抜方法　適性検査Ⅰ（45分）、適性検査Ⅱ（45分）、調査書、面接

2017年度 川崎市立川崎高等学校附属中学校 適性検査問題Ⅰより

問題２ たろうさんたちは川崎市に関する調べ学習について話をしています。下の会話文を読んで、あとの（1）～（5）の各問いに答えましょう。

はなこさん：私、興味深いニュースを見つけたの。
たろうさん：どんなニュースがあったの。
はなこさん：川崎市では平成 25 年度から３年連続で、動物愛護《あいご》センターで殺処分《さつしょぶん》された犬がいなかったそうなの。
たろうさん：動物愛護センターで、犬を殺すってどういうことなの。
はなこさん：もらい手が見つからなかった犬やねこはそうなってしまうみたい。全国では殺処分されている犬やねこの数がどれくらいあるのか疑問に思って調べてみたら**〔資料１〕**を見つけたの。行政機関が引き取った数とその中で殺処分された割合を示したものなのだけど。

〔資料１〕全国の行政機関による犬・ねこの引き取り数と殺処分率のうつり変わり

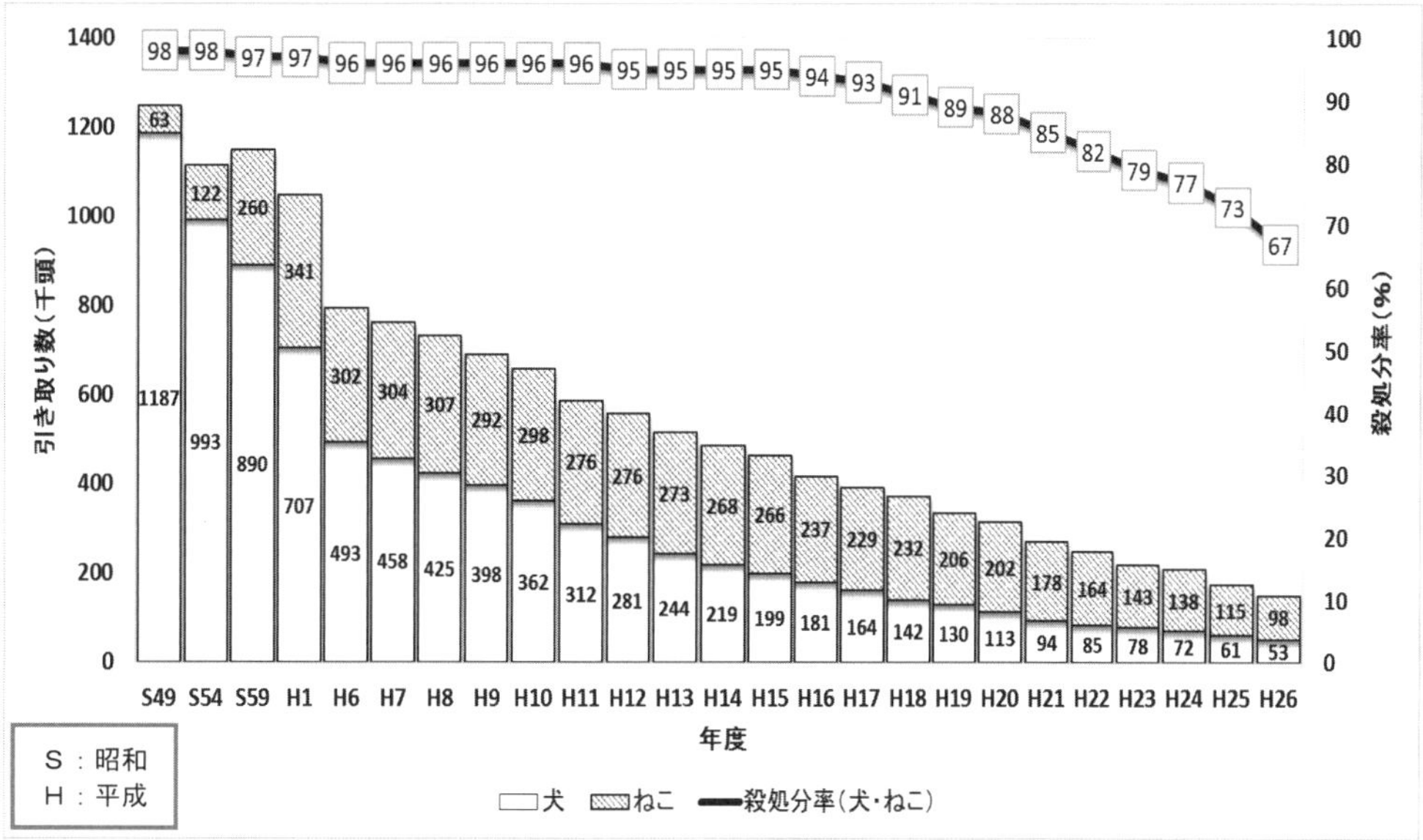

（『環境《かんきょう》省自然環境局ホームページ』より作成）

たろうさん：改善はされているようだけど、まだたくさんの犬やねこが殺処分されているんだね。川崎市でも犬の殺処分はなくなったみたいだけど、ねこの方はまだ殺処分が行われているんだね。
はなこさん：ねこについては完全には達成できなかったみたいなの。それでもかなり減ってはいるみたいだけど。そういえば**〔資料１〕**でも、最初のころは犬の引き取り数の方が多かったのに、いつの間にかねこの引き取り数の方が多くなっているわね。
たろうさん：犬とねこでは何かちがいがあるのかな。
はなこさん：もっと調べてみる必要があるわね。

解説

川崎市立川崎高等学校附属中学校の入学者選抜では、適性検査Ⅰと適性検査Ⅱが行われます。適性検査Ⅰでは、「文章や図や表･データの内容を的確にとらえ情報を読み解き、分析し表現する力をみる。また、作文も含む」ことを、適性検査Ⅱでは「自然科学的な問題や数理的な問題を分析し考察する力や、解決に向けて思考・判断し、的確に表現する力をみる」ことを出題の基本方針としています。

この春の出題をみると、適性検査Ⅰは国語的要素の問題で作文（最大文字数300字以上400字以内を記述）があり、この作文表現では三段落の構成を求められました。また、社会科的な問題でも記述式解答が含まれました。

適性検査Ⅱは算数、社会、理科の融合問題で、データや表を読み取る力が試されます。また、ここでも記述式で答える問題が多くでています。上記のような問題が出題されていますが、答えがでればよいというわけではなく、長い問題文の読解力が求められています。また、問題量が多いため処理のスピードも試されます。

神奈川

横浜市立 南《みなみ》高等学校附属中学校

■併設型 ■2012年開校

横浜から世界にはばたく人材の育成

バランスのよい学びで学力を向上。世界に通用する英語力をつけるとともに、豊かな人間性と高い学力を育み、高い志と幅広い視野をもって、グローバルに活躍する人間を育成します。

磯部《いそべ》 修一《しゅういち》 校長先生

横浜市民に中高一貫という新たな教育サービスを

【Q】2012年（平成24年）4月に御校が開校されました。設立にいたった経緯をお教えください。

【磯部先生】 横浜市の教育委員会では高等学校の再編整備を行っており、そのなかで、2009年（平成21年）に横浜サイエンスフロンティア高校の開校、2010年（平成22年）に市立金沢高校への特進コースの設置、そして市立南高校に横浜市初の公立中高一貫教育校をつくることになりました。これは、横浜市民に対して、多様な選択肢を用意する行政サービスのひとつとなっています。

【Q】開校して5年が経ちました。現状をどのようにお考えですか。

【磯部先生】 学校側が考えていた以上に、学力レベルの高い生徒たちが入学してきています。そうした生徒たちが、9教科すべての学習にバランスよく取り組み、合唱コンクールや体育祭などの教育活動にも意欲的に取り組んでいます。とくに英語力の上達は著し

学校プロフィール

開　　校…2012年4月

所 在 地…神奈川県横浜市港南区東永谷2-1-1

T E L…045-822-9300

U R L…http://www.edu.city.yokohama.lg.jp/school/jhs/hs-minami/

アクセス…横浜市営地下鉄「上永谷」徒歩15分、京浜急行・横浜市営地下鉄「上大岡」・横浜市営地下鉄「港南中央」バス

生 徒 数…男子217名、女子262名

1 期 生…高校3年生

高校募集…あり

3学期制／週5日制／50分授業

入学情報

・募集人員…160名（男女概ね各80名）

・選抜方法…調査書、適性検査（Ⅰ・Ⅱ）

横浜市立 南高等学校附属中学校

く、1期生は85%の生徒が中3の2月までに英語検定で準2級以上を取得するという偉業を達成しました。

さらに感じるのは、生徒たちはこの学校の生徒であることに誇りを持っているということです。

【Q】教育の柱としている「高い学力」「豊かな人間性」についてお教えください。

【磯部先生】 私たちは、現在、6年後の子どもたちに、「豊かな人間性」と「高い学力」、このふたつを兼ね備えた人間になってほしいという願いがあります。

このふたつの教育の柱を実現するために、「学びへの飽くなき探究心を持つ人材の育成」「自ら考え、自ら行動する力の育成」「未来を切り拓く力の育成」という3つの教育目標を掲げています。

中学校の開校にともなって、3つの中期目標を設定しました。それが「コミュニケーション力の育成に対応した教育内容への生徒・保護者の満足度を90%以上」、「生徒の授業満足度を90%以上」、「将来、国公立大学入学者80名以上(1学年160人)をめざし6年間で基礎学力・学習習慣・強い意志を育成する」の3つです。

2016年度(平成28年度)の生徒の「授業満足度」は94%、「学校生活に満足」は95%、「級友に満足」は97%を超えています。

高い学力の習得に向け 言語活動の充実を重視

【Q】「高い学力の習得」に向けた具体的な内容をお教えください。

【磯部先生】 中高の6年間で一貫した教育を行うにあたり、Ⅰ期(中1・4月~中2・9月)、Ⅱ期(中2・10月~中3・2月)、Ⅲ期(中3・3月~高1・12月)、Ⅳ期(高1・1月~高3・3月)の4期に分けています。Ⅰ期は9教科に全力で取り組み、勉強の仕方を学び、Ⅱ期は中学での学習をまとめ、Ⅲ期の高校での学習へとつなげていきます。Ⅳ期で自分の目標実現に向かって進んでいきます。

9教科すべてをバランスよく学ぶことを前提とし、読む、書く、話す、聞く、説明するなどの言語能力やコミュニケーション能力を高める活動をすべての教科で実施しています。

中1から高1までの4年間は「国語・数学・英語」の授業を毎

特色ある カリキュラム紹介

1 横浜南高等学校附属中の総合的な学習「EGG」

中学３年間での総合的な学習の時間を、横浜南高附属中では「EGG…Ｅ（explore…探す、学びの探究）、Ｇ（grasp…掴む、自己の可能性発見）、Ｇ（grow…伸びる、人間性の成長）」と呼んでいます。さまざまな活動をとおして、コミュニケーション力を養い、自ら学び、自ら未来を切り拓く力を育てるのが目的です。

木曜日の７校時と、月に２度の土曜日４時間を使い、「EGG体験」「EGGゼミ」「EGG講座」の３つのプログラムを実施しています。

「EGG体験」では、豊かなコミュニケーション力を育成する交流体験や研修が用意されています。プロジェクトアドベンチャー、グループエンカウンター研修、コミュニケーション研修といったプログラムでは、同じクラスの生徒同士や、別クラスの生徒同士、クラス全体などの組み合わせで、課題のクリアをめざして協力するなかで、コミュニケーション力を養っていきます。

開校から５年が経ち、さまざまな研修が実施されました。生徒たちは、クラス、学年集団、それぞれの場面で活発に意見をだしあい、交流し、課題に取り組んでいました。また、こうしたプログラムを継続するとともに、イングリッシュキャンプ、カナダ研修旅行などの国際交流活動にも取り組んでいます。

「EGGゼミ」では、論理的思考力を育成する多様な言語活動や、調査、研究、発表活動を行います。

中３での卒業研究に向け、中１は資料収集、インタビュー、ポスターセッションなど論理的思考力を養う基礎的な学習をし、中２ではテーマ別のグループに分かれての調査、研究、発表となります。中３では一人ひとりが卒業研究を行います。

「EGG講座」は、幅広い教養と社会性を学び、将来の進路への興味・関心を引きだすための多様な講座です。

大きく分けて教養講座とキャリア教育（P113本文参照）のふたつがあり、教養講座ではJAXA（宇宙航空研究開発機構）による「宇宙開発講座」、「横浜市大国際理解講座」、「東大水中ロボット体験」、「JICA横浜国際協力講座」、「米国大学機構海外留学講座」、「横浜市大医学部体験」など、独自の講座が多数用意されています。

日行います。これにより中学３年間で３８５時間の授業時数増になります。

授業時数は週33時間です。また、中３では、国語・数学・英語の一部で高校の内容につながる発展的な学習を行います。

国語科では、高校の学習内容につながる古典教育の充実、学校紹介スピーチやパンフレット・ポスターなどのキャッチコピー作成の活動をとおして、実社会で役立つ言語能力の育成をめざしています。また、高校と図書館を共用しているので、蔵書数も多く、広く落ちついた空間で、生徒たちは豊かな読書生活を送っています。

数学での中高一貫校用教材「体系数学」の使用や少人数制授業、理科の実験授業におけるチームティーチングなど、きめ細やかな指導で理数系教育の充実にも力をそそいでいます。

英語教育でも少人数授業を実施しています。夏休みに各学年で３〜４日間の英語集中研修を行っています。さらに中２では２泊３日のイングリッシュキャンプを実施し、中３では、それまで培ってきた英語力とコミュニケーション力をいかすために、姉妹校提携をしているカナダ・バンクーバーの「ポイント・グレイ・セカンダリー・スクール」訪問を含むカナダ研修旅行を行います。

さらに、総合的な学習の時間でもさまざまな言語活動を行っています。

中学校での総合的な学習を、本校では「ＥＧＧ（エッグ）」と呼びます。これはＥ（explore…探す、学びの探究）、Ｇ（grasp…掴む、自己の可能性発見）、Ｇ（grow…伸びる、人間性の成長）の頭文字を取ったものです。

ＥＧＧは、木曜日の７校時と、月２回の土曜日（４時間）に実施しています。中３では、３年間の学習の集大成として卒業研究に１年かけて取り組み、論文を執筆します。

【Q】家庭学習の習慣を身につける取り組みをされていますね。

【磯部先生】 学力向上のポイントとして「家庭学習の習慣を身につける」ことが大切であると考えています。家庭学習を定着させるために、「私の週プラン」を使って毎日の学習内容を記録させています。

「私の週プラン」とは、おもに５教科の家庭学習の時間を毎日記

横浜市立 南高等学校附属中学校

年間行事

おもな学校行事（予定）	
4月	入学式　校外体験学習 （プロジェクトアドベンチャー）（中1） 構成的グループエンカウンター研修（中1）
5月	生徒総会 コミュニケーション研修（中1）
6月	体育祭　合唱コンクール
7月	英語集中研修（中1・中2）
8月	英語集中研修（中3）
9月	南高祭（舞台・展示の部）
10月	イングリッシュキャンプ（中2） カナダ研修旅行（中3）
11月	コミュニケーション研修（中1）
12月	
1月	百人一首大会
2月	構成的グループエンカウンター研修（中1）
3月	修了式

録し、週末に今週を振り返り、次週の家庭学習の目標や課題を書くシートのことです。学級担任が毎週確認し、家庭学習の状況把握に努めています。

　さらに、英語のリスニングマラソン、国語の読書マラソン、数学の問題集などの課題をだし、継続的に家庭学習に取り組むよう指導しています。

　その結果、家庭学習の習慣が身についてきているようです。

【Q】併設型の中高一貫校ということで、高校からも1クラス（40名）募集がありますね。

【磯部先生】高校から入学してくる生徒にとっても、附属中から進学してくる生徒にとっても相互によい刺激になると思っています。お互いに切磋琢磨して、活気あふれる学校にしていってほしいと願っています。

【Q】進路指導についてはどのように考えておられますか。

【磯部先生】いろいろな分野の一流のかたがたを招いて講演や指導をしていただく「EGG講座」のなかで、キャリア教育を行います。横浜市立大や横浜国立大とはEGGをとおして交流をはかっていますし、また、中3で大学見学を実施しています。このようにして、大学や、大学を卒業したそのさきにあるさまざまな職業について学習していくことで、自分の将来をしっかり考えさせる進路指導ができます。

【Q】行事は高校生といっしょに行うのでしょうか。

【磯部先生】体育祭・文化祭・合唱コンクールなどの行事は中高合同で行います。中学生にとっては、高校生の取り組みが目標になり、高校生にとっても、自分たちが中学生のよい見本となりたいという意識が見られます。また、生徒会や部活動などの一部も中高合同で活動しています。

【Q】御校にはどのような生徒に入学してもらいたいですか。

【磯部先生】本校では、高い志を持ち、国際社会の発展に貢献できる生徒の育成を教育方針としています。そのためには、「コミュニケーション力」や「論理的思考力」「数学的な見方や考え方」などの力をしっかりと身につけることが大切だと考えています。学ぶ意欲が高く、困難に立ち向かう積極的な姿勢をもった生徒の入学を希望しています。

問題2　みなみさんは、いくつかの【図4】の立方体の面と面を、ぴったりと貼《は》り合わせて立体をつくりました。【図1】と同じようにA側、B側、C側のそれぞれから見たとき、【図5】のように見えました。あとの問いに答えなさい。

【図4】

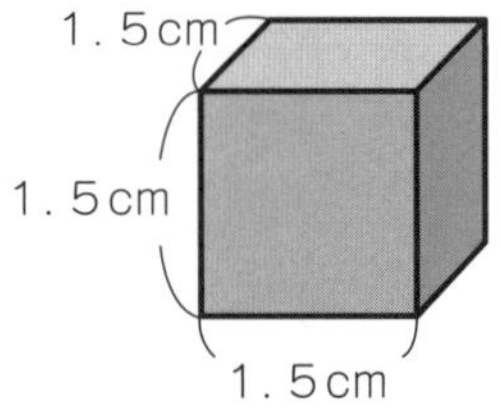

【図5】

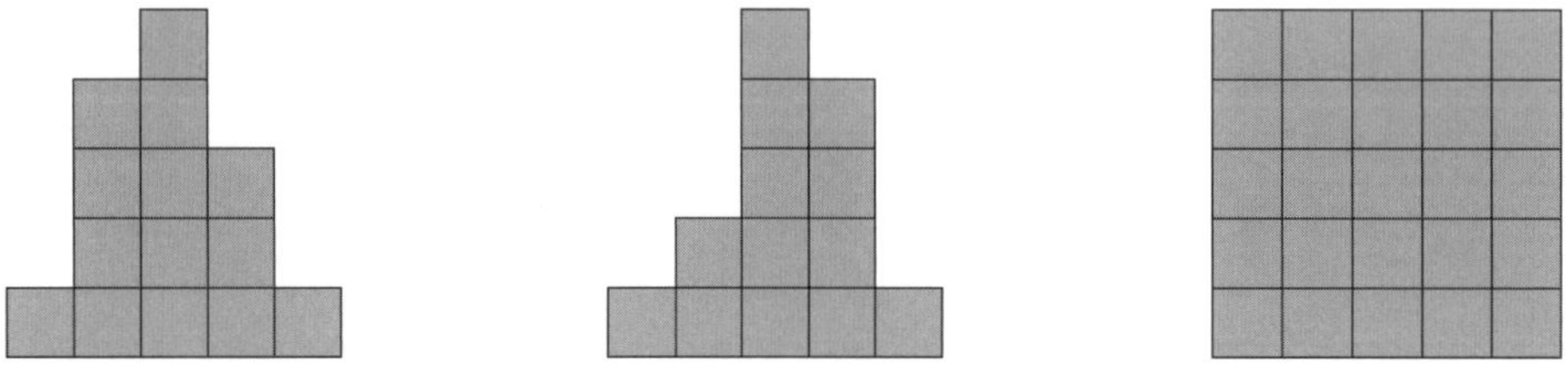

（1）できるだけ多く【図4】の立方体をつかって、【図5】のように見える立体をつくりました。つかう立方体の数が最大になるときの、立方体の個数を答えなさい。また、そのときの面と面がぴったりと貼り合わされている部分の面積の合計を答えなさい。

（2）できるだけ少なく【図4】の立方体をつかって、【図5】のように見える立体をつくりました。つかう立方体の数が最小になるときの、立方体の個数を答えなさい。また、そのときの面と面がぴったりと貼り合わされている部分の面積の合計が、最も小さくなるときの面積を答えなさい。

課題や条件を正しく分析する

数理的な問題を分析し考察する力や、解決に向けて思考、判断し、的確に理解する力をみます。想像力も問われます。

情報を素早く理解する力をみる

左ページでしめされた立体の見方の意味を素早く理解していないと解答に時間がかかり、時間配分に窮してしまいます。

募集区分

一般枠（横浜市内在住、県内生で市外在住者は30％以内）

入学者選抜方法

適性検査Ⅰ（45分）、適性検査Ⅱ（45分）、調査書

横浜市立 南高等学校附属中学校

2017年度 横浜市立南高等学校附属中学校 適性検査問題Ⅰより

問題１　みなみさんは、いくつかの同じ大きさの立方体の面と面を、ぴったりと貼り合わせて、【図３】のような立体をつくりました。【図１】と同じように A側、B側、C側のそれぞれから見たときの図として、最も適切なものを、あとの**ア～ケ**の中から一つずつ選び、記号を書きなさい。

【図３】

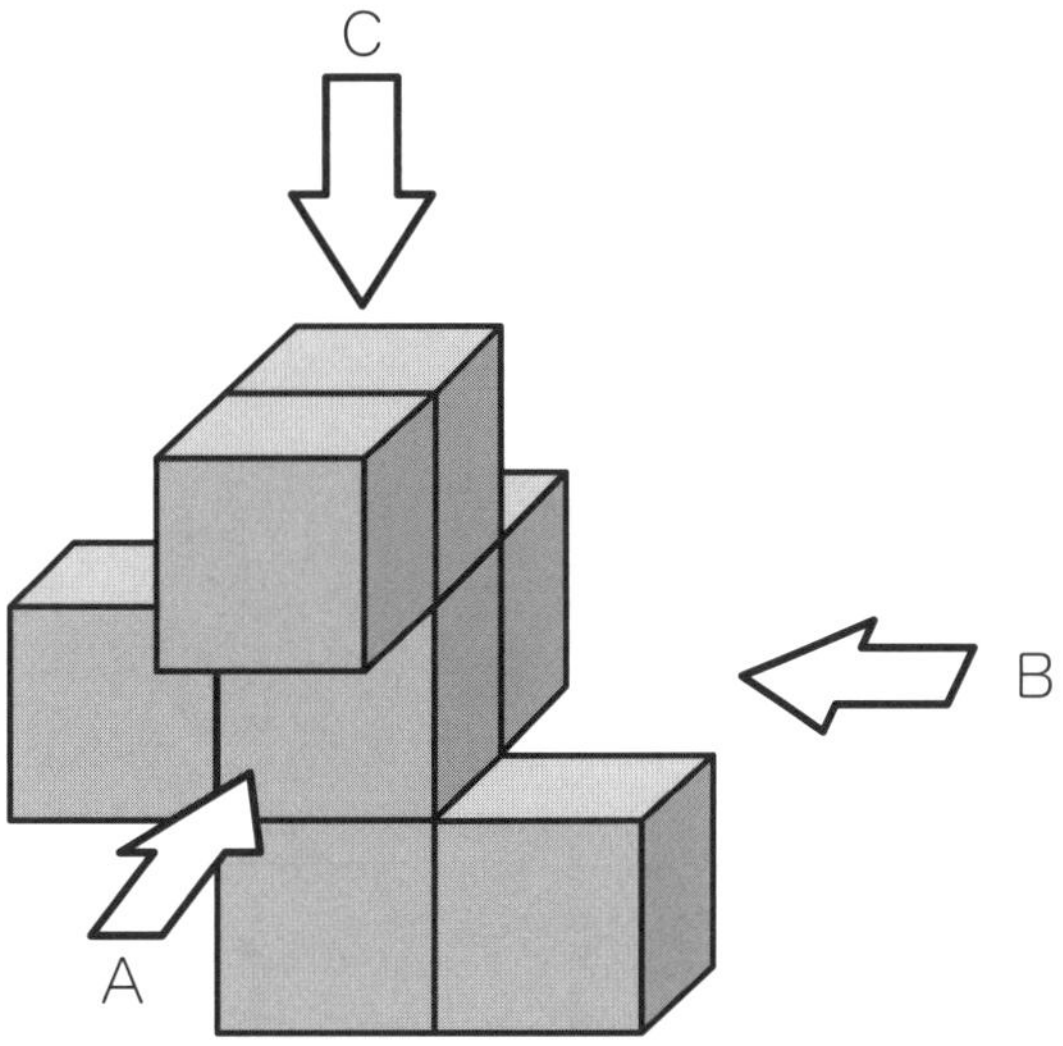

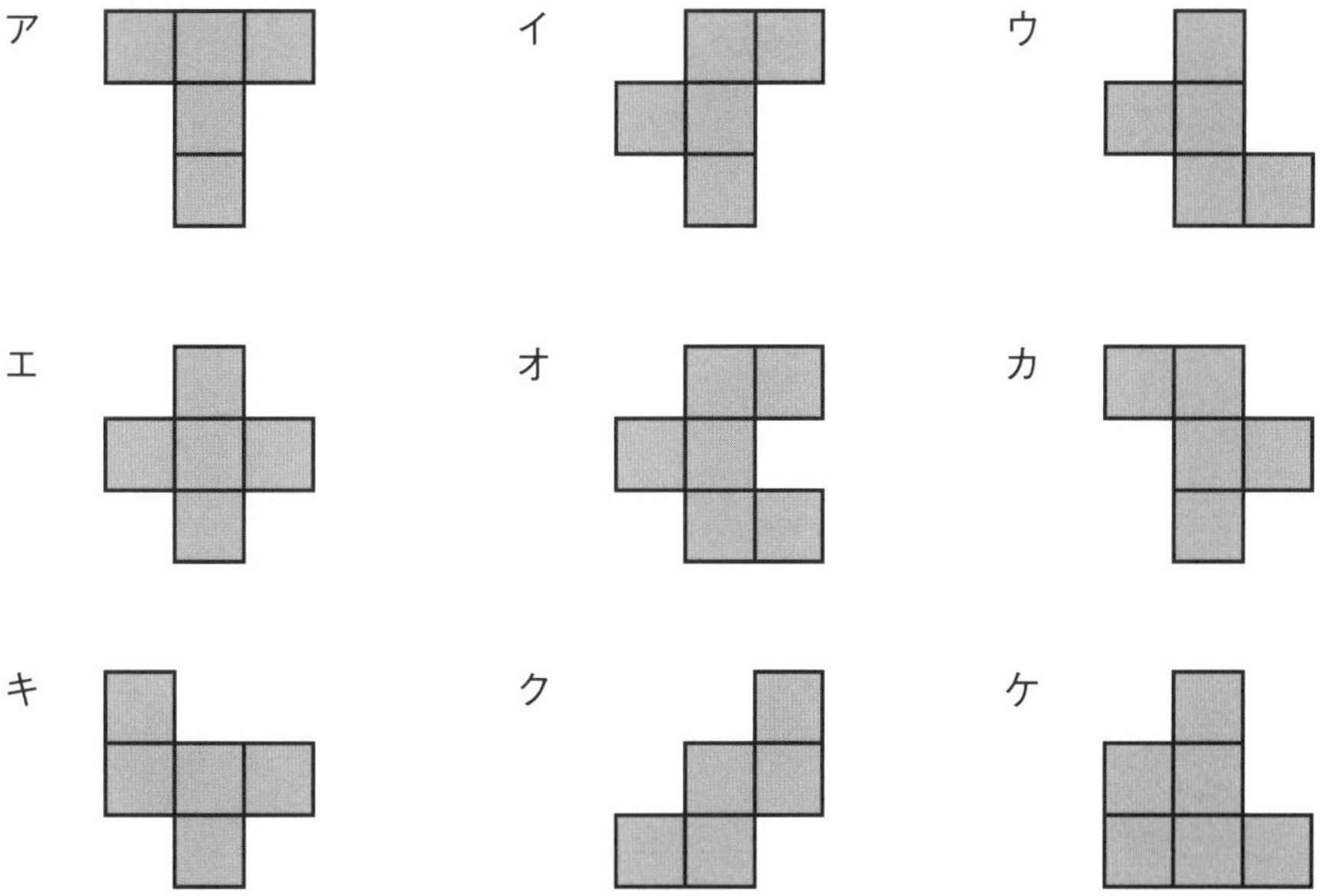

解説

横浜市立南高等学校附属中学校の入学者選抜では、2016年度入試まで適性検査Ⅰ、Ⅱに加え、適性検査Ⅲが行われていました。しかし、2017年度入試からは適性検査Ⅲはなくなり、適性検査Ⅰ、Ⅱのみとなりました。これは同市内に開校した横浜市立横浜サイエンスフロンティアの適性検査がⅠ、Ⅱのみのため、これに合わせたものですが、両校で問題は異なります。

適性検査Ⅰは、読解力と作文力が試されます。文章や会話文から情報を読み解き、分析し表現する力が試されます。 作文の参考資料となる長文については分量が多いため、手早く読みこなし、作文する時間を確保する必要があります。 作文の配点は全体の70%を占めています。作文は、長文を300～350字に要約するものと、200～250字で自分の考えを書きます。

適性検査Ⅱは、自然科学的な問題と算数の問題で、分析し考察する力や、解決に向けて思考・判断し的確に表現する力が試されます。算数、理科の問題が中心に出題されますが、問題数が非常に多いのが特徴で、時間内に全問解くことは難しいでしょう。解ける問題、解くべき問題を見極めることが大切です。配点は、適性検査Ⅰ・Ⅱの合計400点を300点に換算します。

横浜市立 横浜《よこはま》サイエンスフロンティア高等学校附属中学校

神奈川

■併設型　■2017年開校

未来の「サイエンスエリート」を育てる 新しい中高一貫教育がスタート

2017年（平成29年）4月、「サイエンス」を武器に活躍する人々を輩出する横浜市立横浜サイエンスフロンティア高等学校に附属中学校が開校しました。1期生はどんな学校生活を送っているのでしょうか。

栗原《くりはら》　峰夫《みねお》 校長先生

“ほんもの”を体験し「驚きと感動」を得る

【Q】中学校設立の背景についてお聞かせください。

【栗原先生】 横浜市立横浜サイエンスフロンティア高等学校は2009年（平成21年）に開校し、今年9年目を迎えました。教育理念は、「先端的な科学の知識・智恵・技術、技能を活用して、世界で幅広く活躍する人間の育成」です。サイエンスの考え方や、グローバルリーダーの素養を身につけさせ、それらを武器に世界中の人たちとコミュニケーションを取りながら活躍できる人材を育てています。生徒たちは恵まれた環境のなかでのびのびと成長し、良好な大学進学実績だけでなく、卒業後もサイエンス分野の研究を中心にさまざまな成果を生みだしています。

こうした順調な歩みを早期から進めることが、中学校設立のねらいのひとつです。また、中学3年間でベースを築いた生徒たちが高校へあがり、高校から入ってくる生徒たちと融合することで生まれ

学校プロフィール

開　　校…2017年4月

所 在 地…神奈川県横浜市鶴見区小野町6

T E L…045-511-3654

U R L…http://www.edu.city.yokohama.lg.jp/school/jhs/hs-sf/

アクセス…JR鶴見線「鶴見小野」徒歩3分

生 徒 数…男子40名、女子40名

1 期 生…中学1年生

高校募集…あり

3学期制／週5日制／50分授業（一部95分授業あり）

入学情報

・募集人員…男子40名、女子40名 計80名

・選抜方法…適性検査Ⅰ・Ⅱ、調査書

横浜市立 横浜サイエンスフロンティア高等学校附属中学校

る効果にも期待しています。

【Q】御校がめざす教育とは。

【栗原先生】 本校がめざすのは、「サイエンスエリート」の育成です。ここでいう「サイエンス」とは、幅広い分野において物事を論理的に考えることを意味します。文・理を超え、政治、経済、医学、薬学などあらゆる分野で役立てられる力です。一方、「エリート」とは、社会に貢献したり、自分がお世話になったかたがたへの恩を返したりする意識をもつことを意味します。それらをサイエンスの力によってかなえられる人を、「サイエンスエリート」と呼ぶのです。

その実現には、「驚きと感動」による知の探究」が必要であると考えています。「驚きと感動」と「知の探究」のサイクルにより、生徒の成長をうながすのです。たとえば、野球の練習をイメージしてみてください。基礎として素振りの練習（＝知の探究）はとても大事です。しかしながら、そればかりでは伸びません。試合にでたり、プロのプレーを観たりして得られる「驚きと感動」により成長できるのです。

本校には、この「驚きと感動」が得られる〝ほんもの〟を体験できる機会がたくさんあります。高校の課題探究型授業「サイエンスリテラシー」では、大学教員や企業の研究部門のかたのサポートのもと、生命科学をはじめとした先端科学5分野が学べます。また、全員参加のマレーシア海外研修をはじめとした国際交流プログラムも充実しています。〝ほんもの〟に触れることで「驚きと感動」と「知の探究」のサイクルが回る。そんな教育を展開しています。

学びを深く掘り下げ 知識を智恵に変える

【Q】カリキュラムにはどんな特色がありますか。

【栗原先生】 最大の特色は、授業時間数が多いことです。標準と比べ、中学3年間で国語・数学は140時間、英語は105時間、理科は35時間多く学べます。時間数が多いぶんは、新しい知識を先取りするのではなく、学んだ内容を深く掘り下げるのにいかします。なぜなら、本校は知識量を増やすことより、知識を智恵に変えるサイクルを重要視しているからです。

また、その手法のひとつとし

特色ある カリキュラム紹介

1 自由に自分を開拓する時間「フロンティアタイム」

「フロンティアタイム」は、教科の授業ではなく行事でもありません。生徒一人ひとりが主体的に自分自身を開拓する時間です。生徒自身が興味・関心のあるテーマを選択し、「フロンティア手帳」に記入した計画をもとに進めていきます。例えば、プログラミングを勉強する生徒もいれば、生物や植物を育てる生徒、図書館で調べ物をする生徒もいる、といった時間です。なかには、「フグを2匹捕まえてきて、環境の違いによりどんな成長のちがいが見られるか」というユニークな実験を行う生徒も。テーマ決めから進行まで、自ら積極的に取り組みます。担任は面談をとおして相談に応じますが、指示・指導などは行いません。

この時間の最大の目的は、生徒の自立をうながすことです。ゆっくり時間をかけて自分と向きあったり、周囲を見渡したりすることで、多様な社会を知り、多様な価値観に気づくことができます。また、自分を開拓することは、キャリア形成にもつながります。生徒各々がこの時間を自由に活用し、未来の自己実現へとつなげていくのです。

2 5つの力を段階的に高める「サイエンススタディーズ」

「サイエンススタディーズ」は、いま世の中から求められている読解力・情報活用力・課題設定力・課題解決力・発表力の5つの育成を目的とした、課題探究型の学習です。「日本を知る」を共通テーマに、校外研修を交えながら段階的に進めます。

まず、中学1年生は博物館見学やフィールドワークを交えながら、全8教科の教員による特別授業を受けます。そのなかから興味をもった内容をもとに、個人研究のテーマを決定します。

つぎに、2年生になると、「エコアイランド」をめざす宮古島での宿泊研修をとおして、課題意識を高めたり、視野を広げたりしたうえで、本格的な個人研究にとりかかります。ここで研究の基礎を身につけるのです。

最後に、3年生になると、グループで協働研究を行います。国内研修旅行においては、研修先の学校で研究内容を発表。その後、高校で行われる「グローバルスタディーズ」や「サイエンスリテラシー」へいかしていきます。

神奈川

て、「DEEP学習」を取り入れています。「DEEP」とは、ものごとを正確にとらえて考察し討議する「Discussion（考察・討議）」、仮設を立てて論理的に実証する「Experiment（実験）」、フィールドワークなど実体験から学ぶ「Experience（体験）」、自分の考えや意見を正確に相手に伝える「Presentation（発表）」の頭文字を取ったもの。基礎基本の知識をもとに思考を働かせ、自らの考えを発表し、仲間と協働する力、まさに現在注目されている大学入試改革に耐えうる力を身につけていける授業が展開されています。

さらに、生徒が自らを開拓する時間「フロンティアタイム」や、課題探究型の学習「サイエンススタディーズ」（上記参照）も大きな特色となっています。

【Q】カリキュラム以外に特徴的なこと、御校で学ぶ魅力について教えてください。

【栗原先生】 特色あるカリキュラムを展開するのに欠かせない、充実した施設・設備です。天体観測ドームや生命科学実験室、環境生命実験室など、"ほんもの"が体験できる、大学にも劣らない恵まれた学習環境が整っています。顕微鏡やタブレットはひとり1台用意されており、パソコンも各階のPCラウンジなどで自由に使えます。

また、中学生と高校生との交流機会が多いことも本校の魅力のひとつです。生徒会活動や体育祭などを中高合同で行うほか、教室も同じフロアに配置しています。ふだんから同じ授業時間で動き、日常的にコミュニケーションを取りやすい環境です。部活動については、高校の部活動のなかから、中学生を受け入れられるものを選出し、可能なかぎりいっしょに活動できるようにしています。

世界で大切にされるサイエンスエリートに

【Q】今年4月に入学した1期生の雰囲気はいかがですか。

【栗原先生】 非常に多くのかたに受検してもらいました。結果として、本校に魅力を感じ、「この学校で学びたい」と強く望んでいる生徒たちが入ってきてくれた印象を持っています。とくに、サイエンスを学ぶための施設・設備の充実、専門家の支援があることに魅力を感じている生徒が多いようです。

年間行事

おもな学校行事（予定）	
4月	入学式　新入生オリエンテーション 宿泊研修（中1）　宮古島研修（中2）
5月	
6月	体育祭
7月	三者面談　夏季英語集中研修
8月	
9月	蒼煌祭（文化祭）
10月	東京散策（中2）　研修旅行（中3）
11月	三者面談
12月	
1月	
2月	
3月	修了式

なにごとにも積極性をもち、いきいきと生活しているようすがうかがえます。基本的に高校生と同じ授業時間で動くため、実験・実習などは1コマ95分と長時間になるのですが、集中力を切らすことなくタフに取り組んでくれています。

　また、保護者のかたからは、「こういう学校があるなら、自分が通いたかった」という声をいただいています。受検を検討されるにあたっては、大学進学実績をみて安心して選んでくださった面もあると思いますが、なにより本校の掲げる理念に共感されたことが大きかったようです。

【Q】先日、初めて中高合同の体育祭が行われましたが、どんなようすでしたか。

【栗原先生】 高校生は各学年6クラスを縦割りし、6チーム編成に。中学生は全員を6グループに分け、高校生の各チームに入れてもらいました。

　じつは、はじめは中高合同実施に戸惑う高校生もいたのですが、「新しい体育祭をつくる」という発想に変え、応援団やパフォーマンスにも快く中学生を受け入れてくれました。中学生も一生懸命取り組み、後日、「先輩がたが私たちを応援してくれてうれしかった」「来年、後輩たちに同じように接したい」などの感想を寄せています。

本校には、目標となるすばらしい先輩たちと出会える場もあります。

【Q】最後に受検生へのメッセージをお願いします。

【栗原先生】 現在、本校にはさまざまなことに興味を抱き、チャレンジできる生徒たちが集まっています。つねに視野を広く、視点を高く保つことのできる教育環境も整っています。ですから、みなさんにも、「やりたいことを仲間といっしょにやろう」という高い意識をもって入ってきていただきたいです。先輩・後輩も含め、いっしょに学べる仲間にであう学校だと思います。

　組織とは、上に立つリーダーだけでは成り立ちません。仲間とともに行動することを意識し、状況によって立場を変え、リーダーを支える経験も大事です。グローバルに活躍するための自己主張と、日本人特有の調和の双方を持ち合わせてほしい。そうして、世界で大切にされるサイエンスエリートをめざしてほしいと思います。

（1）**【会話１】** 中の＿＿＿＿線①について、現在の時間で表した場合、夏至と冬至を比べると昼の「一刻」の長さは、夏至の方が約何分長いでしょうか。**【会話１】** 中の **【資料１】** と次の **【図１】【表１】** を参考に計算しなさい。ただし、答えが小数になった場合は、小数第一位を四捨五入《ししゃごにゅう》して、整数で答えなさい。

【図１】

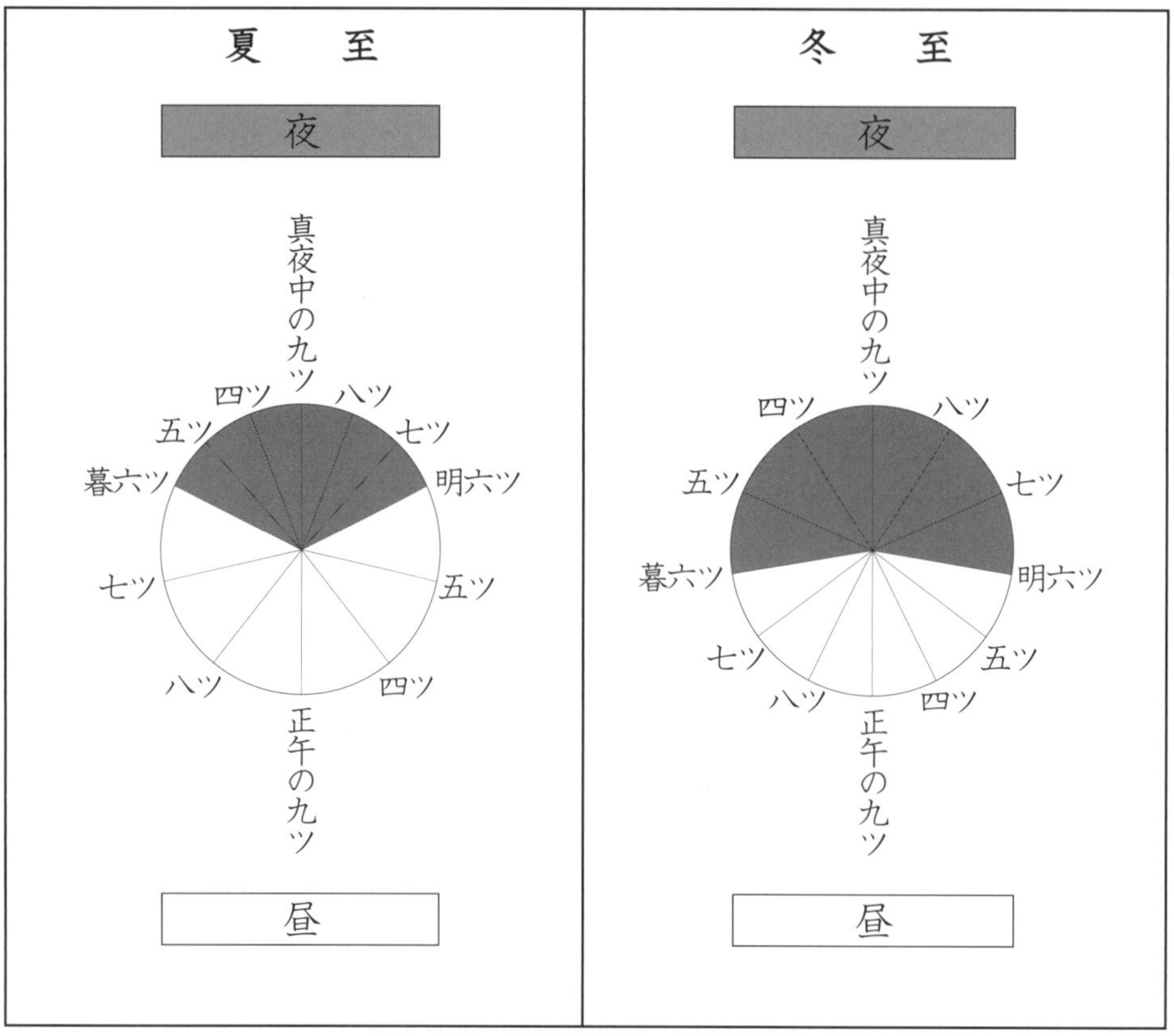

（石川英輔「大江戸しあわせ指南」をもとに作成）

【表１】

	「明六ツ」の時刻	「暮六ツ」の時刻
夏　至	午前４時００分	午後７時３０分
冬　至	午前６時１５分	午後５時００分

（横浜の夏至、冬至の時刻をもとに作成）

課題や条件を正しく分析する

会話文を数理的に分析し考察する力や、解決に向けて思考、判断し、的確に理解する必要があります。

情報を素早く理解する力が必要

江戸時代の時刻についての計算です。現在とは異なる情報を理解し、整理していく力が試されます。

募集区分　一般枠（横浜市内在住）

入学者選抜方法　適性検査Ⅰ（45分）、適性検査Ⅱ（45分）、調査書

2017年度 横浜市立横浜サイエンスフロンティア高等学校附属中学校 適性検査問題Ⅰより

1 はなこさんとたろうさんは、総合的な学習の時間で「科学技術の発展《はってん》と私《わたし》たちの生活」をテーマとして調べ学習をし、わかったことや考えたことをクラスに発表することにしました。

問題1 はなこさんとたろうさんが学校の図書室で資料を見ながら話をしています。【会話1】～【会話4】を読み、あとの問題に答えなさい。

【会話1】

はなこさん：科学技術の発展によって私たちの生活が、どれだけ便利になったかを知るために、江戸《えど》時代の人々の生活に関する資料を探《さが》してきました。

たろうさん：それは、どのような資料ですか。

はなこさん：最初の資料は、江戸時代の時刻《じこく》の決め方についてです。現代とは違う方法で時刻を決めていました。【資料1】を見てください。

【資料1】江戸時代の時刻の決め方

江戸時代に広く使われていた時刻の決め方は不定時法というものでした。時刻の基準となるのは、日の出の約30分前の「明六ツ《あけむ》」と日の入りの約30分後の「暮六ツ《くれむ》」でした。そして「明六ツ」と「暮六ツ」の間を昼と夜それぞれ6等分して「一刻《いっとき》」とし、「明六ツ」の次が「五ツ」「四ツ」と減り、次に正午の「九ツ」となり、さらに「八ツ」「七ツ」と減って、「暮六ツ」となりました。この後が夜の時刻で、昼間と同じように「五ツ」「四ツ」と減り、真夜中の「九ツ」というように数えました。日の出、日の入りの時刻は毎日変わるため「明六ツ」と「暮六ツ」の時刻も毎日変わってしまうことになりますが、実際には半月ごとに切《き》り替《か》えていました。

(石川英輔《いしかわえいすけ》「大江戸しあわせ指南」をもとに作成)

たろうさん：【資料1】を見て気がついたのですが、半月ごとに「明六ツ」「暮六ツ」の時刻を切り替えるということは、「一刻」の長さも変わることになります。そうすると①夏至《げし》と冬至《とうじ》では、「一刻」の長さが大きく違《ちが》ってしまうことになりますね。

はなこさん：そうですね。今は科学技術が発展し、時計によって一年を通じて同じ時刻で生活していますが、江戸時代はそうではなかったのですね。

解説

横浜市立横浜サイエンスフロンティア高等学校附属中学校は、この春（2017年度）開校した学校です。男女各40人を募集の入学者選抜選考基準は、まず、調査書の小学校5、6年生の8教科の評定を160点満点でのA値とし、適性検査Ⅰ、Ⅱの評価をB値（200点満点）とし、B値重視のS値を導き、上位男女各36名を選抜したあと、残りの各4名を追加で選抜しました。※S値＝A値÷160×100×1＋B値÷200×100×3

適性検査Ⅰでは文系の内容を主体に、適性検査Ⅱでは理系の内容を主体に作問されていました。開校前には理系が得意な受検生有利との評もありましたが、国語としての読解力までを一体化した情報処理能力の高さが求められました。

適性検査Ⅰでは「課題をとらえて適切に表現する力」、適性検査Ⅱでは与えられた資料を的確に読み取り「筋道をたてて論理的に考える力」「分析力、思考力、判断力を生かして課題を解決する力」が求められました。

千葉市立 稲毛《いなげ》高等学校附属中学校

千葉

■併設型 ■2007年開校

日本人としての自覚を持ち 世界で活躍できるグローバル・リーダーを育成

2007年（平成19年）の開校から11年目。1～5期生が難関大学、国際系大学をはじめとしたそれぞれの進路に旅立ちました。すべての教育活動をとおして、「グローバル・リーダー」の育成をめざします。

遠藤《えんどう》 明男《あきお》 校長先生

学校プロフィール

開　校…2007年4月

所在地…千葉県千葉市美浜区高浜3-1-1

ＴＥＬ…043-270-2055

ＵＲＬ…http://www.inage-h.ed.jp/infjuniorhigh/

アクセス…JR京葉線「稲毛海岸」徒歩15分、JR総武線「稲毛」バス

生徒数…男子120名、女子120名

１期生…2013年3月卒業

高校募集…あり

2学期制／週5日制／50分授業

入学情報

・募集人員…男子40名、女子40名 計80名

・選抜方法…報告書、適性検査（Ⅰ・Ⅱ）、面接、志願理由書

独自の設定科目と充実の英語教育が特徴

【Q】御校の沿革と教育方針についてお教えください。

【遠藤先生】本校の設立母体である千葉市立稲毛高等学校の創立は、1979年（昭和54年）です。中学校は2007年（平成19年）4月に千葉県内初となる公立の併設型中高一貫校としてスタートしました。今年2017年（平成29年）で開校から11年目です。1～5期生が卒業し、ひとつの節目を迎えました。

「真摯《しんし》」「明朗」「高潔」の校訓のもと、「確かな学力」「豊かな心」「調和のとれた体力」を身につけた「グローバル・リーダーの育成」を教育目標に掲げています。

教育のいちばんの特徴は、常日頃から、「グローバル・リーダーとはなにか」を生徒にも先生がたにも問いかけていることです。グローバル・リーダーは英語教育だけでは育ちません。まず、日本をよく知り、日本人としての自覚を持ったうえで世界で活躍できる人

千葉市立 稲毛高等学校附属中学校

材を育てていくことが、本校の役割だと思っています。

【Q】学校独自の選択科目、活動を取り入れることで、よりその特徴がいきていますね。

【遠藤先生】中1から中3にかけて、独自の選択科目である「総合科学」「英語コミュニケーション」「世界と日本」を設けています。

「総合科学」では、理科の実験やコンピューターを使った情報技術を学びます。「英語コミュニケーション」では、ネイティブの講師による実践的な英語の授業を展開しています。そして、「世界と日本」では、世界の国々と日本をさまざまな観点から比較して、異文化理解を深めます。

また、「国際人プロジェクト」という、校外学習などで積極的に外国人に話しかける活動も実施しています。それにより、海外のかたとも自信を持ってコミュニケーションがとれる生徒が育っています。

このように、本校独自の選択科目や活動は、教育目標である「確かな学力」「豊かな心」を持つグローバル・リーダーの育成につながっているのです。

【Q】英語教育についてお教えください。

【遠藤先生】中学校では、CALL教室でコンピューターを活用し、個人のレベルに合わせたリスニング教材で、「聴く・話す」力を強化しています。中・高合わせて5名のネイティブ講師が常駐しているので、チームティーチングや、英語のプレゼンテーション授業に取り入れています。中3の京都・奈良修学旅行では、訪れている外国人にかならずインタビューする活動を行っています。

高等学校では2年次、オーストラリア語学研修に行きます。昨年度も4班に分かれ、14日間のホームステイをしながら、クイーンズランド州にある4つの高校に通いました。研修中は現地の先生や生徒たち、帰国後は父兄や近隣のかた、後輩たちの前で、英語によるプレゼンテーションを披露し、思考力・判断力・表現力をきたえています。

目標は、GTECで全員が高2で英検2級レベル、卒業までにTOEIC650点レベルを達成することです。1~5期生は、約7割の生徒がその目標を達成しました。

特色ある カリキュラム紹介

1 実践的なコミュニケーション能力の育成をめざす英語教育

設置母体校の稲毛高校は、2003年（平成15年）より2期6年間にわたり、スーパーイングリッシュランゲージハイスクール（SELHi）に指定されていました。

その際に得られた先進的な英語教育の研究成果が、中学校のカリキュラムや学習法にもいかされています。コンピューターを使用した最新の音声指導や、ネイティブスピーカーの講師による実践的なコミュニケーション授業などがその例です。

また、留学生を積極的に受け入れており、日常的にふれあうことによって、さらに英語能力は高められます。身についた英語力は、高2で実施されるオーストラリアの海外語学研修で発揮することができます。それをきっかけに生徒はまた新たな目標を持って学習にのぞんでいくのです。

2 グローバル・リーダーを育成する「国際人プロジェクト」

総合的な学習の時間「国際人プロジェクト」では、国際理解のための考え方や表現力を身につけ、自国・地域の文化を積極的に発信し、意欲的に交流することができる「グローバル・リーダー」になることをめざします。

たとえば、中1は「i千葉n（いちばん）PROJECT」と称し、生徒が千葉県の市町村について調べ、日本語でプレゼンテーションをするところからスタート。中2では、成田空港で海外から来た一般人に英語でインタビューする「成田PROJECT」、中3では、外国人への東京案内ツアーを企画して発表する「東京ABC PROJECT」などを実施します。生徒はこうした活動によって自信をつけ、たとえ失敗してもそこからまた学んでいくことができるのです。

大切なのは、世界を知る前にまず、自分の身のまわりを知ることです。有志の生徒が集まり、千葉市内の産業祭りや老人ホームで沖縄芸能のエイサーを踊るなど、千葉市の取り組みにも貢献しています。

このように、「グローバル・リーダーの育成」へつながるものとして、さまざまなプログラムが計画、実施されています。

一貫教育で育てる バランスのとれた学力

【Q】中高一貫教育のカリキュラムについてお話しください。

【遠藤先生】50分授業の2学期制で、月曜日〜水曜日は7時限、木曜日・金曜日は6時限まで授業を行い、土曜日は部活動などに活用しています。併設型中高一貫校の特色をいかした編成で、週33時間の授業を設定し、一般の公立中学校より週あたり4時間ほど多い授業時間数を確保しています。そして、中高の学習内容を継ぎ目なく実施しています。

カリキュラムの特徴としては、6年間を発達段階に応じて、「基礎学力定着期」（中1〜中2）、「充実期」（中3〜高2）、「応用発展期」（高3）の3期に分け、一貫した教育を行っていることです。このカリキュラムは、「基礎学力定着期」の中学生に、まず学習方法を身につけてもらい、そのうえで基礎学力を養成していく仕組みになっています。

そして「充実期」には、高校入試がないぶん、授業時間数をほかの公立中学校より多く確保して学習しています。「応用発展期」には、文系と理系に分かれて、それぞれの目標に向けた学力の向上をめざします。

【Q】具体的にはどのような教育を展開されていますか。

【遠藤先生】一部の科目で、少人数制授業を取り入れています。その特徴はジュニア・セミナールームという少人数用の教室を使用できることです。大教室ではなく、専用の教室で授業を行うため、すべての生徒に目が届くというメリットが最大限にいかされます。

中学校は、1学年2クラスで、1クラスの生徒数は男女半々の40名です。英語と中1・中2の数学は1クラスを半分に分け、中3の数学は2クラスを3展開にした習熟度別授業で指導しています。

高等学校は、1学年8クラスで、普通科7クラスと国際教養科1クラスで構成されています。中学からの内進生は全員が普通科へ進学し、高校から入学した外進生とは高2まで別クラス編成となり

年間行事

おもな学校行事（予定）	
4月	入学式　スタートアップセミナー（中1） 交通安全教室　校外学習（中2・中3）
5月	
6月	職場体験（中2）
7月	飛翔祭（文化祭）　夏期講習
8月	夏期講習
9月	生徒会役員選挙　前期終業式
10月	修学旅行（中3）自然教室（中2） 校外学習（中1）
11月	陸上競技大会
12月	テーブルマナー講座（中3） 異文化理解講座
1月	百人一首大会
2月	マラソン大会
3月	茶道・合気道講座（中1）　卒業式

ます。また、高1と高2で数学と英語を2クラス3展開にし、数学は習熟度別授業にしています。

本校は、中高合わせた110人を超える教職員が一体となって、6年間の一貫教育の利点をいかし、継続的な指導で一人ひとりの力を最大限に伸ばしていきます。文系・理系に偏らないバランスのとれた学びで「確かな学力」を養い、職場体験や海外語学研修などのさまざまな体験学習活動をとおして、個人の価値を尊重し異文化を受容できる「豊かな心」を持った生徒を育てていきます。

また、生徒にはよく「ゴールを定めなさい」と言っています。大学に入るということだけではなく、そのさきの目標を立て、そのためにはなにをすべきか、ということを自覚して学習に取り組んでいってほしいです。

【Q】学校行事や施設についてお教えください。

【遠藤先生】入学してすぐの中1には、スタートアップセミナーを用意しています。ここでグループワークなどを行い、生徒同士の親交を深めます。

陸上競技大会や飛翔祭（文化祭）、マラソン大会などは中高合同で行われます。

施設・設備面においては、蔵書数4万冊を超える図書館、国際交流の場としても利用している第2特別教室棟、部活動の合宿に利用している朋友館のほか、すべての普通教室に空調設備を設置するなど、学習環境も充実しています。

【Q】御校へ入学を希望する生徒へメッセージをお願いします。

【遠藤先生】生徒のみなさんは、入学後、課題や体験活動、学校生活の忙しさに戸惑うかもしれません。しかし、安心してください。本校の先生がたは、みなさん一人ひとりを尊重し、とてもよく面倒を見ます。ですから、期待に応え、忙しいなかでもがんばれる生徒さんにぜひ入学してほしいです。

また、本校はグローバル・リーダーの育成に力を入れており、在校生の先輩は、ネイティブのかたと自然なコミュニケーションがとれるように成長しています。海外から来た留学生ともほんの数時間で仲良くなれる姿を見て、私も驚くほどです。世界に飛びだしたい、世界で活躍したい、というかたにはとても合う学校だと思います。

千葉市立 稲毛高等学校附属中学校

募集区分 一般枠（千葉市在住）

入学者選抜方法 適性検査Ⅰ（45分）、適性検査Ⅱ（45分）、集団面接、報告書、志願理由書

問2　工作の広場で、３人は立方体を作ることにしました。

(1)　千春さんは、図１のように３つの立方体を糸でつなげた飾《かざ》りを作ります。この飾りはつるした状態で前、後、左、右のどの方向から見ても上から「**いなげ**」と読むことができます。

①　図２に正方形の面を１枚加えると、「**げ**」の文字が入る立方体の展開図《てんかいず》ができます。面を１枚かき加えて展開図を完成させなさい。

②　図２の面１〜面４には「**げ**」の文字がどの方向で入りますか。下のア〜オから選びそれぞれ記号で答えなさい。同じ記号を２回以上使ってもかまいません。

図１

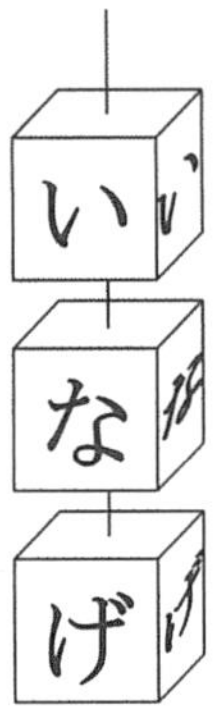

図２

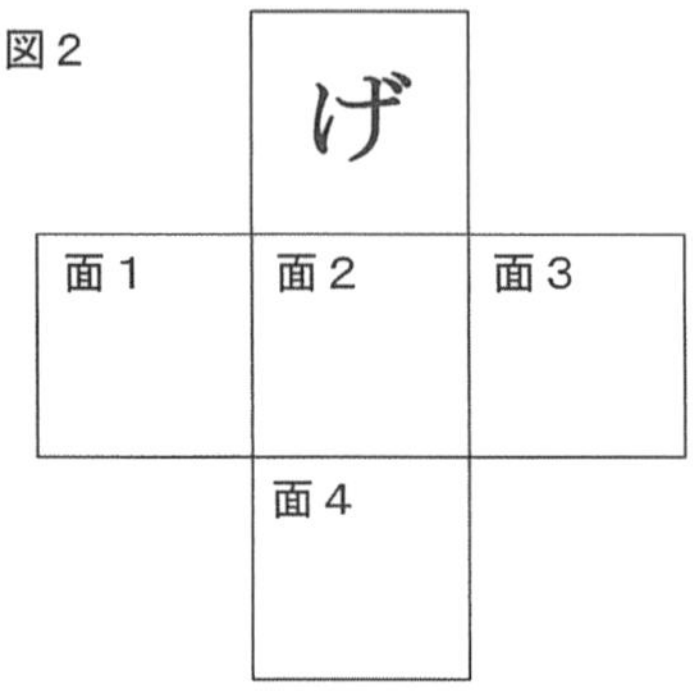

(3)　健太さんは１辺の長さが10cmの立方体を作りました。辺BC上で頂点《ちょうてん》Bから7.5cmの所にある点をPとします。図４のように、点Pから頂点Eまでの長さが最も短くなるようにマジックで立方体の面上に直線を引き、辺BFと直線が交わる点をQとします。三角形QEFをぬりつぶすとき、この三角形の面積を分数で求めなさい。

図４

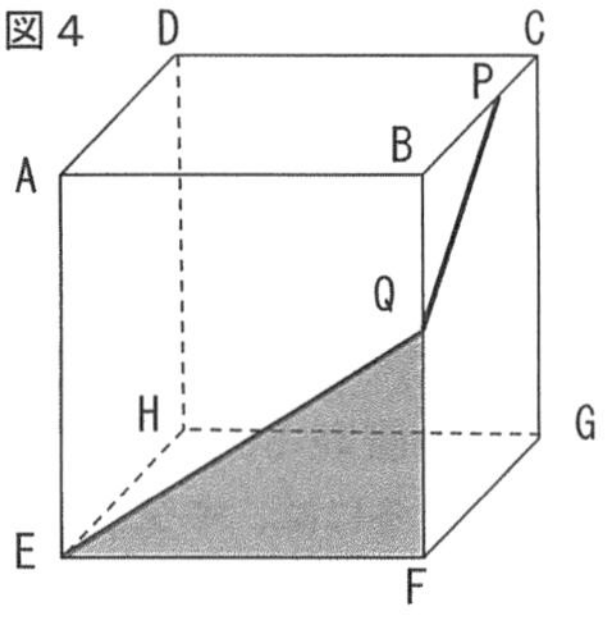

与えられた課題の理解度をみる

それぞれの問いについて、与えられた課題への理解がなければ答えられません。読解力、想像力や計算力も試されます。

数理的なものの考え方をみる

私立中入試で出題されるような算数問題です。数理的な分析力と、課題を解決していく力が問われています。

2017年度 千葉市立稲毛高等学校附属中学校 適性検査問題Ⅰより

1 ある地域《ちいき》で子どもまつりが行われています。小学生の千春さん、えりさん、健太さんは最初に販売《はんばい》コーナーで昼食を買い、次に工作の広場に行きます。あとの問いに答えなさい。

問１ 販売コーナーには次のようなメニューがあります。なお、消費税は値段にふくまれているものとします。

【子どもサービス】
・★のついた品物は、表示の値段《ねだん》から10%引いた値段になります。
・パンと飲み物を１つずつ買うとセットになり、合計金額から50円引きになります。
・パンを３つ買うと、３つの合計金額の２割引《わりびき》になります。

○パン

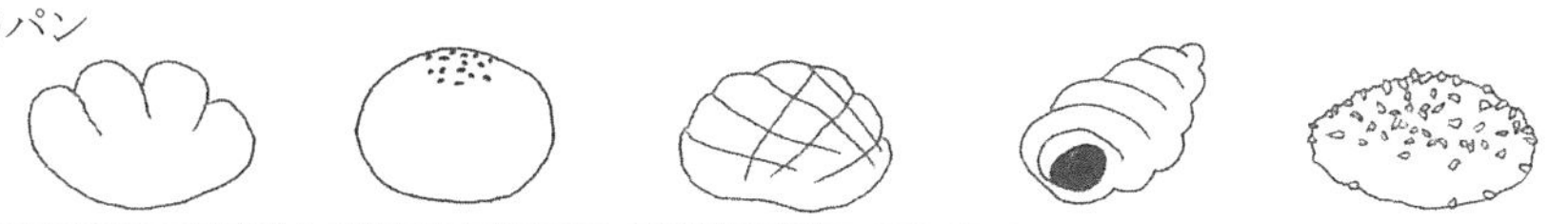

クリームパン	あんパン	★メロンパン	チョコパン	カレーパン
120円	150円	200円	200円	250円

○飲み物

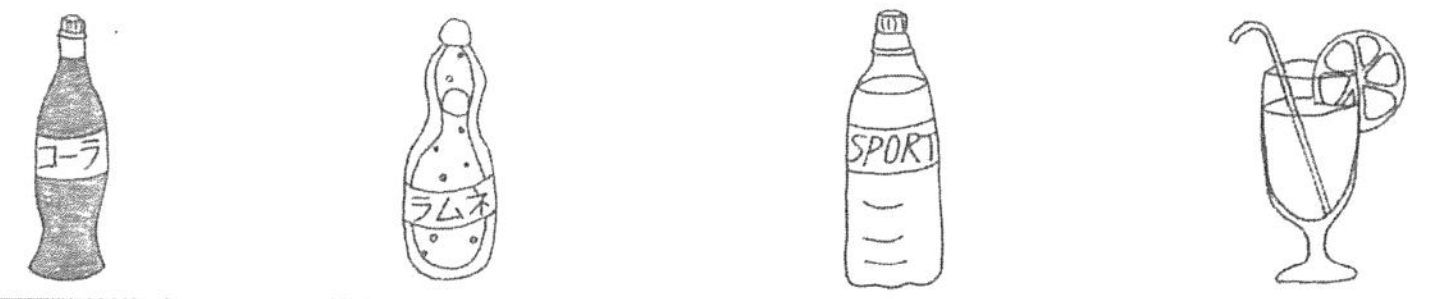

★コーラ	ラムネ	スポーツドリンク	生しぼりオレンジ
100円	120円	150円	200円

(1) 千春さんが【子どもサービス】を利用して、あんパンとチョコパンとカレーパンを１つずつ買うと、代金はいくらですか。その答えを求めるための計算式と答えを書きなさい。

(2) えりさんと健太さんの会話文を読んで、２人が買った品物について、考えられる組み合わせを解答らんの例にならって、すべて答えなさい。ただし、同じ品物を２つ以上買う場合には、その個数も書きなさい。

えり：健太さんの代金は400円だったそうね。わたしも同じ金額だったわ。
健太：偶然《ぐうぜん》だね。えりさんは飲み物を買ったみたいだね。ぼくは飲み物を買っていないよ。他には何を買ったの？
えり：わたしは、飲み物を１つとパンを２つ買ったよ。でも、パンの１つは持って帰るつもりよ。健太さんは３つもパンを買って、食べきれるの？
健太：ぼくも１つは弟のおみやげにするよ。

解説

千葉市立稲毛高等学校附属中学校の適性検査Ⅰは、４教科のバランスよい融合問題で、思考力や判断力、課題発見・問題解決能力をみます。グラフや表、地図を読み取り、課題に対する理解をみる問題が多くなっています。

適性検査Ⅱは、私立中入試の国語の出題に似た問題で、読解する文章のボリュームは多くはありませんが、作文で力をみる形式となっています。テーマに基づいて自分の考えや意見を文章にまとめ、しっかり表現できる力をみます。

しかしながら、来春の2018年度入試から「検査の内容」が改められると学校側は説明しています。

来年度からは、適性検査Ⅰでは「文章や図・表・データの内容を的確に読み取り、分析したり、文章で表現したりする力をみる」、適性検査Ⅱでは「自然科学的、数理的な問題を分析し考察する力や、解決に向けて思考・判断し、的確に表現する力をみる」となっています。適性検査Ⅰの方に作文問題の比率が移る印象です。

千葉県立 千《ち》葉《ば》中学校

千葉

■併設型　■2008年開校

日本、そして世界へ羽ばたく 心豊かな次代のリーダーを育成

千葉県内トップの進学校・県立千葉高等学校に併設され、県内初の県立中学校として開校した千葉中学校。多くの人材を輩出してきた高校の伝統ある「自主・自律」の精神を受け継ぎ、真のリーダーへの教育が行われています。

佐藤《さとう》　宰《おさむ》 校長先生

学校プロフィール

開　校…2008年4月
所在地…千葉県千葉市中央区葛城1-5-2
T E L…043-202-7778
U R L…http://cms1.chiba-c.ed.jp/chiba-j/
アクセス…JR外房線・内房線「本千葉」徒歩10分、京成千葉線「千葉中央」徒歩15分
生徒数…男子119名、女子120名
1期生…2014年3月卒業
高校募集…あり
3学期制／週5日制／50分授業
入学情報
・募集人員…男子40名、女子40名 計80名
・選抜方法…(1次検査) 適性検査(1-1･1-2)
(2次検査) 適性検査(2-1･2-2)、集団面接、報告書

県立高校再編の一環として誕生

【Q】御校がつくられた経緯をお教えください。

【佐藤先生】千葉中学校は、千葉県の県立高等学校の再編計画の一環でつくられました。

最近の子どもたちの傾向として、「考えることが苦手になっている」「指示を待つ子どもが多くなっている」ということがあげられ、お互いに教えあい、学びあうといった力が劣ってきていると言われています。こうした課題に対し、県として取り組んだ学校づくりの一環として、2008年（平成20年）に千葉県立千葉高等学校を母体に、併設型中高一貫校として中学校が開校しました。今年の春には4期生が卒業しました。

中学校では、千葉高の培ってきた伝統をいかしつつ、教育課程上の先取りをせず、6年間の一貫教育のなかで質の高い体験をたくさん行うことにより、「豊かな人間力」を育み、千葉高の目標である「重厚な教養主義」をふまえなが

千葉県立 千葉中学校

ら、「心豊かな、人の痛みのわかるリーダーの育成」をめざしています。

これまでも本校は、千葉県の高校教育のリーダーとしての自負と誇りを持ちながら教育活動に取り組んできました。今後は中学校からの進学者と他の中学校からの進学者との切磋琢磨が行われることによって、よりいっそう活性化することを期待しています。

【Q】御校の校風はどのようなものですか。

【佐藤先生】 本校の全活動の精神的基盤となっているのは千葉高の校訓でもある「自主・自律」です。実際、厳しい生徒指導はなく「自由な学校」というイメージが強いですが、生徒は千葉中生としての自覚を持って行動しています。

この「自主・自律」の精神に裏打ちされた教育は、次代に生きるみなさんに必要不可欠な力をつけていきます。なにが問題になっているのか、なにが原因なのか、なにをすべきなのか、どうしたらみんなと協力できるのかなど、すべて自分たちの頭で主体的に考えながら3年間を過ごします。教師もそのような指導をしていますから、本校に入学すれば自然と「自主・自律」の精神が身につくことになります。

この精神をもとに、中学校では新しく「篤学《とくがく》・協同・自律」という校訓を掲げています。「篤学」は、熱心に学問に励むこと。「協同」は互いに力を合わせてものごとを行うこと。そして「自律」は自分自身で立てた規範に従って行動することです。

また、高等学校の伝統として、「重厚な教養主義」が教育方針の柱として確立しています。これは日々の授業を大学受験に特化するのではなく、すべての教科で基礎・基本を大切にしながらも、教科書を超えた発展的な授業を展開することで、広く深く学習するというものです。中学校でも、先取りではなく、深く、多角的に課題について考えるよう、ていねいに指導しています。

豊かな人間力を育成する さまざまな教育課程

【Q】県内トップ校である千葉高に進学するわけですが、ハイレベルな授業を行ううえで、中学校段階でどのような工夫が行われてい

特色ある カリキュラム紹介

1 人間力育成のための総合的学習の時間「学びのリテラシー」「ゼミ」「プロジェクト」

千葉中学校では、県内トップレベルの千葉高の伝統をいかした「学びのリテラシー」、「ゼミ」、「プロジェクト」という人間力育成のための独自のプログラムが展開されています。

「学びのリテラシー」とは、探究的な学びの基礎となる力を育てる学習です。「ゼミ」や「プロジェクト」で必要となる話しあう力や発表の技術を学んでいきます。具体的には、レポート・論文の書き方や調査時のアポイントメントの取り方、相手への接し方などを学びます。

「ゼミ」はいわゆる大学のゼミナールと同じ形式で、個人研究を行います。それぞれのテーマで中1～中3まで縦割りで所属し、研究を行っていきます。年度末に発表が行われ、中3では論文にまとめ、卒論発表会が実施されます。

「プロジェクト」は社会に参加する力をつけるためのプログラムです。各学年ごとに社会人講演会（中1）、職場体験学習（中2）、夏季ボランティア（中3）を行います。これらは生徒が企画・運営を任されます。そのため、講演者や企業へのアポイントも生徒が行います。

こうした経験が企画力を育み、社会でどんなことができるのか、社会からどのような力が受け入れられるのかということがわかってきます。

そして、これら3つのプログラムが、千葉高へ進学したのちの「千葉高ノーベル賞」へとつながっていくのです。

この「千葉高ノーベル賞」とは、総合的な学習の時間から生まれたもので、4つの分野（人文科学・社会科学・自然科学・芸術）に分かれて、個別に調査・研究をし、まとめたもののなかから最もすぐれた作品に与えられる賞です。

千葉高入学後、高1から約2年間かけて研究したものを高3の9月に発表します。各分野で優秀作品に選ばれたものは「千葉高ノーベル賞論叢《ろんそう》」として冊子にまとめられ、全校生徒に配られます。

こうして中学校で研究に関する基礎を学び、高校でのハイレベルな研究にすぐにつなげていくことができるのです。県立のトップ校である千葉高の教育と密接に結びついた総合的な学習の時間となっています。

るのでしょうか。

【佐藤先生】スパイラル学習と呼んでいますが、螺旋《らせん》階段を登るように段階的に繰り返し学習しています。学年があがるにつれ、より高度な内容で学び、少しずつ理解を深めていきます。

また、数学と英語では、20名の少人数クラスで授業を行っていますが、習熟度別で分けているわけではありません。中学校では家庭科、技術科の一部でも少人数で授業を行っています。習熟度でクラスを分けるより、いろいろな生徒がいた方がおもしろいのです。生徒それぞれの自然な発想を大切にしたいですし、同じような成績の生徒だけ集めてしまうと発想が豊かになりません。そういうところを大切にしたいと考えています。

【Q】補習や講習は行われていますか。

【佐藤先生】夏休み中や休日に「勉強会」を設定しています。基本的に参加は自由ですが、進度が遅れた生徒については義務づけている場合もあります。それ以外には制度的なものではなく、臨機応変に個別対応するという方法でフォローしています。

また高校では、夏休みに、教科によってさまざまなかたちで夏期講習を行っています。

ただ、きちんと講座を決めてスケジュールを固めるのではなく、先生がたが自由に行っています。

協同することで養う豊かな人間性

【Q】「人間力を培う3つの協同」についてお教えください。

【佐藤先生】「学びの協同」、「社会との協同」、「家族との協同」として、本校では「協同」という言葉を意識した行事を行っています。

たとえば、中1は4月にオリエンテーション合宿を実施します。鴨川青年の家で3日間、生徒による自主運営でワークショップや野外炊飯などを行います。

生徒たちは、テレビも電話もゲームもない生活のなかで、友だちと会話し、協力しながら食事をつくっていきます。そういう体験をすることによって、人間と人間のコミュニケーションがより深くなります。

生徒は合宿から戻ってくるとなかなか逞《たくま》しくなっている気がします。

年間行事

おもな学校行事（予定）	
4月	入学式　オリエンテーション合宿（中1）
5月	全校防災避難訓練
6月	体育祭
7月	
8月	職場体験（中2） 夏季ボランティア（中3）
9月	文化祭
10月	国内語学研修（中3） 伝統文化学習（中2）
11月	合唱祭
12月	
1月	
2月	マラソン大会 卒業論文発表会（中3）
3月	総合学習発表会（中1・中2） 卒業式

また、文化祭では、クラス全員で協力して、毎年演劇などの発表を行っています。

　これらの行事には、昨今の家庭教育においてなんでも用意されすぎている子どもたちの自立をうながす意味もありますが、自分たちで一生懸命いろいろな工夫をして生活していくために協同することを学びます。友だち同士がなにもないなかで協同してつくりあげていくのです。それは教員もそうですし、家庭にもいっしょにお願いしています。また、社会のかたとも協同する必要があるのです。

【Q】高校ではすばらしい進学実績をお持ちですが、進学指導はどのように行っていますか。

【佐藤先生】キャリア教育はきちんとしていきたいと思っています。世の中のことをよく知ってもらって、少なくとも高校を卒業するときには、「この大学のこの学部に行きたい」「この先生に学びたい」といった自分のこれからの学びに対する明確な目標を持ってもらいたいです。

　とくに大学でなくてもいいのですが、「こういうことをやりたい」と自分自身でわかったうえで進路選択をしてほしいのです。ただ慶應義塾大に行きたいからちがう学部を3つ受験するとか、東京大がむずかしいからほかの大学にしてしまおう、ということにはならないように、しっかりとした進路選択をしてもらいたいですね。そして大学に入って、すぐに研究活動に入れるような生徒を育てたいです。

【Q】では最後に、どのような生徒に入学してほしいかをお教えください。

【佐藤先生】本校の開校の理念は、「千葉から、日本でそして世界で活躍する心豊かな次代のリーダーの育成」です。そのためには、将来、社会に貢献しようとする志のある生徒、いろいろなことに興味や関心を持ち勉強したい、とことん考えてみたいという強い学習意欲のある生徒、そして、友だちと協力してものごとに取り組むことができる生徒に入学してほしいです。

　また、将来、有名大学に入るだけが目的ではなく、本校の教育方針を理解して第1希望で来ていただける生徒さんを、学校と家庭で連携していねいに伸ばしていきたいと思います。

ゆり：日本は，以前から森林面積が大きかったのですか。

先生：**資料2**と**資料3**を見てください。

けん：**資料2**を見ると1891年の森林面積は，2015年の約6割だったのですね。

先生：そうですね。また，**資料3**から，1955年には，日本で1年間に消費された木材の約［え］割が，まきや炭《すみ》，つまり［お］として消費されていたことがわかります。

資料2　日本の森林面積の移り変わり

（面積の単位：万 ha）

年	森林面積	年	森林面積
1891	1477.4	1957	2339.6
1900	2251.1	1960	2440.3
1910	2111.9	1965	2448.6
1915	1848.7	1975	2450.0
1924	1939.2	1985	2471.8
1933	2057.6	1990	2462.1
1943	2013.8	2000	2449.0
1946	1802.5	2010	2446.2
1951	2254.5	2015	2443.3

（公益財団法人　矢野恒太《つねた》記念会「数字で見る日本の100年」，農林水産省「2015年農林業センサス」より作成）

資料3

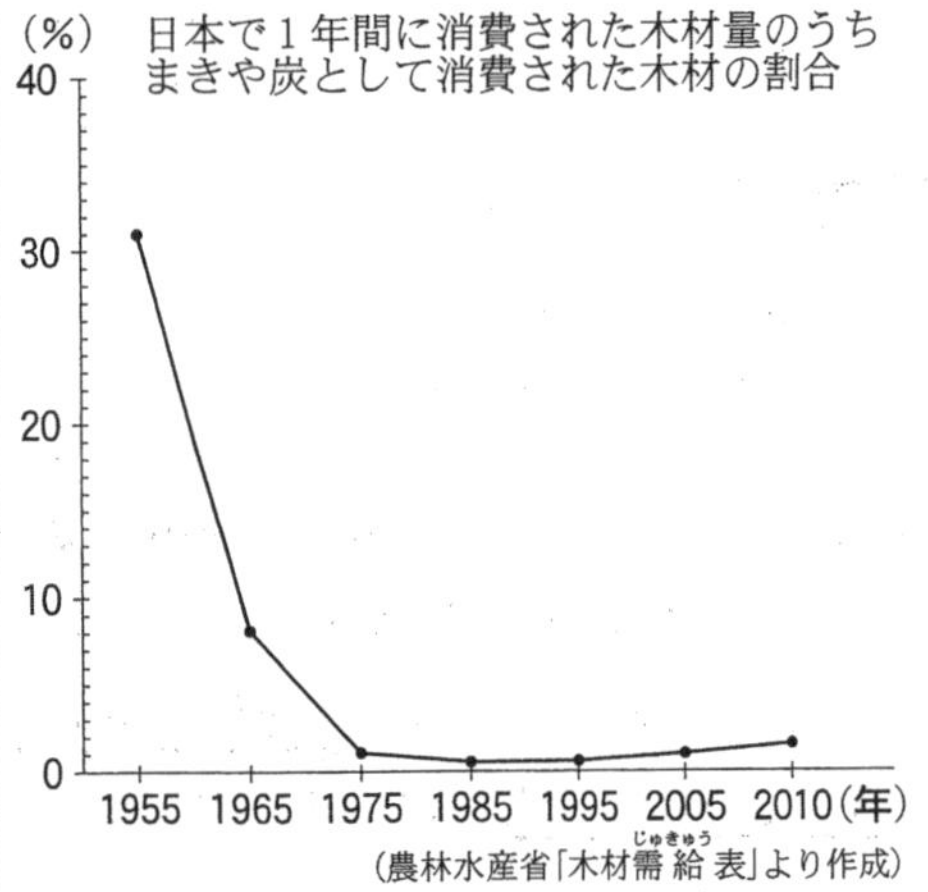

（農林水産省「木材需給《じゅきゅう》表」より作成）

以前から日本では，森林から切り出された木材は，建築材料のほかに，まきや炭として調理や暖《だん》ぼうなどに利用されてきました。

1955年には，71万haの森林から木材が切り出されました。そして，切り出された木材のうちの約1400万m^3以上の木材が，まきや炭として消費されていました。

(3)　会話文中にある［え］，［お］にあてはまる数や言葉を**資料2**，**資料3**をふまえて書きなさい。ただし，［え］は整数で書くこと，［お］は**漢字2字**で書くこと。

資料を読み解く力を試す

与えられた資料と会話文を読み解き、なにを求められているかについて、整理する力と計算力が求められます。

与えられた課題への理解をみる

分析、整理した情報から、本質を見極める力が試されています。全体の問題量が多いのでスピード感も必要です。

募集区分　一般枠

入学者選抜方法　【一次検査】適性検査1-1（45分）、適性検査1-2（45分）、【二次検査】適性検査2-1（45分）、適性検査2-2（45分）、集団面接、報告書、志願理由書

2017年度 千葉県立千葉中学校 適性検査問題１－１より（千葉県立共通）

2 ゆりさんとけんさんは，「森林と林業」について，研究発表するために，博物館の先生と話をしています。あとの(1)～(7)の問いに答えなさい。

ゆり：わたしの家のまわりには，森も林もないので，森林が多いようには感じられないのですが，実際はどうなのでしょうか。

先生：ある一定の面積の中に，森林面積がどれくらいの割合《わりあい》であるのかを示したものを森林率といいます。日本の森林率は約67％です。世界の国々の森林率の平均は約31％なので，日本の森林率の約半分になります。**資料１**を見てください。何か気づくことはありますか。

けん：千葉県の森林率は31％で，世界の森林率とおよそ同じです。

先生：あ**資料１**をもとに計算すると，千葉県のほかにも，森林率が31％の都府県が２つあります。また，**資料１**をもとに，各都府県の森林率を計算して比べてみると，［い］の森林率が１番高いことがわかります。しかし，森林面積は，**資料１**の中では岩手県が１番大きく，東京都の森林面積の約［う］倍もあります。また，各都府県の森林にしめる人工林※の面積の割合（人工林率）に注目すると高知県の人工林率が最も高いことがわかります。

※人工林：植林によりつくられた森林のこと。

資料１　都府県別の森林率と人工林率（一部）

（面積の単位：万 ha）

	都府県名	都府県面積	森林面積	森林率	人工林面積	人工林率
	岩手県	152.8	117.2	77 ％	49.5	42 ％
ア	茨城（いばらき）県	61.0	18.8		11.2	60 ％
イ	群馬県	63.6	42.4		17.8	42 ％
	千葉県	51.6	15.9	31 ％	6.1	38 ％
	東京都	21.9	7.9	36 ％	3.5	44 ％
ウ	神奈川（かながわ）県	24.2	9.5		3.6	38 ％
エ	岐阜（ぎふ）県	106.2	86.2		38.5	45 ％
オ	大阪（おおさか）府	19.0	5.8		2.8	48 ％
カ	高知県	71.1	59.7		39.0	65 ％

（林野庁《りんやちょう》「都道府県別森林率・人工林率」平成24年３月31日より作成。ただし，森林率，人工林率は小数第１位を四捨五入《ししゃごにゅう》してある。）

(1) 下線部**あ**の都府県はどれとどれか，**資料１**の**ア～カ**のうちから**２つ**選び，その記号を書きなさい。

(2) ［い］にあてはまる都府県はどれか。**資料１**の**ア～カ**のうちから１つ選び，その記号を書きなさい。また，［う］にあてはまる数を書きなさい。ただし，小数第１位を四捨五入して整数で書くこと。

解説

千葉県立千葉中学校は一次検査と二次検査を行います。一次で倍率が４倍程度まで下がるように選抜し、二次で80名（男女40名ずつ）を選抜します。一次の段階で、倍率が30倍を超えると抽選があります。ただし、なるべく抽選を行わないように「受検希望者を減らす努力をする」ことになっています。2011年度から、受検者数は少し落ちつきをみせ、2017年度の一次では762人が受検し、二次には292人がのぞみました。

千葉県立中学校（２校）共通の適性検査は、いずれもよく練られた問題でなかなかの厳しさですが、小学校で学習する内容にかぎられており、私立中学校入試で求められる学力とは異なります。

その内容は、与えられた文章や資料などを読み取り、課題を発見し、自然科学的な問題、数理的な問題等を理解し、解決に向けて筋道立てて考え、表現する力をみます。

二次の適性検査2-2では「聞き取り」をして作文をする問題があります。面接は集団面接です。

千葉県立 東葛飾《ひがしかつしか》中学校

千葉

■併設型　■2016年開校

大森《おおもり》　英一《えいいち》　校長先生

豊かな人間力と揺るぎない学力を育む
千葉の新たな公立中高一貫校が開校

2016年(平成28年)4月、千葉県で3校目となる公立中高一貫校が開校し、今年第2期生が入学。「確かな学力」・「豊かな心」・「健やかな体」を育み、「未来への志」につなぐ。そんな学校生活をスタートさせています。

中高一貫1、2期生の姿に未来への期待がふくらむ

【Q】御校が設立された経緯をお聞かせください。

【大森先生】 本校の設立母体となる千葉県立東葛飾高等学校は、1924年(大正13年)に創立されて以来、90年以上にわたり歴史と伝統を築いてきました。「自主自律」を校是に掲げ、学力・人間力・教養を高め、グローバル社会で活躍できる人材の育成をめざしています。2014年(平成26年)には「医歯薬コース」を新設し、将来の地域医療を担う人材育成にも注力し始めるなど、さらなる進化をつづけています。

そして2016年(平成28年)、併設型中学校として本校を新設し、中高一貫教育をスタートさせました。きっかけは、千葉県教育委員会の取り組みで、「社会の変化に対応し、活力があり、生徒それぞれの豊かな学びを支え、地域のニーズに応える魅力ある学校づくり」をするなかで、中高一貫教育校の開設が決まったことです。

学校プロフィール

開　　校…2016年4月
所 在 地…千葉県柏市旭町3-2-1
Ｔ Ｅ Ｌ…04-7143-8651
Ｕ Ｒ Ｌ…http://cms1.chiba-c.ed.jp/tohkatsu-jh/
アクセス…JR常磐線・東武野田線「柏」徒歩8分
生 徒 数…男子80名、女子79名
１ 期 生…中学2年生
高校募集…あり
2学期制／週5日制／50分授業
入学情報
・募集人員…男子40名、女子40名(計80名)
・決定方法…(一次検査)適性検査(1-1･1-2)
(二次検査)適性検査(2-1･2-2)
面接等、報告書

千葉県立 東葛飾中学校

２００８年（平成20年）に開校した千葉県立千葉中学校につづく県立中学校の2校目として、伝統と実績があり、地域的なバランスもよい本校が選ばれました。

【Q】開校理念と教育目標を教えてください。

【大森先生】 開校理念は、「世界で活躍する心豊かな次代のリーダーの育成」です。「豊かな人間力」を培い、「揺るぎない学力」を育むことを教育方針として、理念達成をめざします。

本校独自の教育目標は、「確かな学力」「豊かな心」「健やかな体」の育成に重点を置き、「未来への志」につなげていくことです。未来を見据え、よりよい社会の実現をめざすあくなき向上心や探究心を育成します。そして、高校から入学してくる仲間たちと切磋琢磨することで、相乗効果を生みだしてほしいと考えています。

【Q】入学した1、2期生のようすはいかがですか。

【大森先生】 象徴的だったのは、4月の創立記念日に、元国連難民高等弁務官事務所職員、現ＮＰＯ法人ＵＮＨＣＲ協会職員の卒業生を講師として招き、講演会を行ったときのことです。難民問題というむずかしいテーマであったにもかかわらず、中学生たちは真剣に話を聞いていました。そして、講演後の質疑応答では、何人もの生徒から手があがり、時間が足りなくなるほどでした。

これは、まさに私たちのめざす東葛飾生の姿です。グローバル社会で活躍できるのは、臆することなく人前に立ち、知らない人ともコミュニケーションが取れ、自分の主張を告げられる人。そんな芽を持った生徒たちが入ってきてくれたのだと実感するとともに、6年間かけてその芽を伸ばし、将来社会人としてリーダーシップが発揮できる人材へと育てていくことを改めて決意しました。

生徒全員を底上げする工夫のつまった授業

【Q】カリキュラムの特徴を教えてください。

【大森先生】 中学校は水・金曜が7時間、月・木曜が6時間、火曜が5時間の週31時間、授業を行っています。火・木曜の放課後は部活動・委員会の時間にあて、月曜の放課後は「学習指導日」として

特色ある カリキュラム紹介

1 教養を高める講座が中学校で開校「東葛リベラルアーツ講座」

東葛飾がめざしていることのひとつは、教養を高めること。その一助となっているのが、これまで高校で開講されてきた「東葛リベラルアーツ講座」です。同講座では、土日を中心に、大学教授や各分野のスペシャリストを招いたり、教員による特別授業を行ったりしてきました。

内容は、「一般教養講座」と「医療系関係講座」の２構成で、半期だけで約35講座の開講が予定されています。過去のテーマは、「iPS細胞を用いた網膜の再生医療」「流星と流星群」「アフガニスタンの人と暮らし」など、さまざま。生徒たちは、幅広い分野から受けたい講座を選びます。興味ある内容に触れることができ、ふだん体験できない真の学び・教養を得ています。

昨年度から、その一部を中学生も受講できるようになりました。テーマは、「ロケットを飛ばす」「情報を整理する」「身体をつくる」など、リベラルかつ身のまわりにあることを題材としたものとなっています。また、月曜放課後の「学習指導日」には、中学校版の講座も用意されています。

2 「揺るぎない学力」を育成する「ハードルクリア型学習」

東葛飾は、教育方針にある「揺るぎない学力」を育むため、「ハードルクリア型学習」を導入しています。これは、基礎的基本的な知識・技能をしっかり身につけさせる学習法のひとつです。各授業で小テストや各種検定試験などのハードルを設定し、生徒にクリアできるまで繰り返し取り組ませます。また、テスト前には月曜７時間目の「学習指導日」を活用し、補充的学習や個別対応によるバックアップを行います。「ハードルクリア型学習」導入の背景には、「勉強についていけない生徒を残さず、全生徒に基礎基本をかならず身につけさせる」という強い想いがあります。全生徒の幸せを願う、東葛飾ならではの取り組みです。

学校の描く「揺るぎない学力」とは、たんなる暗記や問題を解くための小手先のテクニックではありません。「ものごとの本質を研究し真の教養を身につけ、未知の課題に対応できる能力」です。こうした学力を育成するとともに、身につけた知識・技能を高めあい、よりよい社会の実現に向けて活用しようとする「豊かな人間力」を培います。

います。

「学習指導日」の時間は、「ハードルクリア型学習」の一環として、勉強でわからないところがある生徒が質問できる「補充的学習」や、力を伸ばしたい生徒が参加する「発展的学習」に活用されます。また、東葛飾の特色である「東葛リベラルアーツ講座」にも、参加することができます。

「東葛リベラルアーツ講座」は参加希望制ですが、昨年はほとんどの生徒がいずれかの講座に参加しており、生徒たちの強いやる気が感じられます。

【Q】授業にはどんな工夫をされていますか。

【大森先生】教員一同が心がけているのは、生徒自らが頭をフル回転させられるような授業を行うことです。各教科において、特色ある授業が展開されています。たとえば、英語はオールイングリッシュ、理科は観察・実験重視の授業が行われます。また、それぞれの教科に合ったアクティブラーニング（生徒主体の学習方法）が導入されているのも特徴です。

授業のほとんどは、完成したばかりの新校舎で行われます。各フロアに広いフリースペース、各教室に大きなホワイトボードが完備されるなど、あちらこちらに生徒の学ぶ意欲を高める工夫が施されています。本校では、あえて電子黒板を使用していません。大きなホワイトボードにプロジェクターで投影する方が、本校の授業に適しているからです。今後、ICT機器の活用については、これまで使用してきたノートパソコンに加え、タブレット端末も導入する予定となっています。

【Q】そのほか、新たに検討されていることはありますか。

【大森先生】２０１４年（平成26年）から高校に新設された「医歯薬コース」に関連する内容を中学生向けにも展開できないか、ということです。このコースは、柏市の医師会がプランニングやアドバイスなど、全面的なバックアップを手がけています。その一端に、早期から触れられるようにすることで、生徒たちの意識がさらに高まるのではないかと期待されます。

大事な「人間力」を磨く 東葛生ならではの行事

【Q】学校生活についても教えて

千葉県立 東葛飾中学校

年間行事

おもな学校行事（予定）	
4月	前期始業式　入学式 オリエンテーション合宿（1年）
5月	授業参観
6月	伝統文化学習旅行（2年）
7月	合唱祭
8月	補習
9月	文化祭
10月	後期始業式
11月	授業参観
12月	
1月	社会科見学（1年）
2月	自由研究発表会
3月	海外研修（3年）　修了式　卒業式

ください。

【大森先生】 行事や部活動では、可能なかぎり中高が交流する機会を設けたいと考えています。たとえば、7月に行われる合唱祭です。中学生は見る側としての参加となりますが、1からパフォーマンスを考え、衣装をつくったり、練習を重ねたりする先輩の姿を見て、よい刺激を受けるでしょう。

また、高校生がメンターとして、中学生に学習指導する機会もつくりました。教える側にとっても、教わる側にとっても効果的な取り組みとなることが期待されます。

中学校独自の行事としては、入学当初に1泊2日のオリエンテーション合宿があります。1期生は、飯盒《はんごう》炊さんをして友人との交流を深めたほか、これからの学校生活について考え、自分の言葉でまとめたポスターを作成するなどしました。

また、キャリア教育として、1年次の社会科見学で地域を、2年次の伝統文化学習旅行で自国を、3年次の海外研修で世界を学びます。この段階的な取り組みで、グローバルな視点を養い、キャリアイメージを明確にしていきます。

【Q】今後、どのような生徒さんに入学してもらいたいですか。また、御校を志望する生徒さんにメッセージをお願いします。

【大森先生】 あいさつができ、ルールが守れる、思いやりのある生徒に来ていただきたいですね。当たり前のことを大切にできればいいと思います。

いま、社会でいちばん大事な力は、「人間力」です。これを磨かないかぎり、世界で認められることはありません。私は、学校生活において、人間力が磨かれるいちばんの機会は行事であると考えています。生徒たちの人間力は、行事を成功させるためにクラスをまとめたり、仲間と討論しあったりする経験をとおして、どんどん輝いていくと思うのです。

多くの進学校は、学習時間の確保のため、行事の時間を削ぎ落としています。しかし本校は、スポーツ祭を3日間開催したり、文化祭を2部構成にするなど、学校行事にもじゅうぶんに時間を割いています。

こうした〝土壌〟をいかし、本校で人間力をさらに磨いていってほしいと思います。

先　生：次に，立体的な模型を考えてみましょう。
ゆうき：「球と棒」(図１)を使って，先生が作った$_b$模型(図７)と同じものを作りたいのですが，球は何個必要ですか。
先　生：ヒントをあげましょう。図７は，図８の模型が12個と図９の模型が20個見えます。

図７
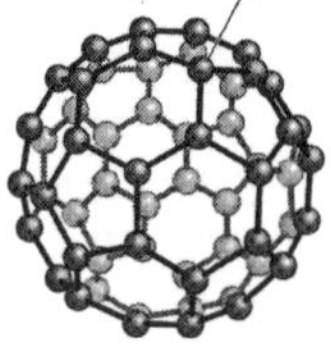

図８

図９
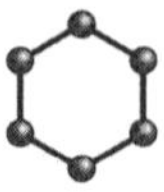

(2) 下線部bについて，球は何個必要か，書きなさい。また，そう考えた理由も具体的に書きなさい。

模型作りで使用した球の重さについて，先生とゆうきさんが会話をしています。

ゆうき：球を１個，はかりにのせたのですが，はりは動きませんでした(図10)。
先　生：はかりはこわれていないので，球が軽すぎたんですね。球のかわりに，カゴをのせてみてください。
ゆうき：あっ，はりが動きました(図11)。はかりのはりが250 gをさしているから，カゴの重さは250 gですね。
先　生：そのとおりです。

図10
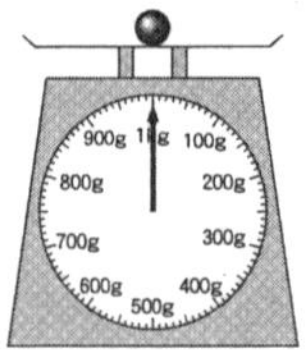

図11
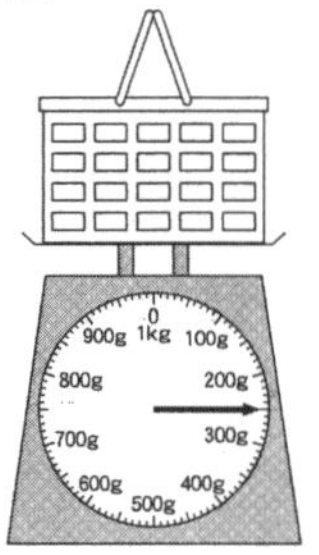

(3) 球と図11のカゴとはかりを使って，１個の球の重さを調べるにはどうしたらよいか。はかりのはりがさす値《あたい》を具体的に示しながら，その方法を説明しなさい。ただし，はかりの１目もりは10 gとします。また，模型作りで使用した球はすべて同じ重さのものとし，球の数はいくつ使ってもかまわないこととします。

課題に沿って説明する力をみる

なにを求められているのかについて、課題を見つけ、想像力を駆使しながら、必要な表現で説明する力をみます。

考えを筋道立てて表現する力を試す

与えられた課題の解決のために資料を読み取る力をみます。同時に自分の考えや意見を筋道立てて表現する力も試されます。

募集区分　一般枠

入学者選抜方法　【一次検査】適性検査１-１(45分)、適性検査１-２(45分)、【二次検査】適性検査２-１(45分)、適性検査２-２(45分)、集団面接、報告書、志願理由書

2017年度 千葉県立東葛飾中学校 適性検査問題2－1より（千葉県立共通）

1　先生とゆうきさんは，プラスチックでできた球(以下「球」とします。)と連結棒《れんけつぼう》(以下「棒」とします。)を使ってできる模型《もけい》について，会話をしています。あとの(1)~(4)の問いに答えなさい。ただし，棒は球の表面のどこにでも差しこむことができ，球の表面を自由に動かすことができることとします。また，棒の両端《りょうたん》には必ず球を差しこむものとし，1つの球に差しこむことのできる棒は，最大4本までとします。

先　生：これから「球と棒」(**図1**)を使って模型を作ります。**図2**の**あ**，**い**は，同じ模型と考えます。しかし，2本の棒を使っている**う**は，**あ**，**い**とはちがう模型と考えます。では，3個の球と2本の棒をすべて使ってできる模型を作ってください。

ゆうき：2つの模型(**図3**)ができました。

先　生：**え**，**お**は，同じ模型と考えます。

ゆうき：えっ，どうしてですか？

先　生：**え**の模型の棒を，**図4**のように動かしたときにできる模型を考えてください。

ゆうき：なるほど。だから，**え**，**お**は同じ模型と考えるんですね。

先　生：次に，4個の球と3本の棒で，模型を作ってください。

ゆうき：できました(**図5**)。

先　生：正解です。さらに，**図5**以外に，もう1つ a 別の模型ができます。ただし，**図6**のように，2つに分けて作ることはしないものとします。

図1

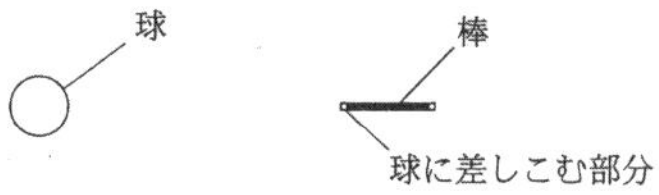

図2

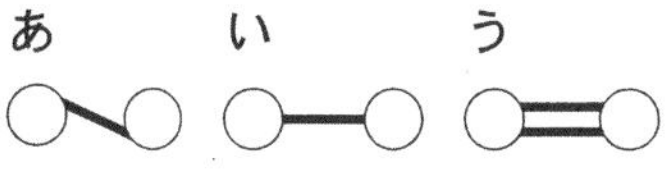

図3

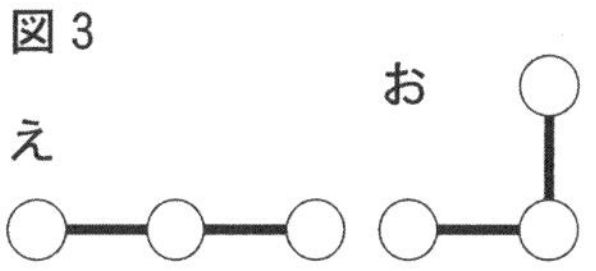

図4

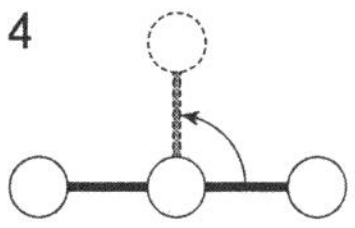

図5

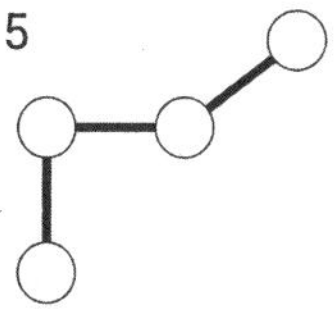

図6

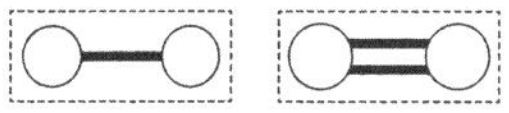

(1)　次の①，②の問いに答えなさい。

①　下線部**a**について，**図5**にならってかきなさい。

②　4個の球と5本の棒をすべて使って作ることのできる模型を**すべて**かきなさい。ただし，**図6**のように2つに分けて作ることはしないものとします。

解説

千葉県立東葛飾中学校は一次検査と二次検査を行います。一次で倍率が4倍程度にまで落ちつくように選抜し、二次で80名（男女各40名）を選抜し合格とします。一次で倍率が30倍を超えるときは抽選もあります。ただ、なるべく抽選は行わないようにする方針です。2017年度は946名が一次検査を受け、二次は296名が受けました。適性検査出題の基本方針は「①文章や資料等の内容を読み取る力をみる。②課題を明確にし、解決に向けて論理的に思考する力をみる。③自分の考えをまとめ、筋道立てて的確に表現する力をみる」とされています。一次検査の適性検査では【1－1】と【1－2】がそれぞれ45分で実施され、二次検査も【2－1】と【2－2】がそれぞれ45分で行われます。とくに【2－2】では「聞き取り」が実施され聞き取った内容と読み取った内容から、課題を明確にし、経験に基づいて、自分の考えや意見を筋道立てて表現する力が試されます。適性検査は、県立千葉中との共通問題で実施されます。

埼玉県立 伊奈学園《いながくえん》中学校

埼玉

■併設型　■2003年開校

一人ひとりの個性や才能を伸ばす 特色あるシステムが魅力

普通科ながら、「学系」と呼ばれる特殊なシステムを持つ伊奈学園総合高等学校。この高校を母体に生まれた伊奈学園中学校は、幅広く確かな学力を身につけ、生涯にわたり自ら学びつづける人間を育成します。

金子《かねこ》 隆《たかし》 校長先生

学校プロフィール

開　校…2003年4月
所在地…埼玉県北足立郡伊奈町学園4-1-1
T E L…048-729-2882
U R L…http://www.inagakuen.spec.ed.jp/
アクセス…埼玉新都市交通ニューシャトル「羽貫」徒歩10分、JR高崎線「上尾」・JR宇都宮線「蓮田」バス
生徒数…男子66名、女子174名
1期生…2009年3月卒業
高校募集…あり
3学期制/週5日制/50分授業
入学情報
・募集人員…男女計80名
・選抜方法…一次選考　作文（Ⅰ・Ⅱ）
　　　　　　二次選考　面接

超大規模校につくられた併設型中高一貫校

【Q】2003年（平成15年）に埼玉県内初の併設型公立中高一貫校として開校されました。設置母体である埼玉県立伊奈学園総合高等学校はどのような学校なのでしょうか。

【金子先生】 伊奈学園総合高等学校は、1984年（昭和59年）に創立され、現在は在籍生徒数が2400人にものぼる超大規模校です。普通科ですが総合選択制をとっており、専門学科に近いようなかたちで7つの学系（人文・理数・語学・スポーツ科学・芸術・生活科学・情報経営）に分かれて学びます。

1学年800名のうち、本校から80名の生徒が一般的な普通科にあたる人文系と理数系に進学します。なお、伊奈学園中学校から進学した生徒は、高校から入学した生徒とは3年間別クラスを編成します。

総合選択制では、大幅な選択科目を導入しており、大学のように

埼玉県立 伊奈学園中学校

講義を選んで受講することをイメージしていただけるとわかりやすいと思います。

【Q】中学校においても高等学校の校訓「自彊創生《じきょうそうせい》」を継承していますが、この意味についてお教えください。

【金子先生】 意味は「自ら努め励み、自らをも新しく創り生み出すこと」です。わかりやすく言うと、努力を積み重ねることで個性を開花させ、新しい自分を発見し、育てるという意味になります。そうして、高い志を持ち、将来社会のさまざまな分野でリーダーとなる生徒を育てていきたいと思います。

本校は高校入試がありません。6年後の大学進学を到達点とするのではなく通過点と考え、社会にでてからの自分の理想の姿を思い描き、つねに将来を見据えて努力をしようと生徒たちには伝えています。

【Q】教育のカリキュラムで特徴的なところをお教えください。

【金子先生】 一般の中学校の授業は週29時間標準で行われていますが、本校では独自の教育課程により、2時間多い31時間で実施しています。

増加ぶんの2時間（3年間で6時間）は、1年生は英語1時間と数学1時間、2年生は数学2時間、3年生は国語1時間と学校独自の選択科目1時間です。

英語の授業では、すべての学年で1クラスをふたつに分けた少人数指導を取り入れているほか、週1時間はコンピューター教室で授業を行っています。また、ALTと日本人教師とのチームティーチングを実施し、「聞くこと」「話すこと」を重視した授業も展開しています。

数学では、1・3年生は2クラス3展開の習熟度別授業を、2年生は1クラスをふたつに分けた少人数指導を実施しています。高校でも、必修教科の数学では2クラス3展開をそのまま継承しています。また中高一貫校のメリットをいかし、数学では中3の2学期から高校の内容を先取りして学習しています。

【Q】中3で行われる「総合的な学習の時間」の「表現」「国際」「科学」とはどのような授業なのでしょうか。

【金子先生】 3年生で行う「表現」「国際」「科学」は、ふたつの教科

特色ある カリキュラム紹介

1 学校のなかに存在する小さな学校 「ハウス」で生まれるアットホームな雰囲気

中高合わせて2600人以上もの生徒を擁する大規模校の伊奈学園は、生徒の生活の場が6つの「ハウス」に分かれて構成されています。

ハウスは、建物自体が独立し、生徒は学系などの区別なくいずれかのハウスに所属します。同様に、180名を超える先生がたも教科・専門の区別なくいずれかのハウスに所属します。ひとつのハウスにそれぞれ職員室が設けられ、ハウス長（教頭先生）以下30名程度の教員が所属しています。

中学生は6つのハウスのひとつである第1ハウスにおいて生活することになります。

高校生は第2〜第6ハウスで、伊奈学園中学校卒業生は高校段階で第2ハウスに入ります。ハウスはそれぞれ1〜3年生の各学年4クラスずつ、計12クラスで構成されます。卒業まで同じハウスで、同じ担任の指導のもと、自主的な活動を展開しています。

また、学園祭、体育祭、修学旅行などの行事や生徒会活動なども、すべてハウスが基本単位で行われます。ハウスごとにカラーが決まっており、体育祭や学園祭、校章などにもシンボルカラーとして使われています。

6つのハウスは、それぞれが「小さな学校」であり、毎日の「生活の場」としての親しみやすいアットホームな雰囲気が生みだされています。

2 国際性を育てる 語学教育と国際交流

ALT（外国人英語講師）とのチームティーチングによる充実した語学研修と積極的な国際交流が行われています。

NHKの基礎英語の講師が伊奈学園に勤務していたことから、授業では、NHKラジオ講座を取り入れた英語の学習を行っています。

1〜3年生のすべての生徒が「基礎英語」を毎日家でヒアリングすることを前提として、英語の授業が進められています。

また、夏休みには、姉妹校であるオーストラリア・ケアンズの現地校において、中学3年生の希望者30名が2週間のホームステイをしながら、語学研修と異文化交流会を行います。

を融合させた学習の時間です。3年次にこの3つのなかからひとつを選択して学習します。

「表現」は、国語と英語の融合科目です。ビブリオバトルの実践や英文物語の翻訳などをとおして、コミュニケーション能力やプレゼン能力を身につけます。

「国際」は社会と英語の融合科目です。国際社会の問題を多面的・多角的にとらえ、英語表現によるプレゼン能力、国際理解を進めます。

「科学」は、理科と数学の融合科目です。理科で行った実験について、数学の知識を使って分析をして結果をだします。科学技術振興機構、JAXAなどの外部機関と連携して高度な内容を学びます。

「表現」「国際」「科学」のいずれも、複数の教科の教員によるチームティーチングで授業を進めます。

実際に社会で自ら問題解決に取り組むとき、ひとつの知識だけで対応できることはほとんどありません。これらの授業では、ひとつの教科であつかうことができないような題材で、幅広い知識を身につけます。

【Q】授業以外での学習の取り組みについてお教えください。

【金子先生】 朝の10分間を利用して、読書とスキルアップタイム（計算・漢字・英単語など）を実施し、基礎基本の定着をはかっています。

この活動をいかすために、本校では漢字検定、英語検定、数学検定の受検を推奨しており、ほとんどの生徒が高い目標を持ってこれらを受検しています。

通常時に補習はないのですが、1学期の成績状況に応じて、「夏季補習」を実施しています。また、夏休みの期間には自習室を用意しています。自習室には指導員がおり、質問できるようにしています。中高一貫校らしく高校生が指導員を務めることもあります。加えて、3年生を対象に、8月の後半から2月まで高校進学へ向けた「サタデーセミナー」を実施しています。また、全国規模の実力テストを年3回実施し、学力の伸びを確認しています。

【Q】体験学習を重視されていますが、どのようなことをされているのでしょうか。

【金子先生】 まず、1年生は入学

埼玉県立 伊奈学園中学校

年間行事

おもな学校行事（予定）	
4月	入学式　対面式　宿泊研修
5月	授業参観　修学旅行　実力テスト
6月	三者面談　各種検定試験
7月	自然体験研修　夏季補習
8月	オーストラリア交流事業 （ホームステイ／3年生30名）
9月	学園祭　体育祭 サタデーセミナー開始
10月	実力テスト
11月	体験授業　ミニコンサート 各種検定試験
12月	
1月	百人一首大会　各種検定試験
2月	球技大会　実力テスト いきがい大学伊奈学園との交流会
3月	3年生を送る会　校外学習　卒業式 イングリッシュセミナー（3年）

直後に2泊3日の日程で長野県に行き、体験研修を行います。本校は埼玉県全域から生徒が集まっており、最初はだれも友だちがいないという状況ですので、この研修は仲間づくりという意味も兼ねています。

1年生ではこのほかに社会体験チャレンジとして、飲食店、美容院、保育所、消防署などで職業体験を行います。

2年生では、夏休み期間中に群馬県みなかみ町にでかけ、農家に泊めていただきながら、農業体験や自然体験を積む取り組みを実施しています。農と食について考えたり、環境を守ることの大切さを深く認識してほしいと思っています。

3年生では、修学旅行で広島県と京都府へでかけています。平和と日本の伝統および文化を学習することを主たる目的としています。広島における平和学習と京都における日本の伝統文化学習をとおして、人間的成長をうながす取り組みです。

これからも生徒の興味や、そのときどきの社会の趨勢《すうせい》をみながら、体験的な学習を創意・工夫していきたいと考えています。

努力する姿勢を身につけ6年間をかけて伸ばす

【Q】作文試験ではどのようなところを見られるのでしょうか。

【金子先生】学力試験ではないので、ただ数字ではかれる知識ばかりを見るわけではありません。これまでに習得してきたものをいかに組み合わせて解答につなげるか、それを自分なりに表現することができるかという総合力を見ています。子どもが持っている可能性や得意分野などを多面的に見られるような問題にしています。

【Q】どのような生徒さんに入学してもらいたいですか。

【金子先生】自分でなにかをがんばってみようという意欲があり、これからの伸びしろを感じさせるみなさん、困難なことにぶつかってもそれに臆することなく、つねに前向きに考えられるみなさんに来ていただきたいです。

伊奈学園の特徴は自ら進んで学ぶ生徒をきっちり支えるシステムにあります。本校でがんばることによってどんどん成長してほしいと願っています。

埼玉県立 伊奈学園中学校

募集区分 一般枠

入学者選抜方法 作文Ⅰ（50分）、作文Ⅱ（50分）、面接（10分程度）、調査書

［問６］　ゆうきさんとひかるさんが、音楽会の合唱をＣＤに録音しようとしています。

ゆうきさん「ＣＤ１枚に何分間録音することができるのかな。」
ひかるさん「８０分間録音できるね。」
ゆうきさん「あれ、このＣＤは何分間か録音してあるよ。ＣＤの録音してある部分は、色が少し変わっているね。」
ひかるさん「その部分に録音されているよ。何分間録音してあるのかな。」

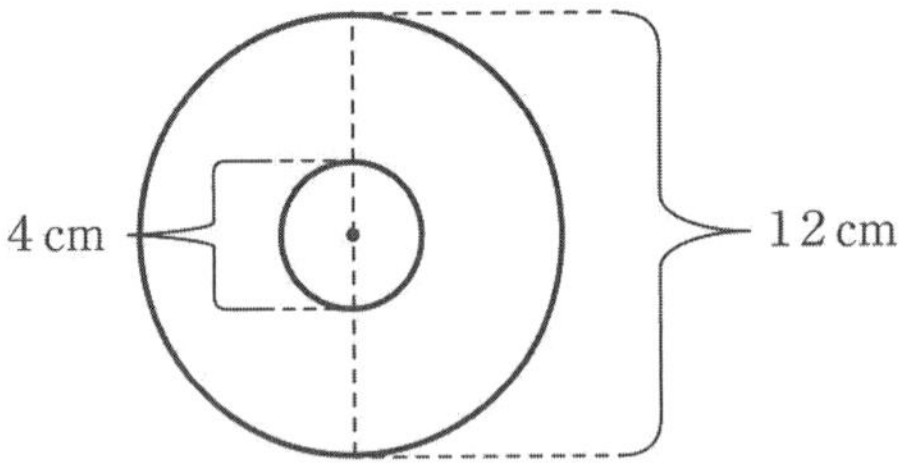

図１

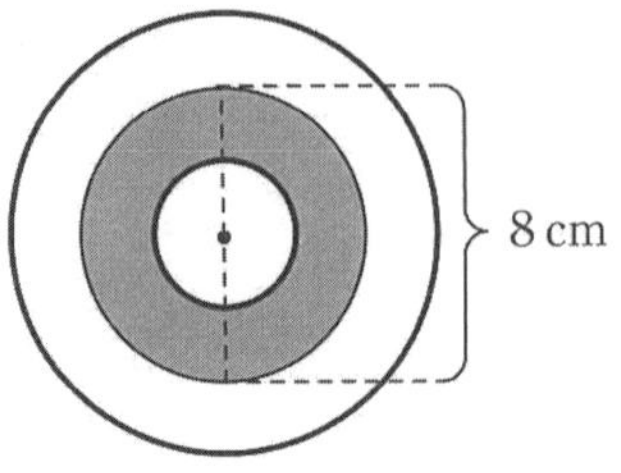

図２

（１）まだ録音されていないＣＤ（**図１**）において、録音可能な部分の面積を求めましょう。また、その求め方を１００字以内で書きましょう。ただし、円周率は３．１４とします。
（２）すでに録音されているＣＤ（**図２**）において、何分間録音されているか求めましょう。また、その求め方を書きましょう。ただし、円周率は３．１４とし、録音されているのは色の付いている部分とします。（字数の制限はありません。）

ひかるさん「黒色の録音機械では、音楽会の合唱を録音したＣＤを１枚作るのに８分かかるね。」
ゆうきさん「白色の録音機械では、１枚作るのに６分かかるね。」
ひかるさん「黒色と白色の２台の録音機械を同時に使い始めると、４０枚の合唱ＣＤを作るのに何分間かかるかな。」

（３）黒色と白色の２台の録音機械を同時に使い始めると、４０枚の合唱ＣＤを作るためには最短で何分間かかるか求めましょう。また、その求め方を書きましょう。ただし、ＣＤを入れかえる時間は考えません。（字数の制限はありません。）

状況に応じた見方、考え方をみる

日常のさまざまな場面で現れる課題に対して、算数で学んだことの理解度と、具体的な解決能力が試されています。

学校で学んだことの理解度をみる

これらの答えを求めるための考え方は小学校で学んでいます。その理解の深さをはかり他者に説明する表現力もみています。

2017年度 埼玉県立伊奈学園中学校 作文Ⅱより

［問５］　ゆうきさんとひかるさんは、家庭科クラブで使う卵《たまご》の準備をしています。

ゆうきさん「卵にはサイズがあるよね。どうやって決められているのかな。」
ひかるさん「卵の重さで決まっているそうだよ。」
ゆうきさん「ここにＭサイズ６個入りの卵のパックがあるよ。」
ひかるさん「Ｍサイズの卵は１個５８ｇ以上６４ｇ未満だそうだよ。それぞれの卵の重さを量ってみようか。」

卵の重さ（g）	６０．３７	６１．５５	６０．８２	５９．１３	６２．７５	６２．８８

（１）上の表は卵６個の重さを量り、表にまとめたものです。このパックの中にある卵の重さの平均を求めましょう。また、その求め方を１００字以内で書きましょう。

ゆうきさん「ここにある箱の中にも卵がたくさんあるね。」
ひかるさん「箱の中に入っているのはすべてＭサイズの卵だよ。箱の重さを除いた卵だけの重さはちょうど１０ｋｇだったよ。」

（２）箱の中にある卵は、最も多い場合で何個になるか求めましょう。また、その求め方を１００字以内で書きましょう。

ゆうきさん「家庭科クラブで今日使う卵を１２０個用意したよ。」
ひかるさん「クラブの全員に同じ個数ずつ配ったら１０個余るね。」
ゆうきさん「そうだね。今回は４つの班に分かれて調理をするよ。それぞれの班に予備の卵も配りたいな。」
ひかるさん「それなら、１２０個の卵を１人に４個ずつ配ろうか。その後に、残りの卵を予備として４つの班にちょうど同じ数ずつ配ると１２０個使い切れるよ。」
ゆうきさん「全員に１個または２個の予備の卵があることになるね。そうしようか。」

（３）家庭科クラブの人数は何人か求めましょう。また、その求め方を書きましょう。ただし、家庭科クラブを４つの班に分けるとき、班員は同じ人数または１人の差になるように班を分けることとします。（字数の制限はありません。）

解説

埼玉県立伊奈学園中学校の入学者選抜では、作文ⅠとⅡ、面接、調査書によって入学候補者を決めます。第2次選考の面接は10分程度の個人面接です。第1次選考の作文は2種類ありますが、首都圏の他都県でいう適性検査の内容をすべて記述式で答えるものという理解でよいでしょう。そのためか他の都県のものより5分多い検査時間が設けられています。出題にあたって学校では、作文Ⅰは思考力や表現力をみる作文を、作文Ⅱでは課題を発見し解決する力をみる作文を求めています。

2017年度の出題をみると、作文Ⅰは国語と社会の力を試しながら資料の読み取りや、歴史的事実の理解度も確認しています。作文Ⅰでは、与えられた熟語から短文をつくる問題が2問ありました。

作文Ⅱでは算数と理科の力をみる問題が柱となっていて、課題を発見し、その課題解決の力もみています。そのすべてを記述で答えなければなりませんので、表現力、文章力もおおいに問われることになります。

さいたま市立 浦和《うらわ》中学校

埼玉

■併設型　■2007年開校

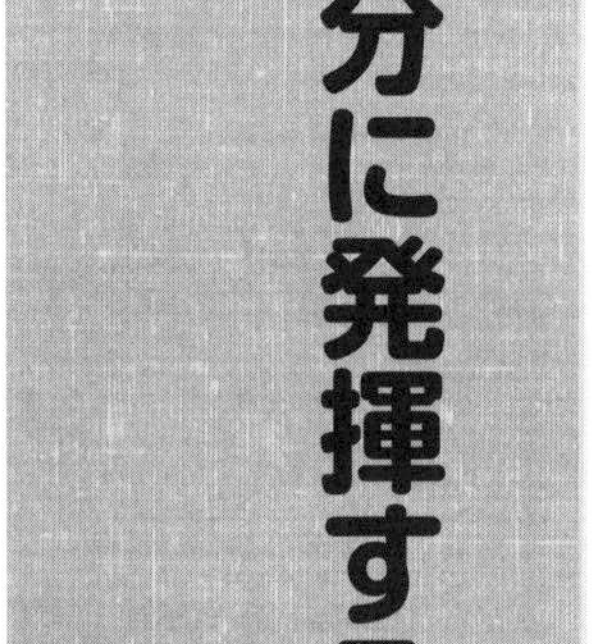

平川《ひらかわ》　充保《みつやす》 校長先生

6年一貫教育の強みを存分に発揮する さまざまな教育活動

4期生が卒業した今春も、すばらしい大学合格実績を残したさいたま市立浦和中学校。高校進学後を意識し、併設校の強みを存分にいかした、高校とのさまざまな連携教育が特色です。

5期生が2017年春に卒業

【Q】御校の教育目標についてお話しください。

【平川先生】「高い知性と豊かな感性・表現力を備えた国際社会に貢献できる生徒の育成」を掲げています。

【Q】開校から10年が経ち、卒業した1～5期生は見事な大学合格実績を残しました。

【平川先生】そうですね。立派な結果だと思います。これは内進生だけではなく、高入生も一丸となってがんばった結果ですが、内進生の目標に向かって粘り強く努力する姿勢に高入生も刺激を受ける好循環がありました。

【Q】2013年（平成25年）の春で、1期生が入学してからの6年間というひとつのサイクルが終わりました。

【平川先生】われわれ教員側も、「6年後はこうなってほしい」という理想や、「こうなるのではないか」という予測を交えたビジョンはありましたが、それはあくまでイメ

学校プロフィール

開　校…2007年4月
所在地…埼玉県さいたま市浦和区元町1-28-17
ＴＥＬ…048-886-8008
ＵＲＬ…http://www.m-urawa.ed.jp/
アクセス…JR京浜東北線「北浦和」徒歩12分
生徒数…男子120名、女子120名
１期生…2013年3月卒業
高校募集…あり
３学期制／週５日制（年12回土曜授業あり）／50分授業
入学情報
・募集人員…男子40名、女子40名
・選抜方法…（第1次選抜）適性検査Ⅰ・Ⅱ（第2次選抜）適性検査Ⅲ〈作文〉、個人面接・集団面接

ージでした。それが、1期生の卒業により具体的にひとつのかたちとして見えてきました。こうした経験をいかし、すべての面で具体的に評価、反省をしながら、さらに教育活動を充実させているところです。

ますます充実する「つなぎ学習」

【Q】6年一貫教育の流れについてお教えください。

【平川先生】 前期課程の中1・中2は「基礎」、中期課程の中3・高1は「充実」、後期課程の高2・高3は「発展」とそれぞれ位置づけし、3期に分けた中高一貫教育を行っています。

【Q】なかでも中期課程の「つなぎ学習」が特徴的です。

【平川先生】 中高一貫校の強みをいかして、中学校から高校への移行をスムーズにするための学習です。年々実施科目を増やしながら、いろいろなかたちで充実させてきています。

1期生のときは、まだしっかりと方式が定まっておらず、うまく機能していない部分も多かったようです。こうした反省をふまえて改良を重ね、進化をつづけてきました。

中学は少人数授業やチームティーチング（TT）、双方向の授業も多いですが、高校になれば講義形式が増えます。

また、中学では受け身の生徒が多く、学習進度が遅れていたり、未提出の課題がある生徒には教員側からすぐ声をかけますが、高校では生徒が自分から積極的に学んでいくことが求められます。こうした中高でのちがいに対しても、「つなぎ学習」を実施することで、無理なく対応できます。

「つなぎ学習」では、中3の数学、英語など、毎週かならず1時間、高校の先生が授業を受け持ちます。

理科では高校の生物と物理の先生が成績をだすところまで行われていますし、社会科では歴史分野を中心に、実技教科でも家庭科、美術などは高校の先生です。

とはいえ、いたずらに先取り授業を進めているわけではありません。高校の先生による授業は、さらに深く学ぶなど、補充的な部分を担っています。

【Q】より専門的な授業内容とな

特色ある カリキュラム紹介

1 独自の教育活動「Morning Skill Up Unit」（MSU）の展開

生徒ひとりにつき１台のノート型パソコンを活用し、週３日、１時限目に60分の時間を設けて国語・数学・英語の各教科を20分ずつ学習するものです。

国語（Japanese Plusの学習）は、すべての学習の基礎となる「国語力」の育成がはかられます。短作文、暗唱、書写、漢字の書き取りなどに取り組み、基礎・基本を徹底する授業です。

数学（Mathematics Drillの学習）は、日常生活に結びついた「数学的リテラシー」の向上をめざします。四則計算や式の計算といった基礎的な学習、数量や図形に対する感覚を豊かにする学習です。

英語（English Communicationの学習）は、英語での「コミュニケーション能力」の育成が目標です。日常会話やスピーチなどの生きた英語を聞く活動、洋書を使った多読活動、英語教師との英語によるインタビュー活動や音読活動を行うなど、バリエーションに富んだ多彩なプログラムが用意されています。

2 ICT（Information and Communication Technology）教育の充実

生徒それぞれのパソコンは無線LANで結ばれており、いつでもどこでも情報を共有しながら活用できます。調べたものをパソコンでまとめたり、インターネットを使って情報を自分のパソコンに取りこむことができます。

図書室は「メディアセンター」と呼ばれていて、生徒は「メディアセンター」でインターネットを使いながら、必要な情報を探しだしています。

家庭では、学校からの「お知らせ」を見ることができ、その日の授業内容をいかした家庭学習が行えます。

また、このパソコンがより高度なものになり、ディスプレイ部分が回転するようになったことでひとつの画面を見ながらのグループ学習が簡単に。さらにさいたま市の嘱託を受けた教育プログラム開発のために、さまざまな学習ソフトを利用して、主要教科だけではなく、実技教科も含めていろいろな場面でパソコンをいかした授業が展開されています。その成果が市にフィードバックされ、さいたま市立中学校全体の教育の質向上にも貢献しています。

るので、生徒の知的好奇心も喚起されそうですね。

【平川先生】高校の先生による授業は中学校とはスタイルも変わるので、刺激になり、生徒の学習意欲にもつながっています。

また、夏休みには中高とも夏季講習があります。中学は夏休みの初めに復習的な内容で行っているのですが、発展的なものとして、希望者は高1の夏季講習にも参加できるようにしています。

本校では、中高一貫教育を行うメリットが学校全体で認識できています。先生がたも「あれもできる」「これもやってみたらいいんじゃないか」とアイディアをだしあいながら取り組んでいます。つぎの段階に進んできていることが感じられます。

少人数制授業と特徴的な学習プログラム

【Q】少人数制授業も中学の大きな特色ですね。

【平川先生】数学、英語で中1から1クラスをふたつに分ける少人数制授業を行っています。

クラスを分けられない教科でも、高校の先生といっしょにTTを実施することで、手厚い指導を展開できます。

さらに、週1回のALTがいる英語授業では、少人数制授業用にさいたま市から増員されている1名を加え、3名の先生で授業にあたるパターンもあります。

【Q】自分の言葉で表現する活動が充実していますね。

【平川先生】国語や社会では、討論やスピーチ、ディベート、パネルディスカッションなどの学習を計画的に取り入れています。また、こういった積み重ねの集大成は、中3で実施する海外フィールドワークでの日本文化の紹介などにつながります。

さらに英語では、校内で英語のスピーチコンテストを行います。上位の生徒は市や県の大会に参加し、毎年、優秀な成績を残しています。

このスピーチコンテストは、英語の知識や表現力を養うことにつながるのですが、なんといっても、本校では高校でその力をさらに伸ばす場が多く用意されているところが大きいと思います。

もともと高校は英語教育や国際交流に力を入れている学校ですか

さいたま市立 浦和中学校

年間行事

おもな学校行事（予定）	
4月	入学式　実力テスト 新入生歓迎会
5月	部活動本入部　管弦楽鑑賞教室（2年）
6月	英語 Recitation Contest 芸術鑑賞教室　文化祭
7月	球技大会　自然の教室（1年） 夏季講習
8月	課題テスト サマーイングリッシュセミナー
9月	体育祭　写生大会　人権講演会
10月	実力テスト　プラネタリウム学習（2年）
11月	博物館実習　科学館実習
12月	修学旅行（2年）
1月	
2月	ロードレース大会 海外フィールドワーク（3年）
3月	未来くるワーク体験（1年） 卒業式　球技大会（1・2年）

ら、中学で得た英語力や興味を高校でさらに育てていくことができます。交換留学も毎年実施しており、内進生で高校入学後に留学する生徒もいます。

　大学進学の面で結果がでるのももちろんすばらしいことですが、こういった面でもがんばっている子がいるのも、本校の中高一貫教育の成果だと思います。

学校生活全体で中高一貫教育を実践

【Q】学校行事や部活動も中高いっしょに行われていますね。

【平川先生】 たとえば、体育祭は中高6学年を縦割りにします。別々に行っていた時期もありましたが、現在は高校が8クラスと、中学の各学年2クラス80名ずつを、8つに分けるかたちで実施しています。

　お互いを応援し、席を隣にすることは、中学生、高校生ともに貴重な経験になっているようです。

　部活動も中高いっしょに行う部も多いですし、現在は運動系の部活動を中心に、中3が公式戦がなくなったあとに、早めに高校の活動に参加できるようになっています。

　勉強の面だけではなく、学校生活全体で中高生がいっしょに活動する場面を増やしています。

【Q】施設も立派で、教育環境が充実していますね。

【平川先生】 校舎は中学校開校時に新築していて、窓が大きく、明るめの色調できれいです。

　図書室が高校にあり、さらに中学用にメディアセンターというものもあり、両方とも使えます。高校側にある理科系の実験室も利用できますし、学習環境は整っています。

【Q】最後に、受検生に向けたメッセージをお願いします。

【平川先生】 6年間を見通して、自分でしっかりとした目標を持ち、粘り強くがんばった生徒が伸びて成果をだせるということがよくわかりました。ですから、高い志を持って、努力しつづけられる生徒さんに入学してもらいたいですね。

　そして、高校に進学したあとは、高入生を引っ張りながら切磋琢磨し、たくましくがんばっている先輩たちにつづいてくれるような生徒さんを待っています。

募集区分　一般枠（さいたま市在住）

入学者選抜方法　【第1次選抜】適性検査Ⅰ(45分)、適性検査Ⅱ(45分)、調査書
【第2次選抜】適性検査Ⅲ(45分)、面接

問4　太郎くんと次郎くんはそれぞれ、次の**【求める手がかり】**を活用して、平成２８年８月の電気の使用量を求めました。前ページの**資料**中 A・B にあてはまる数字を答えなさい。

【求める手がかり】

太郎くんの家
○平成２７年８月の電気の使用量は、５４０キロワットであった。
○平成２８年８月の電気の使用量は、平成２７年８月と比較《ひかく》して１５％減少していた。

次郎くんの家
○平成２８年８月の「テレビ」の電気の使用量は、３８.７キロワットであった。

問5　太郎くんと次郎くんは、平成２９年８月の電気の使用量について次のような目標をたてました。

【目標】
（平成２８年８月の内訳をもとに）

太郎くんの家：エアコンの設定温度を調整したり、使用時間を減らしたりしながら、エアコンの電気の使用量を、３０％減らします。

次郎くんの家：照明をこまめに消して、照明で使う電気の使用量を、２０％減らします。

この目標が達成できたとすると、太郎くんの家と次郎くんの家の平成２９年８月の電気の使用量は、平成２８年８月の電気の使用量と比べて、それぞれ何％減らすことになりますか。小数第１位まで求め、数字で答えなさい。
ただし、この目標を実行した場合、待機電力を含めて他の電気の使用量は、平成２８年８月と変わらないものとします。

数理的なものの考え方を試す
問題文から必要な要素を正確に読み取る力が必要です。グラフを読み取り、知識を駆使して考察し、処理する力をみます。

条件を理解し考える力をみる
与えられた条件を整理すると、単純な問題ではないことに気づきます。根気強く課題をクリアし、計算する力が求められます。

さいたま市立 浦和中学校

2017年度 さいたま市立浦和中学校 適性検査問題Ⅱより

太郎くんと次郎くんはそれぞれ、自分の家の電気の使用量について調べ、下の**資料**にまとめました。

これについて、次の問４～問５に答えなさい。

資料　太郎くんと次郎くんのまとめ

太郎くんの家

平成２８年８月の電気の使用について

（内訳《うちわけ》）　　　　（電気の使用量）

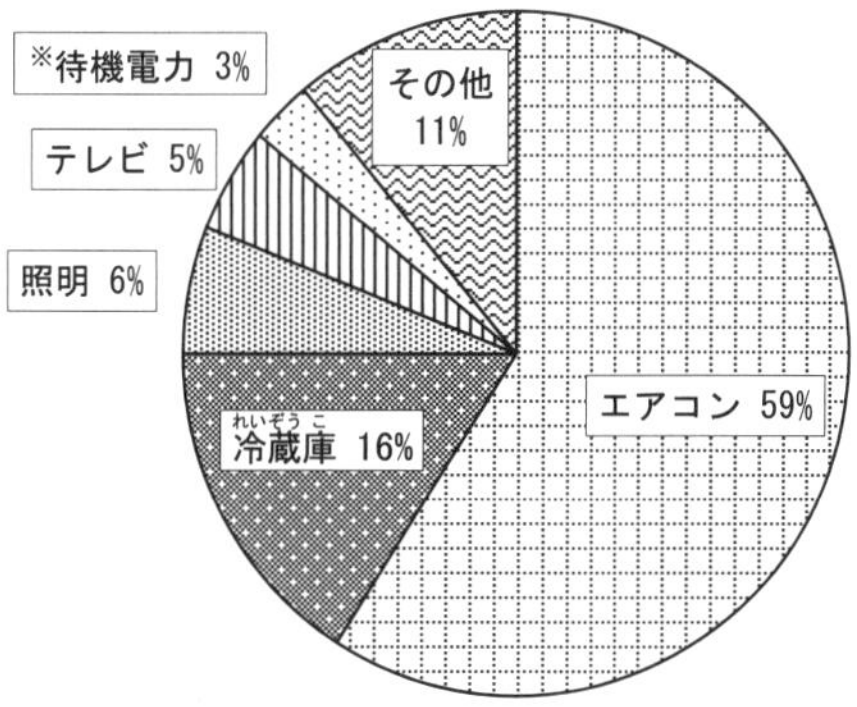

A	キロワット

次郎くんの家

平成２８年８月の電気の使用について

（内訳）　　　　（電気の使用量）

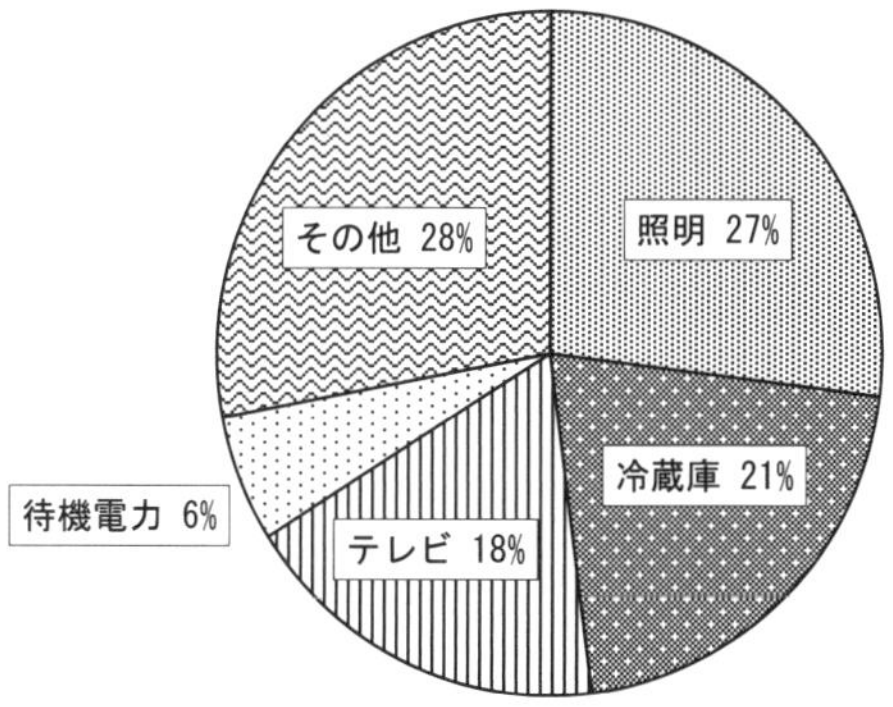

B	キロワット

※待機電力：コンセントに接続された家電製品が、電源《でんげん》が切れている状態でも消費する電力のこと。

解説

さいたま市立浦和中学校の入学者選抜には第１次と第２次があります。2017年度まででは、第１次で男女各100人程度にしぼり、第２次で募集人員男女各40人の入学候補者を選んでいます。

第１次では、適性検査Ⅰ（45分）と適性検査Ⅱ（45分）、調査書で検査を行います。第２次は約１週間後に適性検査Ⅲ（45分）と個人面接（10分程度）、集団面接（8人程度 約30分）を行います。

適性検査はⅠ、Ⅱ、Ⅲとも課題の問題点を整理し、論理的に筋道を立てて考え解決する過程を、多様な方法で表現する力をみます。とくに第２次の適性検査Ⅲでは作文の字数が多く、文章や図表などを読み取り、課題にしたがって250字以内の作文２題と320字以内の文章にまとめる作文が１題でました。作文をとおして適切な表現力をみます。

2017年度の集団面接は、8名の児童で構成するグループに課題を与え、解決に向けて一人ひとりがどのようにリーダー性、協調性、国際社会への貢献を含めたコミュニケーション能力等を発揮できているかをみました。

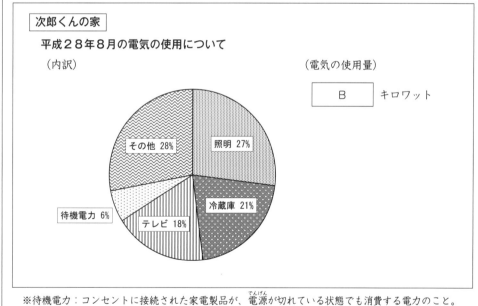

あとがき

首都圏には、この10数年、つぎつぎと公立の中高一貫校が誕生しました。現在、首都圏（東京、神奈川、千葉、埼玉）では、昨年には千葉県立東葛飾が、さらに今春には横浜市立横浜サイエンスフロンティア高等学校附属中学校が開校するなど、21校の中高一貫校があります。今後も新たな中高一貫校が誕生する動きがあります。

６年前、春の大学合格実績で、都立白鷗高等学校附属が初の中高一貫生ですばらしい実績をしめし、以降の大学合格実績でも都立白鷗、都立小石川、都立桜修館、今春の神奈川県立相模原、神奈川県立平塚など、公立中高一貫校は期待どおりの実績をあげています。

いま、中学受験を迎えようとしている受験生と保護者のかたは、私立にしろ、公立にしろ、国立にしろ、これだけ学校の選択肢が増えた、その真っただなかにいるのですから、幸せなことだと言えるでしょう。

ただ、進路や条件が増えるということは、それはそれで悩ましいことでもあります。

お手元にお届けした『2018年度入試用　首都圏　公立中高一貫校ガイド』は、そんなみなさんのために、各学校のホンネ、学校の素顔を校長先生のインタビューをつうじて探りだすことに主眼をおきました。また、公立中高一貫校と併願することで、お子さまとの相性がマッチするであろう私立の中高一貫校もご紹介しています。

学校選択の基本はお子さまに最も合った学校を見つけることです。その学校がご家庭のポリシーとも合っていれば、こんなによいことはありません。

この本をステップボードとして、お子さまとマッチした学校を探しだせることを祈っております。

『合格アプローチ』編集部

ご投稿・ご注文・お問合せは

株式会社グローバル教育出版

【所在地】〒101-0047
東京都千代田区内神田2-4-2 グローバルビル

【電話番号】03-3253-5944《合格しよう》(代)

【FAX番号】03-3253-5945

URL：http://www.g-ap.com
e-mail:gokaku@g-ap.com
郵便振替　00140-8-36677

中学受験　合格アプローチ　2018年度入試用

首都圏　公立中高一貫校ガイド

2017年8月5日　初版第一刷発行　**定価 1000 円**（＋税）

●発行所／株式会社グローバル教育出版
〒101-0047 東京都千代田区内神田2-4-2 グローバルビル
電話 03-3253-5944（代）　FAX 03-3253-5945
http://www.g-ap.com　郵便振替00140-8-36677